강화 참성단 A to Z

역사의 길

08

강화 참성단 A to Z

김성환

글누림

언제부터인지 알 수 없지만 마니산은 참성단을 가리키기도 했고, 참성단이 마니산을 대표하기도 했다. 그런 참성단은 '단군제천단'으로 알려져 있다. "단군이 제천을 했던 제단", "단군이 제천을 했다고 전해지는 제단", "단군을 제사하는 제단", 어느 것이 사실(史實)일까? 참성단은 강화의 인문과 지리 정보를 싣고 있는 《고려사》와 《세종실록》의 지리지에서부터 확인된다.

《삼국유사》나 《제왕운기》에서는 싣지 않았다. 두 책이 저술된 13세기 후반에 참성단은 단군신화의 범위에서 벗어나 있었다는 뜻일 것이다. 특히 《삼국유사》에서 그 지역 범위가 태백산(묘향산)·평양·구월산이고 황해도 배주의 백악산, 개성의 백악궁이 포함될 수 있지만, 여기에도 포함되어 있지 않다. 참성단은 단군신화에서 등장하는 신화적인 공간과 다른 성격의 장소였다.

《세종실록》 지리지에서도 마찬가지이다. 단군신화는 평양부에서 신령스럽고 기이한 일을 소개하는 영이(靈異)라는 항목에서 《단군고기》라는 책을 인용해서 실려 있다. 그것은 《삼국유사》와 《제왕운기》의 단군신화를 절충한 또 다른 신화였다. 상제 환인의 아들인 단웅천왕(檀雄天王)의 손녀와 박달나무신(檀樹神)의 결혼으로 태어난 단군의 고조선 건국, 단군과 하백의 딸 사이에서 태어난 부루의 동부여 건국, 해모수와 하백의 딸 사이에 태어난 주몽의 고구려 건국이 그 내용이다. 단군은 모계로 환인과 단웅천왕으로 연결되며, 부루는 부계로 단군과, 주몽은 모계로 하백의 딸과 연결된다. 부루와 주몽은 하백의 딸을 모계로 하고, 부계로 단군과 해모수가 설정되어 있다. 고조선·동부여·고구려가 부계와 모계로 연결된 국가였다는 사실을 설명하려고 했다.

여기에서 신화의 공간은 압록강부터 구월산까지 한반도 서북지역을 포함하고 있다. 이를 평양에 실은 것은 이곳이 고조선과 고구려의 도읍이었다는 역사적인 사실을 구체화하기 위해서였다. 특히 조선왕조의 국사제사에서 역대국가의 시조사당 중에 하나인 단군사당에 고구려의 동명왕을 함께 모신 사실을 드러내려는 것이었다. 거기에서도 참성단은 내용이나 지역 범위에서 벗어나 있었다.

참성단은 강화에서 제일 큰 산이라는 뜻의 진산(鎭山)인 마리산을 소개하면서 싣고 있는데, 그 모습에 대한 설명 다음에 "세상에 이렇게 전한다"는 세전(世傳)이라는 단서를 달고 "조선단군(朝鮮檀君)이 제천하던 석단(石壇)이라고 한다"고 했다. "조선단군이 세 아들을 시켜 쌓았다"는 삼랑성도 마찬가지다. 구월산이 있는 황해도 문화현에서 소개하고 있는 "조선단군이 도읍한 곳"이라는 장장평(庄庄坪)도 같은 형식이다. 반면에 단인(환인)·단웅(환웅)·단군의 사당인 삼성사(三聖祠)는 위치정보만을 싣고 있다. 이곳은 신화의 공간이지만, 삼성을 모신 곳이라는 사실(事實) 때문이었다. 이 같은 서술 방향은 《고려사》 지리지에서도 마찬가지다.

참성단이 어떤 이유에서 신화의 공간에 포함되지 못했는지는 자세히 밝혀져 있지 않다. 그 이유 중 하나는 이곳의 전승이 비교적 후대에 형성된 것이라는데 있을 것이다. '세전'이라는 말은 그런 뜻을 담고 있다. 그랬기 때문에 참성단 전승은 《삼국유사》에 인용된 《고기》에도, 《제왕운기》에 인용된 《단군본기》에도 포함되지 못했다. 이곳에서의 전승이 오래된 것이라면, 그것은 한반도 서북지역을 전승의 공간 범위로 하는 《고기》에 당연히 포함되었을 것이기 때문이다.

이 글은 이런 궁금증에서 시작한다. 참성단은 언제 쌓았고, 지금까지 어떤 과정을 거쳐 수리되었을까? 우리가 보고 있는 참성단이 원래의 모습일까? 매년 개천절 새벽에 지내고 있는 개천대제(開天大祭)는 언제부터였을까? 원래의 제사와는 어떻게 다를까? 정말 단군은 이곳에서 제천을 했고, 우리가 그것을 잇고 있을까? 고려와 조선시대의 사람들도 우리처럼 명승고적으로 참성단 답사를 했을까? 그들은 참성단에 올라 어떤 감정을 가졌을까? 우리처럼 단군 할아버지를 이야기했을까?

참성단이 역사기록에서 처음 확인되는 것은 1264년, 고려 원종 5년의 마리산참성(摩利山塹城)이다. 그간 거의 800년을 지내오면서 많은 변화가 있었다. 불교사회인 고려왕조에서 유교사회인 조선왕조로, 그리고 다종교사회인 현대로의 전환이 있었다. 그런데 기록상에 처음 참성단 제사로 알려진 1264년의 제사는 도교의례인 초제(醮祭)였다. 제사의 모습에 여러 변화가 있었을 것이다.

참성단이 우리의 관심 대상인 것은 한국사의 출발인 단군과 고조선에서 비롯했다는 것 때문이다. 그런데 고려 후기부터 지금까지 단군과 고조선에 대한 역사인식은 높낮이가 있었다. 우리 역사의 연원으로 본격적으로 등장하는 때가 있었고, 이를 바탕으로 단군이 왕조의 국조(國祖)로 자리해서 국가에서 제사되는 때가 있었다. 선진문물의 아이콘으로 작용했던 기자와의 관계에서 그 위상이 약화된 때도 있었다. 일제강점기에는 단군을 신(神)으로 모신 대종교의 독립운동에서 조선민족을 결집하는 중심이 되었고, 일제식민통치자들에게 역으로 이용되기도 했다. 남북의 정치·사회·이념 등의 문제는 물론, 다원사회로 변화하고 있는 현재에는 그 인식의 정도가 다소 혼란스럽게 다가오기도 한다. 13세기 중반 이후 참성단도 그런 상황들과 연동되고 있다.

참성단 제사의 유래는 단군의 제천(祭天)에 있다. 실제 이 제사는 하늘의 뭇별을 대상으로 하는 것이었다. 조선왕조에서는 이를 폐기하려는 논의를 초기부터 시작했다. 두 가지 이유에서였다. 하나는 제후의 나라인 조선에서 황제만 할 수 있는 제천을 하는 것은 예의에 벗어난다는 것이었다. 다른 하나는 도교의례로 지내는 제사를 유교사회인 조선에서 지낼 수 없다는 것이었다. 그 과정에서 제천을 지속하려는 국왕과 이를 막으려는 신료의 대립도 만만치 않았다. 이들은 어떤 이유에서 치열한 논쟁을 했을까?

매년 한두 번씩 참성단을 중심에 둔 마니산 기행을 십수년 동안 계속하고 있다. 고려 후기에 초제를 지내려고 마니산을 찾았던 이색(1328~1396)의 여정을 따르기도 하고, 조선 후기 어느 문인의 참성단 등반을 따르기도 한다. 봄철에는 진달래 꽃잎을 따보기도, 가을엔 도토리를 줍기도 한다. 천재암에서의 취사를 대신해서 도시락을 까먹어보기도 한다. 그들이 이곳에서 느꼈던 여러 감정을 느껴보려고 했다. 개천절 답사에 어떤 의미를 담지 않았지만, 이것도 가능한 한 놓치지 않으려고 한다.

마니산 여행은 사계절이 다 좋다. 봄에는 재궁(천재암) 주변에 듬성듬성한 진달래와 철쭉이 좋고, 여름날에는 918계단 좌우 가까이에 있는 청록의 푸름이 좋다. 가을에는 정상 아래로 울긋불긋한 단풍과 간척지에 펼쳐진 황금 들녘이 제맛이고, 겨울날에는 땀으로 뒤범벅이 된 후의 맑고 상쾌한 하늘을 빼놓을 수 없다. 그때가 새벽이고 저녁이면 먼동과

낙조가 더욱 좋다.

이 글에서는 단군의 제천단이라는 상징적인 장소로만 알려진 참성단의 여러 모습을 소개하려고 한다. 참성단이 가지고 있는 역사적인 의미를 중심으로 800여 년을 지속하면서 여러 모습으로 변화한 양상을 살펴려고 한다. 복잡다단한 내용을 간략하게 정리하려고 했다. 기본적인 관점은 역사학의 방법론에 두었다. 독자에게 유용한 참성단 가이드가 되었으면 좋겠다.

참성단의 이름으로 처음 보이는 것이 마리산과 참성(塹城)이 합쳐진 마리산참성이다.
본래 '참'은 성 밖을 둘러싼 해자를, '성'은 산 고개 또는 그곳에 있는 구조물을 가리킨다.
바다로 둘러싸인 마리산 자체가 천연의 요새로, 바다가 해자 기능을 했기 때문이다.

1장

참성단,
언제 쌓았고
어떻게
수리되었나?

1. 마리산참성에서 참성단으로

마리산참성에서 참성단으로

참성단은 해발 472m의 마니산 정상에 있다. 인천광역시 강화군 화도면이다. 조선 후기의 간척사업으로 본 섬과 합쳐지기 전에는 고가도였다. 마니산 자체가 섬이어서 마니산이 곧 고가도인 셈이다. 원래 이름은 마리산으로 나타난다. '마리'는 으뜸, 우두머리를 뜻하는 '머리'와 같은 뜻이라고 한다. 불교의 '마니보주'와 관련해서 설명하기도 하지만, 이것은 후대에 영향으로 생각된다.

조강과 예성강이 만나 그 물결이 거세기만 한 곳에 마리산은 우뚝 솟아 있다. 14세기 후반에 목은 이색(1328~1396)이 승천부에 있던 산귀(山龜) 마을의 해문(海門)에서 본 모습이었다. 정약용(1762~1836)은 '개마(蓋馬)'를 풀이하면서 '개'는 '해(奚)'와 같고, 우리의 소리에서 '백(白)'은 '해'를 가리킨다고 했다. '마'는 '마니(摩尼)'를, '두(頭)'도 '마니'를 가리킨다고 했다. 그는 '개마'를 '해마니', '해마니'는 '백두'를 가리키는 것으로 보았다. 그렇다면 마리산(마니산)을 '두악(頭嶽)'으로 이해할 수도 있다.

1126년(인종 4) 무렵 고려사회는 국내외에서 많은 어려움을 겼었다. 안으로는 외조부이자 장인인 이자겸의 살해 위협 속에서 국왕 인종은 어쩌지 못하면서 그 일당이었던 척준경을 회유한 끝에 겨우 난을 진압했다. 이때 개경의 궁궐은 거의 불에 탔다. 밖으로는 고려를 섬기던 여진이 금나라를 세워 오히려 상국으로 섬길 것을 요구했다. 금나라를 섬기는 문제는 태조 왕건부터 역대 국왕을 모신 태묘(太廟)에 옳은지 그른지를 물어야 했다. 그리고 요나라(거란)와 사대관계를 맺었던 예에 따라 금나라와 조공 관계를 맺을 수밖에 없었다.

이때 도참에 능했던 서경(평양)의 승려 묘청은 어려움을 반전시킬 방책으로 서경을 상경(上京)으로 삼아 천도할 것을 주장했다. 개경은 이미 왕업이 다해 궁궐이 모두 불타버렸지만, 서경에는 왕기(王氣)가 있다는 것이었다. 그렇게 하면 천하를 아우르게 되어 금나라가 예물을 가지고 항복해 올 것이며, 온 천하가 모두 고려에 복종할 것이라고 했다. 인종에게는 혹할만한 것이었다.

묘청 등은 명당으로 정한 서경의 임원역에 임원궁과 성을 쌓고, 그 안에 팔성당을 지었다. 여기에 호국백두악 태백선인을 비롯해 서북지방의 여덟 신(神)들을 모셨다. 임원역은 평안북도 박천에서 시작해서 서경으로 이어지는 서북교통로인 흥교도에 속한 역이었다. 이 중에 여덟 번째로 모신 신이 두악천녀인데, 두악은 강화의 마리산으로 추측할 수도 있다. 그 신 중에 유독 여성이라는 점은 고려왕실의 출발에서 암컷 호랑이로 나타난

평나산산신, 고려 건국과 관련해서 출현한 성모(聖母) 지리산천왕, 대가야의 왕후가 산신이 되었다는 가야산의 정견천왕 등과 비교할 수 있다. 그렇지만 그 성격은 앞으로 풀어야 할 숙제다.

참성단의 이름으로 처음 보이는 것이 마리산과 참성(塹城)이 합쳐진 마리산참성이다. 마리산에 있는 참성이라는 뜻이다. 참성은 참성(塹城)으로도 불렸다. 본래 '참'은 성 밖을 둘러싼 해자를, '성'은 산 고개 또는 그곳에 있는 구조물을 가리킨다. 이런 점에서 '참성'은 '성황'과 통할 수 있다. 바다로 둘러싸인 마리산 자체가 천연의 요새로, 바다가 해자 기능을 했기 때문이다. 마리산의 지정학적인 위치를 고려할 때, 그 정상에는 이른 시기부터 군사적인 측면에서 보루 형태의 참성이 있었을 것으로 추측된다. 그곳은 고려나 조선 시대에 도읍으로 가는 뱃길의 입구였기 때문이다. 조선 후기의 설명이지만, 하늘이 내려준 요새라는 뜻에서 천참(天塹)이라거나, 천험의 장성지(壯城地)라는 것은 그것을 의미한다.

송나라 사신단으로 고려에 왔던 서긍은 흑산도에서 개경까지의 뱃길을 설명한 바 있다. 중국 사신의 배가 올 때마다 밤에 산 정상에서 봉화로 뱃길을 밝혔는데, 산들이 호응하여 왕성(王城)까지 이르렀다고 한다. 마리산참성이 그 여정 안에 있고, 이곳을 돌아가야만 석모도와 교동도를 지나 예성강으로 들어갈 수 있었다. 참성에도 뱃길을 밝히는 봉화가 피워졌을 가능성이 있다. 그런데 어느 때부터 이곳에는 제단이 마련되어 군사 목적

▲ 마리산: 남서쪽 멀리 서해바다가 보인다.

이외에 제사장으로도 이용되었다. 그것이 참성단이었다.

참성단이 언제 쌓아졌는지 확실하게 알려지지 않았다. "조선단군이 하늘에 제사 지낸 돌로 쌓은 제단"이라는 이야기가 세상에 전해온다는 말이 고작이다. 참성단과 관련한 가장 오랜 기록인《세종실록》과《고려사》지리지 모두 마찬가지다. 조선 후기에는 단군이 쌓고 하늘에 제사했다는 전승이 보이지만, 후대로 내려오면서 전승이 확대된 것이다.

이색과 이강(1333~1368)은 고려 말에 국왕을 대신해서 참성단 초제(醮祭)의 제관(行香使)으로 이곳을 올랐다. 그들은 "이 단이 하늘이 쌓은 것이 아니라면 정녕 누가 쌓은 것인지 모르겠다", "돌로 쌓은 신령스러운 제단은 태고 전의 일"이라고 읊었다. 그들의 말에는 오래 전에 쌓았기 때문에 그 시기를 알 수 없다는 뜻이 담겨 있다. 그런데 다른 시선으로 바라보면, 참성단 제사의 유래를 잘 알 수 없다는 의미로도 읽힌다.

마리산참성은 13세기 중반에 불렀던 이름이다. 이후 마리산이 이를 대체하기도 했다. 15세기 중반에는 참성단(塹星壇)으로 바뀌었다. 약 200년 사이에 참성의 기능이 바뀌었음을 보여주는데, 그 내용은 별(星)에 대한 제사였다. 고려와 조선 전기의 국가제사에서 별은 도교의례로 제사되었는데, 이것을 재초(齋醮), 또는 초재(醮齋)라고 한다. '재'는 마음과 몸을 가지런히 하는 것으로, 흔히 제사에 앞서 "(목욕)재계한다"는 말로도 사용된다. '초'는 제단에 제수를 차려놓고 신에게 제사를 올리는 것을 말하는데, 여기서 제사의 대상이 바로 별이다. '재'를 먼저 한 후에 '초'를 하는 것이 순서였다. 재는 이틀, 초는 하루로 잡아 3일치재(三日致齋)하는 것이 일반적이었다. 국왕이 제관이 된 친초(親醮)의 경우에는 재계를 줄이거나 생략하기도 했다.

초제(醮祭)라고 부르기도 하는데, 초제는 도교의례로서의 '초'와 유교의례로서의 '제'가 합쳐진 말이다. 사실 유교에서는 지신(地神)을 제사하는 예를 '제(祭)', 천신을 제사하는 예를 '사(祀)'라고 했다. 결국 초제는 도교의례로 지내는 별에 대한 제사에 유교의례를 결부시킨 말로, 그 사용 빈도가 고려보다 조선 전기 이후 많이 나타난다. 도교의례가 유교의례로 변화되는 과정과 관련이 있다.

15세기 중반에 편찬된 두 지리지에서 참성의 이름이 참성단(塹星壇)으로 바뀐 것은 별을 제사하는 초제의 측면이 보다 강조되어 참성(塹城)과 성단(星壇)이 결합된 형태라고 하겠다. 그 이름은 초성단(醮星壇)으로도 불렸는데, 도교의 초례라는 측면이 반영된 결과다. 이에 대해 조선 후기의 실학자였던 황윤석은 '초(醮)'와 '초(醮)'는 통하고 참성(塹城)과도 비슷하며, '성(城)' 역시

'성(星)'과 소리가 비슷하다고 하여 음운학의 측면에서 참성단과 초성단의 관계를 살펴보기도 했다.

참성단의 여러 이름

참성단에는 "단군이 하늘에 제사를 지내던 곳"이라는 전승이 있다. 실제로는 도교의례로 별을 제사하던 곳이었다. 참성단은 이런저런 배경으로 다양하게 불렸다.

유형	명칭
마리산(마니산)이 참성단을 지칭하는 경우	마리산(摩利山)·마니산 ·마니악묘(摩尼嶽廟)
참성을 지칭하는 경우	참성(塹城)·참성(塹城)·참성단(塹城壇)·참성단(塹城壇)·참성대(塹城臺)·참상대(塹上臺)·참단(塹壇)
마리산(마니산)과 참성이 결합한 경우	마리산참성·마악성단(摩岳城壇)
마리산(마니산)과 초례가 결합한 경우	마리산초단(摩利山醮壇)·마니산제성단(摩尼山祭星壇)·마니성단(摩尼星壇)
참성단과 초례가 결합한 경우	참성대(塹星臺)·참성초단(塹城醮壇)
단군과 제단이 결합한 경우	단군제천단·단군제천석단(檀君祭天石壇)·단군제천대(檀君祭天臺)
마리산(마니산)과 제단이 결합한 경우	마니산제단(摩尼山祭壇)
제천을 강조한 경우	제천단·천단(天壇)

유형	명칭
초례를 강조한 경우	초성단(醮星壇)·성단(星壇)·삼청고석단(三淸古石壇)·참성단(參星壇)·참성대(參星臺)·참단(參壇)·요대(瑤臺)·현단(玄壇)·벽단(碧壇)
마니산이 제천과 결합한 경우	마니악제천단·마니산천단(摩尼山天壇)
단군이 강조된 경우	단군대(檀君臺)
신시씨(神市氏)로 소급된 경우	신시단(神市壇)
부루(夫婁)와의 관계를 설정한 경우	부루대(夫婁臺)
신성한 공간을 나타내는 경우	영단(靈壇)·신단(神壇)·숭단(崇壇)

참성단이 다른 이름으로 불린 경우는 어렵지 않게 확인되는데, 참성단의 성격을 보여준다. 시어(詩語)로 사용되기도 했는데, 이 경우에 참성단을 가리키는 다른 이름으로 볼 수는 없다. 그렇지만 거기에는 시인이 참성단을 어떻게 이해하고 있었는지가 담겨 있다. 또 한 사람에게 두세 가지의 이름이 함께 사용되어 그 이해가 복합적이었다는 사실을 알 수 있다.

고려 후기에는 마리산 또는 마리산참성이 참성단을 가리키는 경우가 대부분이었다. 1264년(원종 5) 6월 국왕이 마리산참성에서 직접 초제를 지냈던 일이 대표적이다. 1293년(충렬왕 19) 4월에 마리산이 무너졌다거나, 1379년(우왕 5) 3월에 마리산에서 초제를 지낸 일들이 확인된다. 조선 전기의 사례인 참성대(塹城臺)와 후기의 마악성단(摩岳城壇)과 마니악묘(摩尼嶽廟), 참상대(塹上臺)와 참단(塹壇) 또한 같은 성격으로 파악된다. 《고려사》에서

▲ 참성단: 고려 국왕 원종은 늦은 밤 참성단의 네모진 상단에 올라 초제를 지냈다.

는 마리산에 국왕의 거둥을 위해 이궁(임시궁궐 또는 행궁)을 지었
다거나, 손돌목을 약탈한 왜구를 피해 마리산으로 도망했던 일
들이 확인된다. 하지만 이 사례들이 참성(塹城)을 가리키지는 않
는다.

　조선시대에는 마니산과 초례를 결합하거나, 단군의 제천 사
실을 강조한 경우가 많이 확인된다. 1432년(세종 14) 봄에 마리
산초단(摩利山醮壇)을 방문했던 예조판서 신상, 1484년(성종 15) 가
을에 행향사로 참성초단(塹城醮壇)에 올랐던 호군 최호원, 1630년
(인조 8) 8월 마니산제성단(摩尼山祭星壇)에서의 제사 복구를 건의
했던 음성현감 정대붕의 예 등이 그것이다. 단군의 제천 사실과
관련한 이름은《고려사》·《세종실록》 지리지의 단군제천(석)단
과《강화부지》에서의 마니악제천단,《국조보감》의 제천단, 권
필(1569~1612)의 마니산천단과 이인상(1710~1760)의 단군제천

대, 최승우(1770~1841)의 단군대, 박윤묵(1771~1849)의 천단(天壇) 등이 있다. 영단(靈壇)·신단(神壇)·숭단(崇壇) 등도 확인되는데, 이 또한 단군의 제천 사실이 배경이 된 사례이다.

참성단 제사가 별을 제사하는 도교의례였다는 사실을 드러 낸 것으로 홍귀달(1438~1504)의 시에서 마니성단(摩尼星壇), 이정 구(1564~1635)의 시와 《강화부지》에서의 참성대(參星臺)와 참성 단(參星壇), 《동국여지승람》에서의 삼청고석단(三淸古石壇), 《전등 사본말지》의 참성대(塹星臺) 등이 있다. 특히 삼청고석단은 도교 의례를 관장하던 소격서에서 옥청·상청·태청을 모신 삼청전(三 淸殿)의 제사를 모시는 곳이라는 뜻이다. 참성단 제사가 소격서 에서 주관하던 도교의 대표적인 제사 중 하나였다는 사실을 드 러내고 있다. 요대(瑤臺)·현단(玄壇)·벽단(碧壇)·참단(參壇)도 도교 의례의 장소로서 참성단을 상징하는 말들이다.

참성단은 북극성을 관찰하는 첨성대로도 사용되었다. 세종 때 갑산의 백두산, 제주의 한라산과 함께 강화의 마니산에 역관 (曆官)을 보내 북극의 고도를 측정했다.

신시단(神市壇)과 부루대(夫婁臺)

18세기 말 또는 19세기 초의 경우에는 참성단에서의 단군전승이 단군신화로까지 소급되었다. 참성단이 환웅 또는 부루와 관련한 전승으로 확대되는 모습이 확인된다. 황수일(1666~1725)에게서 확인되는 신시단과 박준원(1739~1807)에게서 확인되는 부루대가 그것이다. 그 내용은 확인되지 않지만, 조선 후기 강화에서의 단군전승이 확대되고 있는 현상과 관련이 있다.

신시는《삼국유사》에서 환인의 서자인 환웅이 태백산 신단수 아래로 내려와 세상을 다스리기 위해 마련한 곳이었다. 그런데 허목(1595~1682)은 거기에 인격성을 불어넣어 환웅의 존재를 신시로 대체했다. 신시는 처음으로 백성을 교화한 군주로 바뀌었다. 황수일이 말한 신시단은 "신시가 하늘에 제사했던 제단"이라는 뜻일 것이다. 사례가 더 확인되지 않지만, 참성단의 단군전승이 신시씨(神市氏, 환웅)까지 소급된 모습을 보여준다.

부루대도 마찬가지다.《삼국유사》와《제왕운기》에서 부루는 단군이 서하 하백의 딸과 결혼하여 낳은 아들이다. 두 책이 인용한 자료는《단군기》와《단군본기》라는 것인데, 고려 중기 이전에 저술된 것으로 추측된다. 또 부루는 북부여 또는 동부여의 왕이었다. 단군의 고조선이 부루의 북(동)부여로 계승되었다는 역사인식의 결과다. 참성단이 그런 부루와 관련해서 부루대로 불렸다.

이것은 강화에서 전하는 다른 단군전승인 삼랑성의 축조와도 관련이 있다. 삼랑성은 단군이 세 아들에게 쌓게 했다고 한다. 이 전승은 조선 후기에 세 아들이 한 봉우리씩 축성하는 책임을 맡아 하룻밤 사이에 완공했다는 것으로 확장되었다. 삼랑성 축성 전승에서 세 아들의 이름까지는 등장하지 않는다. 그렇지만 《운학선생사적(청학집)》 등 조선 후기 선가 계통의 자료에서 그 이름으로 부루·부여·부우가 등장한다. 부루대라는 전승은 이 같은 움직임과 관련이 있다. 특히 부루가 단군의 아들이라는 전승은 이른 시기부터 전해지고 있었기 때문에 참성단과 부루를 연관시키는 것은 어렵지 않았다. 다만 그 전승이 어떻게 전개되고 있었는지 자세하게 알 수 없다.

2. 참성단의 수리

단군이 쌓은 것일까?

참성단을 언제 처음 쌓았는지는 그곳에서 제천이 언제부터 이루어졌는지와 관련이 있다. 그런 점에서 단군이 마니산에 제단을 쌓고 하늘에 제사했다는 전승이 대한제국시기에 비로소 구체적으로 지적되며, 역사적인 사실로 접근된 사실을 먼저 이야기할 필요가 있다. 서양 열강의 침입에 맞서야 했던 이때는 국가적으로 자존의식이 절대적으로 필요한 때였다. 그리고 그것은 역사에서 구해졌다. 1905년(광무 9)에 간행된《대동역사》에서는 단군 59년에 단군이 혈구의 마니산에 가서 단(壇)을 쌓고 처음 하늘에 제사했다고 서술하며, 이것을 단천(禮天)으로 설명했다. 여기서 '단(禮)'이란 후에 대종교에서 하늘에 제사하는 의식을 가리킨다. 또 후조선(기자조선)의 도국왕 7년(기원전 426) 10월에 우화충이란 세력이 침입하자 묘사(廟社)를 받들고 바다를 건너 혈구로 들어갔다고 서술했다.

이 책의 상고사 부분은 최경환, 고대사 부분은 정교(1859~1925)가 초고를 작성했고, 최경환의 원고를 정교가 교열한 후 1896년(건양 1)에 완성했다고 한다. 현채(1856~1925)가 발간하려다가 독립협회에서 나왔다는 이유로 간행이 정지되어 10년 후에 간행될 수 있었다. 정교는 후에 대종교의 주축이 된 김윤식·나인영(羅喆)·이기 등과 깊은 교류를 했다. 단군을 중심으로 하는 대종교의 역사관에 정교의 영향을 일정부분 가늠할 수 있다. 《대동역사》의 역사관은 이후 《보통교과 대동역사략》(1906), 원영의·류근의 《신정 동국역사》(1906), 현채의 《중등교과 동국사략》(1906) 등에 반영되었다. 그런데 이런 움직임은 16세기 중반부터 이루어지고 있었다.

전설과 역사의 사이

앞서 이야기한 바와 같이 《고려사》와 《세종실록》 지리지에서 참성단 기록은 세상에 그런 전설이 있다는 정도의 뜻인 세전(世傳)을 따른 것이었다. "역사적인 사실로 믿을 수 없지만"이라는 전제가 깔려 있다. 두 지리지가 편찬된 지 30년 후인 1485년(성종 16) 국가에서 공식적으로 편찬한 역사책인 《동국통감》(56권)이 간행되었다. 이 책에는 단군조선부터 고려까지의 역사가 연대기로 정리되어 있다. 단군조선이 국가에서 편찬한 역사책에 처음 실렸다는 점에서 의미가 있다. 하지만 그것은 〈본기〉가 아닌 〈외기〉에서였다. '외기'란 "본류 밖의 기록" 정도의 뜻으로, 그 편찬자들은 "삼국 이전에는 전해지는 역사책이 없어 여러 책에서 채택하여 외기를 지었다"고 밝혔다.

그런데 이 책의 〈단군조선〉에는 참성단이 빠져있다. "세상에 전해지는 전설"을 믿지 못하겠다는 이유에서일 것이다. 참성단 전승이 이 책의 편찬자들에게 범례에서 밝히고 있는 잡다한 기록의 수준에도 미치지 못한다고 평가되었기 때문이다. 참성단에 대한 기록이 강화의 풍물을 정리하는 수준에서 지리지에는 소개될 수 있지만, 역사적으로는 고증되지 못한 것이라는 이해가 깔려 있었다. 단군의 참성단 축조와 제천을 역사적인 사실로 기록한 것은 16세기 중반 류희령(1480~1552)이 지은《표제음주동국사략》이란 책이 처음이다. 4차례에 걸친 사화의 와중에 3번씩이나 수정하면서 간행된 이 책은《동국통감》을 읽기 쉽도록 12권으로 줄여 지은 것이다. 책 이름의 '동국사략'이란 그것을 뜻한다. 또 각 기록의 본문이 시작되는 첫머리에 내용의 제목을 밝히고(標題), 고유명사의 음을 주로 달아(音註) 독자에게 편리성도 제공하고 있다.

단군과 관련한 사실은 '단군자립(檀君自立)'이라고 표제하고, 그 역사적 사실을 단군의 출생(태백산) → 건국 및 도읍(평양) → 천도(백악) → 혼인 및 아들 출생 → 중국 우임금의 도산 조회에 아들 부루의 파견 → 참성단 축조 및 제천, 삼랑성 축성 → 단군의 죽음 및 송양(평안도 강동)에서의 장례 → 후손의 장당경(구월산) 천도와 계승(傳世)으로 정리했다. 그 내용을 연대 순서로 서술했다. 류희령의 이 같은 서술은 고증할 자료가 없음을 탓하며

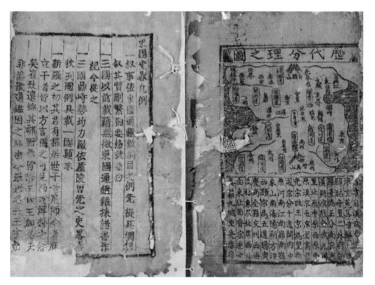

▲《표제음주동국사략》(류희령, 16세기): 〈역대분리지도(歷代分理之圖)〉라는 고지도가 수록되어 있다.

역사적인 사실로 받아들이는 데 적극적이지 못했던 고조선에 대한 인식을 새롭게 하려는데 목적이 있었다. 여기에서 그는 단군이 참성단을 쌓아 하늘에 제사하고, 세 아들에게 삼랑성을 쌓게 했다고 서술했다. "단군이 하늘에 제사하던 제단이라고 세상에 전해진다"는 것이 지금까지의 이해였으나, 하늘에 제사는 물론 이를 쌓은 것도 단군 또는 그때의 일이라고 이해한 것이다.

　이후에도 단군이 참성단을 축조했다는 것은 역사적인 사실이라기보다 세전의 형식으로 전해졌다. 그렇지만 앞 시기와 비교하여 달라진 점이 있다. "단군이 제천했던 곳"이라는 전설에 축조의 전설이 더해져 "단군이 쌓고 하늘에 제사했던 곳"으로 바뀌었다. 1666년(현종 7) 홍만종이 지은《해동이적》이 대표적이다. 이 책은 단군부터 조선 중기까지 도교 계통 인물의 행적을 엮은 설화집이다. 여기에서 저자는 "마니산에 참성단이 있는데 세상에서는 단군이 쌓았고, 하늘에 제사를 지냈던 곳이라고 전해진다"고 서술했다. 그리고 근거로《동국사》의 〈조선본기〉를 제시했는데, 그 자료에 대해서는 알려지지 않았다. 1690년대에 이형상이 강화의 인문지리를 정리한《강도지》라는 책에서도 "단군이 쌓았다고 세상에 전해진다"고 기록했다. 그들은 참성단을 단군이 쌓았다고 하여 초기의 기록에서보다 확장된 인식을 보여주고 있다. 하지만, 류희령과 같이 이것을 역사적인 사실로 받아들이지 못하고, 세전이라는 전통적인 이해의 수준에 머물렀다.

1717년(숙종 43)에 강화유수로 참성단의 개·보수 작업을 책임졌던 최석항은 공사의 처음과 끝까지의 과정을 참성단 인근의 바위에 새긴 〈참성단개축기〉로 남겼다. 여기에서 그는 참성단을 "우리나라의 생민지조(生民之祖)인 왕검 단군이 쌓은 이후 중국신화에서 여와가 하늘의 도움에 화답했던 것과 같은 역할을 했던 곳"이라고 기록했다. 단군이 쌓았다는 참성단 전승을 역사적인 사실로 받아들였다. 이종휘(1731~1797)는 환국(桓國) 제석의 서자였던 환웅이 태백산 위로 내려와 신단(神壇)에서 "신으로 사람들에게 가르침을 베풀었는데(以神設敎)", 단군이 마니산 참성단으로 이를 계승했다고 설명했다. 그 역시 단군이 참성단을 쌓았다고 했다.

참성단의 유래는 단군이 하늘에 제사했다는 전승이 전통적인 이해였는데, 16세기 중반에 단군이 쌓았다는 전설이 더해졌다. 그 전승은 홍만종·이형상에게서 확인되는 것처럼 확장되기도 했고, 류희령·최석항·이종휘 등에서처럼 역사적인 사실로 수용되기도 했다. 단군이 하늘에 제사했다는 전설만 받아들인 사람들도 있었고,《동국통감》의 경우에서처럼 이조차도 받아들이지 않은 사람들도 있었다. 참성단을 둘러싼 여러 이해와 인식들이 공존하는 가운데, 근대에 와서는 축조와 제천을 역사적인 사실로 받아들이고, 연대까지 구체적으로 접근하는 시도도 했다. 대표적인 사례가 대한제국시기 저술된 역사서의 경향을 이어 참성단과 삼랑성의 축조를 개천 191년(단기 67)과 217년(단기 93) 사이에 배열하여 역사화하고 있는 대종교 계통의《신단실기》라고 하겠다.

참성단과 삼랑성에서의 단군

출생을 중심으로 단군전승은 여러 갈래로 나눌 수 있다. 우리가 잘 알고 있는 환웅이 웅녀와 혼인하여 단군을 낳았다는 전승이 있고(《고기》), 환웅(檀雄)이 손녀에게 약을 먹여 사람이 되게 한 후 박달나무신(檀樹神)과 혼인하여 단군을 낳았다는 전승도 있다(《본기》). 또 반은 신이고 반은 사람이었던 신인(神人)

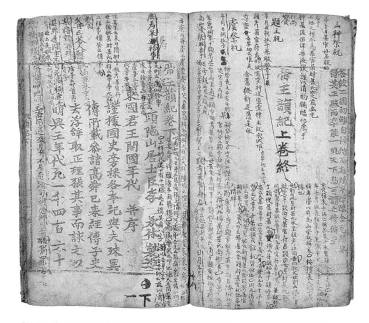

▲《제왕운기》(1360년): 환인−단웅(檀雄, 환웅)이 단군의 외고조부, 외증조부로 설명되고 있다.

단군이 박달나무(檀木) 아래로 내려오자 사람들이 임금으로 세웠다는 전승이 있고《응제시》), 환웅이 아니고 환인이 웅녀와 혼인하여 단군을 낳았다는 전승이 있다《동국여지승람》). 곰(桓熊)이 호랑이(白虎)와 혼인하여 단군을 낳았다는 전승도 있다《제대조기》).《제대조기》라는 책에서 보이는 환웅(桓熊)은 환인과 웅녀를 의식한 표현이고, 호랑이의 재등장도 주목된다.

참성단에서의 제천과 삼랑성 축조의 주체로서 단군은 단목웅(檀木翁), 단후(檀后), 단군씨, 단왕(檀王), 단신(檀神), 단목군(檀木君), 신군(神君), 단성(檀聖), 신단목(神檀木), 신조(神祖) 등 여러 이름으로 불렀다. 그런데 이들은 대부분 18세기 중엽 이후의 자료에서 확인되는 것이고, 시어로 사용된 것이 많아 거기에 역사적인 개념이 적극적으로 들어 있다고 보기 어렵다. 사용 빈도가 지극히 제한적이라는 점에서도 그러하다. 그렇지만 역사적인 관점에서 살펴볼 필요가 있다. 우선 단목옹·단목군·신단목·신군·단신 등은 《제왕운기》와 《응제시》의 전승과 관련이 있다. 13세기 말에 이승휴가 지은 《제왕운기》에서는 《단군본기》라는 자료를 인용하여 단군의 출생과 신단수·박달나무신의 관계를 서술한 바 있다. 또 1396년(태조 5) 권근이 지은 《응제시》에서도 박달나무가 강조되어 있다.

《응제시》는 명나라 고황제의 명령에 따라 지은 시이다. 그중에 하나인 〈옛날 나라를 처음 연 동이(東夷)의 임금〉에는 앞에서 설명한 단군의 출생 이야기가 실려 있다. 그런데 참성단과 관련하여 불린 단군의 명칭으로 박달나무는 신단수를 가리키고, 신군·박달나무신은 신과 사람의 경계에 있던 신인(神人)으로서 단군을 가리킨다고 짐작된다. 또 이름에서의 '옹(翁)'·'군(君)'은 단군을 뜻하는 존칭으로 파악된다.

이 같은 흐름을 보이게 된 배경에는 조선시대에 국가에서 공식적으로 인정했던 단군전승이 현재 우리가 단군신화의 본보기로 알고 있는 《삼국유사》의 《고기》가 아니라 《응제시》라는 사실에 있다. 참성단이 제단이라는 점에서 《삼국유사》에서의 '단군(壇君)'이 확인될법한데, 전혀 그렇지 못한 것은 이런 배경에서 이해할 수 있다.

단군씨에서 '씨' 역시 존칭인 것이 분명한데, 고려 후기에 이 색이 단군의 다른 이름으로 불렸던 조선씨(朝鮮氏)를 본뜬 것으로 짐작된다. 단후와 단왕은 조선 후기에 고조선의 이름으로 간혹 불렸던 단국(檀國)의 군주로서 '후(后)'와 '왕'을 가리키는 것으로, 역사적인 이해를 일정하게 담고 있다고 여겨진다. 또 단성(檀聖)과 신조(神祖)도 확인되는데, 신성한 혈연적인 조상으로서의 단군이라는 뜻으로 사용되었다. 조선 후기 또는 대한제국시기에 확대된 단군인식을 반영하고 있다.

위는 네모지고 아래는 둥글다(上方下圓)

마니산은 선캄브리아기에 지하의 열과 압력을 받아 변성된 운모편암으로 이루어져 있다고 한다. 그 시기는 45억년 전부터 시작해서 5~6억년 전에 이르기까지이다. 또 하나의 암반인 화강암은 약 1억 8천~1억 2천만년 전인 중생대 쥐라기에 우리나라 전역에서 일어났던 지각변동인 대보조산운동으로 형성된 암석이라고 한다. 이때 마그마가 원래 있던 암석을 뚫고 들어가 화강암이 되었다고 하는데, 마니산 정상인 참성단 부근에는 그 암반이 넓게 펼쳐져 있다. 지표면에 그대로 노출된 암석은 풍화가 심해 부스러지고, 그 표면이 양파껍질같이 떨어지는 판

상절리의 박리현상도 관찰되어 기암절벽이 곳곳에 솟아 있기도 하다. 참성단은 이 같은 화강암의 기반 위에 주변에서 채취한 화강암과 운모편암의 산돌을 다듬어 켜켜이 쌓아 올렸다.

《세종실록》지리지에서는 위는 네모지고 아래는 둥근 형태라고 했다. 참성단이 자리한 지형이 워낙 험하고 굴곡이 심해 지형을 최대한 이용하지 않으면 단(壇)을 쌓아 올리기 어렵다. 이곳에 구조물을 세우기 위해서는 하단을 둥글게 하는 것이 가장 적절하다는 판단이 작용한 것으로 짐작된다. 상단의 경우에는 네모진 정사각형인데, 제단으로 사용하기 위한 시설이기 때문이다. 이종휘는《동사》에서 "하늘은 음기를 좋아하고 땅은 양기를 귀하게 여기기 때문에 물로 둘러싸인 산 위에 세운 제단은 반드시 위를 네모나게 하고 아래는 둥글게 해야 한다. 이것은 땅과 하늘의 도리를 세우는 것이자 또한 하늘과 땅을 함께 제사하는 까닭"이라고 했다. 바다로 둘러싸인 마니산 정상의 참성단을 상고시대에 단군이 하늘에 제사했다는 전승에 덧붙여 더욱 신령한 곳으로 이해했기 때문이다.

《세종실록》지리지에서는 참성단의 규모를 상세하게 기록했다. 조선 전기의 실측치는 높이 10척, 단 위의 4면이 각기 6척 6촌, 아래 너비 각기 15척이었다. 영조척을 사용했는데, 1척은 약 31cm이다. 20세기 초에 실시한 실측에서는《세종실록》지리지와 다른 내용을 보고했다. 이때의 조사는 일본의 기상학자이자 통감부 관측소장이었던 와다유지(和田雄治)가 1909년 3월

약식으로 실시했다. 그 결과는 1911년 조선총독부 관측소장의
자격으로『고고학잡지』에 실었다. 이때에는 높이 3m, 단 위의 4
면은 각기 6.2m, 아래 너비는 14×30m, 상단으로 올라가는 계
단은 30단으로 실측되었다. 1932년 7~9월 동아일보 주최로 단
군성적순례단의 책임을 맡아 마니산을 답사한 현진건도 그 규
모를 참성단 상단의 경우 사방의 길이 7척 5촌, 높이 15척으로
제시했다. 이때 실측은 이루어졌는지 확인되지 않는데, 다른 자
료에 제시되어 있던 실측치를 제시한 것으로 추측된다.

　2004년 강화군에서 정밀실측을 했다. 이때 높이는 4.6m, 단
위의 4면은 각기 6.5m 내외, 아래 너비는 13×17.5m 내외, 면적
은 5,603m²로 조사되었다. 마니산에서 제단 입구로 올라가는
계단은 남동측 방면의 오른편(동쪽)에서 북서쪽(왼편)을 향해 있
는데 8단이다. 여기에서 외단(하단)으로 올라가는 계단은 왼편
(서쪽)에 있으며 6단이다. 외단에서 내단(상단)으로 올라가는 계
단은 내단 남쪽 측면의 중앙에 있는데, 18단이다.

　20세기 초와 2004년의 실측에서도 차이를 보이는 부분들이
있다. 높이에서는 2004년의 실측이 1.6m 높은 것으로 측정되었
고, 아래 너비에서는 20세기 초의 실측이 더 긴 것으로 측정되
었다. 2004년의 실측이 참성단의 상단을 중심으로 한 것인데 비
해 1908년의 실측은 상단과 하단의 길이를 모두 측정한 것이기
때문이라고 짐작된다. 또 상단으로 올라가는 계단이 20세기 초
의 실측에서는 30단으로 조사되어 2004년의 실측치인 18단과

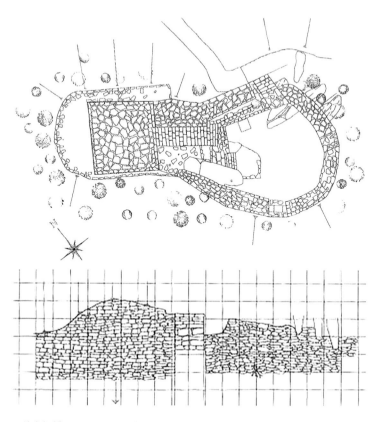

▲ 참성단 실측도(강화군, 2004년): 왼쪽 상단은 네모지고, 오른쪽 하단은 둥근 상방하원의 형태이다.

차이를 보인다. 20세기 초의 30단은 참성단의 계단 모두를 합친 것으로 추측된다. 또 와다유지의 보고서에 실려 있는 도면에서는 상단과 하단의 차이를 구분하지 않고 상단과 제사준비공간으로만 구분하고 있다. 그런데 강화군의 실측에서는 상단·하단·제사준비공간으로 구분되어 있다. 준비공간에서 하단의 구분은 6단의 계단으로 이루어져 있다. 이런 차이는 20세기 초 실측 당시의 보고에서와 같이 제사준비공간을 지칭하는 것으로 짐작되는 안쪽 10m² 정도의 평면 공간이 잡초로 덮여있었거나, 상단으로 올라가는 돌계단이 거의 허물어져 있었기 때문에 하단과 준비공간의 구분이 어려웠던 데서 비롯된 것일 수도 있다.

그런데 중요한 점은 두 조사에서 참성단의 가장 중요한 공간인 상단의 제단 4면이 각기 6.2m와 6.5m로 30cm(1척) 정도의 차이를 가진 것으로 실측되었다는 것이다. 크기에서는 약간의 차이를 보이지만, 20세기 초 참성단의 형태와 기본구조가 큰 변화 없이 현재까지 지속되고 있다는 사실을 의미한다. 하지만 이를 《세종실록》 지리지의 실측과 비교하면 큰 변화가 있었음을 알 수 있다. 《세종실록》 지리지에서는 상단의 4면이 각기 6척 6촌이었다고 한다. 고려와 조선시대의 치수에 대해서는 의견이 정리되지 못한 부분이 있지만, 오례의(五禮儀)에서 밝힌 영조척으로 계산하면 6척 6촌은 2m 정도이다. 1930년대 현진건이 제시한 실측치인 7척 5촌이라도 2.3m에 불과하다. 그렇다면 조선 전기 이후 참성단의 상단이 정사각형에 가까운 모습이었다는 사실은 변하지 않았지만, 규모는 3배 정도 커졌다는 것을 뜻한다. 이런 변화의 배경을 어떻게 이해해야 할지 아직 잘 모르겠다.

상단의 제사공간이 2×2m이라면 지나치게 협소하다. 이보다 넓더라도 참성단이 마니산 정상에 돌출되어 있고, 상단에 오르는 계단을 제외하면 4면 모두 3m 이상 쌓아 올린 절벽이기 때문에 위험에 노출될 수밖에 없는 환경이다. 특히 제관이 캄캄한 밤에 제물을 차려놓고 제사할 때는 더욱 그렇다. 계단을 오르내리면서도 실족의 위험은 항시 도사리고 있었다. 이런 위험 때문에 후대에 넓혔을 수도 있다. 그렇지만 이런 추측을 지지해주는 어떤 자료도 확인되지 않는다. 또《세종실록》지리지의 6척 6촌의 기록이 잘못된 것일 수도 있다. 하지만 높이가 10척, 아래 너비 각기 15척이라는 기록을 고려할 때, 그럴 가능성도 많지 않다. 향후 다시 살펴야 할 문제이다. 참고로 조선시대에 전국 주현에 설치되었던 사직단의 경우에 제단은 정사각형 형태로 한 변의 길이가 2장 5척(7.5m)이었고, 전염병을 가시기 위해 주인 없이 떠도는 혼령을 제사하던 여단(厲壇)은 2장 1척(6.3m)이었다.

참성단의 구조

참성단은 크게 제사 구역과 준비 구역으로 나뉘어 있고, 좁은 의미에서의 참성단은 제사 구역을 가리킨다. 준비 구역은 재실(齋室) 또는 재궁(齋宮)으로 불렸다. 참성단 제사는 고려시대에 복원궁에서 주관했을 것이고, 조선시대에는 소격서에서 주관했다. 삼청전(三淸殿) 초제와 함께 도교의 2대 제사 중 하나였다. 그 의례는 당연히 도교의례로 지내졌다. 이에 대해서는 나중에 자세하게 이야기하겠지만, 먼저 삼청전 제사가 하단·중단·상단 제사로 이루어졌다는 것에 주의가 필요하다. 즉 삼청전은 상-중-하단으로 구성되었는데, 참성단 역시 마찬가지였다.

마니산 정상에 올라 참성단으로 들어가는 8단의 계단을 오르면 33m²(10평) 정도의 타원형 공간에 이르게 된다. 남북이 길이는 9m, 동서의 길이는 8m 정도이다. 초제를 준비하던 곳이다. 또 폭 0.8~1m, 높이 1m 내외의 석축을 둘러싸 제사공간을 외부와 구분했다. 남동쪽 측면에는 우물터가 있는데, 참성단 제사에 필요한 정수(淨水)를 저장했던 곳으로 추정된다. 남동쪽과 북서쪽에는 각각 폭 1m 정도의 개구부가 있는데, 바닥에 돌을 괴어 배수를 위한 구멍을 만들고 그 위에 잘 다듬은 석판을 깔았다. 암반 위에 조성되어 고르지 못한 바닥의 제사준비공간에 빗물이 고이는 것을 방지하려는 장치로 보인다. 2004년 강화군의 정밀실측보고서에서는 이곳을 전정부로 설명했다. 현재는 매년 10월 3일 개천절에 지내는 개천대제와 성화채화를 위해 지내는 제사에서 제사 공간이자 준비공간으로 사용되고 있다.

하단의 서쪽(왼쪽)에 놓인 6단의 계단을 올라가면 있는 공간이 외단(중단·하단)이다. 현재는 내단(상단)으로 오르는 통로로 이용되고 있다. 여장 형태의 석축 담장이 있는데, 동쪽은 3단으로 이루어져 있다. 현재 소사나무가 있는 곳에서 왼쪽이다. 이곳의 가장 위쪽 단의 폭이 1.7~2.1m, 중간 단의 폭이 0.4~0.5m, 가장 아랫단의 폭이 0.8m 정도인데, 위쪽 단의 북쪽 면에서 하

▲ 참성단(상단 계단): 외단에서 이 계단을 통해 내단(상단)으로 올라간다.

단 제사가 이루어졌을 것이다. 준비공간에서 상단을 바라볼 때 오른쪽 공간이다. 중단 제사는 하단 제사 공간의 반대편인 서쪽이 사용되었을 것이다. 준비공간에서 계단을 통해 오르면 바로 맞닥뜨리는 곳이다. 화강암반이 돌출되어 있어 평평하지 못하다는 단점이 있지만, 참성단 자체가 협소하여 제사공간을 충분히 확보하지 못하는 상황에서 그랬을 수밖에 없었을 것이다.

외단으로 올라가 동쪽으로 꺾었다가 다시 북쪽으로 꺾으면 내단(상단)으로 올라가는 계단이 있다. 계단의 길이는 5.8m, 폭은 1.8m 정도이다. 1단부터 18단까지 각 단의 폭은 0.24~0.34m이고, 17단은 1.2m로 18단을 이루는 내단에 편안하게 들어설 수 있도록 여유를 두고 있다. 4면이 각기 6.5m 내외로 정사각형을 이루는 상단은 참성단의 가장 중심이 되는 공간이다. 제단에 오르면 사방이 모두 트여 있고, 시야에 걸리는 것이 없다. 주변의 지형지물이 모두 참성단 아래에 위치해 있다. 3m~4.6m에 이르는 제단의 외벽은 아래에서 위로 올라가면서 점차 안쪽으로 기울여 쌓는 퇴물림 쌓기를 하였다. 붕괴를 막고, 시각적으로도 안정적으로 보이도록 하려는 목적에서였다.

고려 후기의 보수

참성단은 축조 이후에 수많은 보수가 이루어졌다. 대부분은 자연적인 비바람에 따른 붕괴 때문이었다. 1264년(원종 5) 6월 7일(음력)에 원종이 마리산참성에서 초제를 지낸 이후 조선 전기까지 매년 봄가을 두 차례씩의 정기적인 초제가 지내졌다. 나라의 평안과 그때마다의 현안에 대한 기원이었다. 가뭄이 있을 때는 비를 비는 기우초제(祈雨醮祭)가 4~5월에 지내졌다. 임진왜란 이후 제사가 중단되면서는 고적 답사와 관광을 위한 사람들의 방문이 끊이지 않았다. 이 과정에서 인위적인 파괴와 훼손도 있었을 것이고, 이때마다 수리가 이루어졌을 것이다.

참성단의 현재 모습이 원형에 얼마나 가까운지 알 수 없다. 개축과 보수 과정에서 부분적인 변형이 불가피했을 것이다. 그렇지만 아래는 둥글고 위는 네모진 상방하원의 전체적인 형태는 기본적으로 지켜졌을 것이다. 이제 기록에서 확인되는 보수에 관한 이야기를 하기로 한다.

보수 시기	내용
1293년(충렬왕 19) 4월(?)	마리산이 무너졌는데, 그 소리가 벼락 치는 것과 같았다.
1409년(태종 9) 5월	마리산이 길상산·진강산과 함께 무너졌다.
1411년(태종 11) 10월	참성(塹城) 동쪽의 가운데 봉우리에 있던 큰 돌이 무너져 내렸다. 길이와 너비가 각각 5척이나 되는 크기였다.
1426년(세종 8) 2월	참성대(塹城臺)가 종처럼 울어 소리가 10여 리 밖에 들리더니 얼마 후 큰 돌이 무너졌다.
1639년(인조 17) 10월	다시 강화의 마니산 제단을 수리하였다.
1665년(현종 6) 3월	참성단 서쪽 측면이 붕괴되었는데, 붕괴된 너비가 15척, 높이가 9척, 깊이가 2척이었다.
1717년(숙종 43) 봄	서쪽과 북쪽의 태반이 무너졌고, 동편 계단도 대부분 무너져 있었다.

1293년(충렬왕 19) 4월에 마리산이 무너졌는데, 그 소리가 벼락 치는 것과 같았다고 한다. 여기에서 참성단에 대한 직접적인 언급이 없지만, 이때에도 참성단은 마리산의 상징적인 곳으로 이해되고 있었다. 붕괴 규모에 대해서는 밝혀져 있지 않지만, 그 소리가 벼락과 같았다는 데서 어느 정도 짐작이 가능하다. 이때 참성단은 수리되어 나라의 제사장으로 사용되었을 것이다.

15세기의 보수

조선 전기에는 3차례의 보수가 확인된다. 1409년(태종 9) 5월에 마리산이 무너졌다. 이때에는 길상산과 진강산도 함께 무너졌다. 강화도 일대에 지진이 있었고, 그 피해로 마니산을 비롯해 산들이 무너졌던 것으로 추측된다. 이때의 마니산 또한 참성단을 가리키는 것으로 보이며, 피해 정도는 알 수 없지만 무너진 곳의 보수가 이루어졌을 것이다. 두 번째의 보수는 1411년경에 있었다. 10월에 참성 동쪽의 가운데 봉우리가 붕괴되었다. 무너진 길이와 너비가 각각 5척(약 1.5×1.5m)이었다고 한다. 태종은 서운부정 장득수를 보내 조사하게 하고, 조사를 마친 후 서운정 애순을 보내 해괴제를 지냈다. 서운관은 하늘과 땅의 변화를 관측하고 절기와 날씨를 측정하여 달력을 편찬하며, 재변에 대한 방책을 수립하고 대처하던 관청이다.

세 번째는 1426년(세종 8) 8월이다. 마리산 참성대(塹城臺)에서 종을 칠 때 나는 소리가 10리 밖까지 들리더니 큰 돌이 무너져 내렸다. 소리가 멀리까지 들렸다는 것에서 피해 정도가 매우 컸다고 여겨진다. 임진왜란 때 개성부유수와 경기관찰사를 지낸 이정형(1549~1607)의 《지퇴당집》에서도 이때 상황을 전하고 있다. "강화 마리산이 흔들리며 울리기가 마치 큰 종을 치는 것과 같더니 갑자기 참성단 동쪽 봉우리의 돌들이 무너져 내렸다." 1411년과 같은 곳에 피해를 입었던 것으로 생각되는데, 지진 때문인지 1411년의 보수에 문제가 있었는지는 확인되지 않는다.

이때에도 서운관주서 장후와 서운관정 박염을 보내 상황을 조사하게 하고, 보름 후 서운부정 김영유를 보내 해괴제를 지냈다.

참성단의 붕괴는 수리된 지 오래되어 풍우 등으로 인한 자연적인 것을 우선 생각할 수 있다. 대부분은 그것일 것이다. 지진 등에 의한 피해 역시 배제할 수 없다. 조선 초기에 확인되는 3차례의 붕괴에는 이와 관련된 것이 포함된 것으로 짐작된다. 소리가 천둥과 같았다거나, 종처럼 울어 10리 밖까지 들리더니 무너졌다는 것에서 그러하다. 참성단은 고려 후기에 국가제사로 지내졌던 전통(雜祀)에 따라 조선의 국가제사에서 소사(小祀)의 예로 제사되었다. 국왕의 수결을 3품 이상의 관리가 대신하여(代押) 매년 봄가을로 제사하던 곳이었다. 그런 곳이 무너지면 그 사실은 즉각 중앙에 보고되었고, 국왕은 관리를 담당하던 서운관에 명해 붕괴의 원인을 찾고 조사하여 조치계획을 수립하게 했다. 또 중앙과 강화부의 재원과 인력을 투입하여 수축 공사를 했을 것이다. 수리를 마친 후에는 서운관의 책임자인 서운정이나 서운부정을 제관으로 파견해서 불길한 일로 다른 피해가 없도록 하고, 다음에 또 이런 일이 일어나지 않도록 빌었다. 수리를 마무리했다는 사실을 하늘에 알리는 고제(告祭, 告祀)의 성격이었는데, 해괴제(解怪祭)라고 했다.

1426년의 사례를 통해 참성단의 붕괴가 중앙정부에 보고되어 그 상황을 조사하기 시작한 지 보름이 지나서 해괴제가 지내졌다는 것을 알 수 있다. 조사를 위해 관리를 파견하는 것이 조사만이 아니라 수리와 보수까지 일련의 작업과정이 포함된 조치였다는 것을 보여준다. 1411년의 붕괴 때에도 마찬가지였을 것이다. 조선 전기에 참성단의 보수 사실은 더 확인되지 않는다. 붕괴가 없었던 것이 아니라 사실이 기록에서 누락되었거나, 기록을 잃어버렸기 때문이다.

17~18세기의 보수

국가제사에서 참성단 제사가 폐지된 것은 임진왜란 직후였다. 하지만 그 이전에 참성단 제사를 담당하고 있던 소격서의 폐지와 함께 사실상 중단의 기로에 있다가 재개되기도 했다. 참성초제가 폐지된 후에도 참성단 수리의 사실이 몇 건 확인된다. 이때의 수리는 15~16세기의 그것과 성격이 달랐다.

1639년(인조 17) 마니산 제단이 보수되었다. 이때는 참성단 초제가 중단된 지 50여 년이 지나고, 강화부가 강화유수부로 바뀐 지 10여 년이 되는 때였다. 당시 강화유수는 김신국(1572~1657)이었다. 그는 도교의례로서 참성단 초제를 유교의례의 마니산산천제사로 바꾸었다. 이때 마니산 제단은 다시 수리되었다. 조선 전기 이후 참성단이 지속적으로 관리되고 보수가 이루어졌다는 사실을 뜻한다. 그런데 국가제사가 폐지된 참성단을 다시 수리할 필요는 무엇이었을까? 마니악제천단은 "단군이 제천했던 곳"이어서 보존될 고적으로 가치가 있었기 때문이었다. 고적으로서 참성단의 관리와 수축은 강화부사(1627년 이전)와 강화유수의 임무 중에 하나였다.

1665년(현종 6)에도 수리 사실이 확인된다. 강화유수 조복양(1609~1671)의 보고에 따르면, 이번에는 참성단 서쪽 측면이 무너졌다. 그 피해는 너비 15척(4.5m), 높이 9척(2.7m), 깊이 2척(60㎝)이었다. 바닷가에 면한 제단 왼쪽의 대부분이 무너졌던 것인데, 이때에도 수축이 있었을 것이다. 1717년(숙종 43)에도 수리가 있었다. 이때의 보수 사실은 당시 강화유수로 수리 공사를 총지휘했던 최석항(1654~1724)의 〈참성단개축기〉에서 상세하게 확인된다.

강화유수에 부임한 최석항은 1717년 봄에 고을을 순찰하면서 가장 먼저 한 일이 마니산 참성단을 오른 것이었다. 수축에 대한 마을 원로들의 강력한 요청이 있었기 때문일 것이다. 그는 단군이 쌓았다는 참성단에 올라 새벽녘까지 머물렀다. 그리고 "높고 높은 저 고대(高臺)에 새벽녘까지 있자니 부임하여 지금까지의 온갖 걱정 사라진다"는 시로 그 심정을 읊었다. 그가 마니산에 올라 처음 바라본 참성단의 모습은 이러했다. "연대가 오래되고 비바람을 맞아 서쪽과 북쪽의 태반이 무너져 있었고, 동편 계단도 대부분 무너진" 상태였다. 50여 년 전에 수리했던 부분이 다시 무너져 내린 것이다. 참성단으로 들어가는 동쪽 계단도 붕괴되어 있었다. 이때의 보수공사에는 선두포별장인 김덕

▲ 참성단중수비(1717년, 최석항): 이때의 수리는 선두포 소속 군사와 전등사 승려가 동원되어 열흘 동안 진행되었다.

하와 전등사총섭인 승려 신묵이 현장을 책임졌다. 선두포 소속의 군인과 전등사 소속의 승려들이 동원되었다는 사실을 말한다.

당시 수리가 어떤 규모에서 어떻게 진행되었는지 알 수 없다. 그러나 남서쪽을 제외한 북서쪽의 석축과 남동쪽의 계단을 개축하는데 열흘이 걸리지 않았다. 이로 미루어 무너진 석대(石臺)를 부분적으로 다시 쌓고, 계단을 수리하여 사람들의 통행이 가능하게 하는 정도의 공사였던 것으로 보인다. 그리고 최석항은 수리의 전말을 기록하여 전할 것을 청한 신묵의 말을 따랐다. 참성단 남서쪽의 암벽에 그 내용을 새기는 한편, 전례에 따라 제사하여 사실을 하늘에 고했다.

참성단의 수리 사실을 전하는 기록은 모두 7건이 확인된다. 고려 후기에 1건, 조선 전기에 3건, 조선 후기에 3건이다. 하지만 수리는 훨씬 많았을 것이다. 수리 후에는 그 사실을 하늘에 고하는 제사가 지내졌다. 여기에는 참성단의 붕괴가 하늘의 견책이어서 반성하고 근신하는 뜻을 담았다. 특히 조선 전기까지 국가제사의 예로 지내진 참성단 제사는 국왕이 제관이 되어 지내야 하는 것을 신료들이 대신하는 것이었다. 이 때문에 관리 실태도 천문(天文)을 관장하던 서운관에서 직접 관장했고, 수리 후에는 해괴제가 지내졌다. 하지만 임진왜란 이후에는 강화유수가 관리책임을 졌다. 국가제사의 장소가 아니라 단군에서 연원하는 오랜 기간 동안 국가제사가 이루어졌던 고적으로 관리되었다. 이때도 수리 후에는 그 사실을 고하는 제사가 이루어졌지만, 그것은 강화유수가 제관이 되어 지내는 고제(告祭)였다.

참성단은 일제강점기에도 수축된 사실이 확인된다. 1920년 참성단이 무너졌다. 이때는 자연적인 것이 아니었다. 신흥종교단체의 소행이라고 하기도 하고, 일본군의 소행이라고 하기도 한다. 훼손의 규모가 어느 정도였는지 알 수 없지만, 이때 수축은 대종교에서 한 것으로 확인된다.

3. 참성단의 부속시설, 재실

마리산이궁과 묘지사(妙智寺)

1259년(고종 46) 2월에 교서랑 경유는 왕실의 운수를 북돋는 연기업(延基業)을 위해 이궁(別宮) 건설을 요청했다. 교서랑은 경적(經籍)을 편찬하고 제사의 축문을 담당하던 비서성의 관리였다. 그 뒤에는 당시의 실권자 김준(?~1268)과 풍수가인 백승현이 있었다. 건의를 수용한 고종은 마리산 남쪽에 이궁을 창건했다. 최근 발굴조사가 실시된 흥왕이궁터가 그곳으로 추측되기도 한다. 1264년 6월 마리산참성에서 초제를 지냈던 원종은 삼랑성 가궐(假闕)을 출발해서 마리산참성에 올랐다. 그 중간에 마니산에 있던 묘지사에 들렀다. 묘지사는 원래 개경에 있던 절로 나중에 국사가 된 결응이 11세기 초에 머물렀던 절이다. 1174년(명종 4)에는 무인집권자 이의방을 제거하려고 귀법사 승려들이 난을 일으켰을 때, 피해를 입어 파괴된 사찰 중 하나였다. 역시 개경의 여러 시설을 강도(江都)에 그대로 재현하면서 창건된 사찰이었다.

참성단에서 국왕의 초제를 고려할 때, 마리산이궁과 묘지사는 참성단 제사를 준비하던 재실로 기능했을 것으로 추측된다.

특히 원종이 마리산참성에서의 초제에 앞서 묘지사에 들렀다는 사실은 그곳이 재계 공간으로 사용된 것과 관련이 있다. 하지만 이곳들은 이후 참성단 제사와 관련된 공간으로 사용되지 못했다. 고려 후기에 참성단 제사가 국가제사로 지내졌더라도 마리산이궁과 묘지사는 왕실과 직접적인 관련이 있는 곳이었기 때문으로 추측된다. 관료들이 국왕을 대신해서 지냈던 참성단 제사였지만, 국왕이 직접 제사하는 것(親醮)과 비교해서 그 격이 낮을 수밖에 없었던데 배경이 있었을 것이다.

재실, 재궁

재실에서는 행향사·헌관 등 참성단 제사의 제관들이 이틀 동안 재계하고, 신위·제수 등을 준비하는 전사관이 실무를 총괄했다. 초제의 모든 것을 준비하는 공간이었다. 참성단에 딸린 부속시설이었는데, 도교사원(道觀)인 복원궁에 빗대어 나라제사를 지내는 곳이라는 뜻에서 재궁(齋宮)·천재궁(天齋宮)으로도 불렸다. 천재궁은 "천제를 준비하는 궁실"이라는 뜻이다.

일반적으로 재실은 제사 장소에서 가까운 곳에 자리 잡기 마련이었다. 그래야 여러 준비에 불편함이 없었다. 하지만 참성단이 마니산 정상의 워낙 험지에 축조되었기 때문에 인근에서 재실의 입지를 구할 수 없었다. 멀리 떨어진 곳에 지을 수밖에 없

▲ 재궁 터: 재실과 전사청, 앙산정 등으로 구성되어 있었다.

었다. 마니산 남동쪽 기슭에 재실이 마련되었다. 삼랑성에서 뱃길로 마니산에 갈 수 있는 가장 가까운 곳의 산 중턱이었다. 강화군 화도면 문산리 산64-2번지가 그곳이다.

　지금은 간척사업으로 본 섬과 붙어 있어 차로 입구까지 갈 수 있다. 하지만 섬으로 떨어져 있던 조선 후기 이전에만 하더라도 바닷가에서 재실까지는 약 1km 남짓의 거리를 산기슭을 타고 올라야 했다. 또 재실에서 마니산의 남동쪽 능선을 타고 1km 정도 올라가면, 현재 마니산 공영주차장에서 단군로를 따라 참성단으로 오르는 918계단 입구에서 만난다. 여기서부터 계단을 타고 정상에 도달할 수 있다. 재실에서 참성단까지의 거리는 약 2km 남짓이다. 지금은 계단이 만들어져 있는데도 오르기 쉽지 않다. 그 이전에는 암반을 타고 올라야 했기 때문에 족히 반나절의 일정이었다.

　재실에는 제관들이 재계하고 숙박하던 공간, 제사에 관련된 준비물을 보관하고 제수를 준비하던 전사청, 제관들이 쉬면서 마니산 정상을 바라보던 앙산정(仰山亭) 등이 있었다. 재계 공간은 행향사의 공간인 상방과 헌관의 공간인 중방, 전사관이 머물던 하방 또는 하처(下處)로 나뉘어 있었다. 고려 후기부터 16세기 초반까지는 나무로 만들어진 신상(神像), 이후 16세기 말까지는 신위판(神位版)을 비롯한 각종 제기를 보관하던 창고 및 주방 등도 갖추어져 있었을 것이다.

그렇지만 고고학적인 조사가 이루어지지 못해 건물의 구조나 앙산정의 위치 등이 밝혀져 있지 않다. 현재에는 3단으로 구분된 200m²가 조금 넘는 건물터와 건물로 들어서기 위해 마련된 5단의 화강암 계단, 건물 앞에 세워져 있는 팔각 돌기둥 4기가 남아 있다. 이 돌기둥을 이용하여 누각 형태의 건축물이 지어졌을 텐데, 이것이 앙산정이었을 수도 있다. 건물터에는 기와 조각들이 흩어져 있다.

행향사는 재실에서 재계하거나, 참성단 제사를 마친 후 돌아와 쉬면서 그 심정을 시로 읊곤 했다. 1358년(공민왕 7) 가을에 이색이 지은 마니산기행의 13수 중에 〈재궁에서 차운하다〉·〈새벽녘 재궁을 출발하다〉 등 9수가 대표적이다. 나중에 조선의 국왕이 된 이방원이 고려 말에 대언으로 참성단 제사를 지내면서 지은 〈참성단〉도 있다. 이 시들은 널빤지에 새겨져 후대의 다른 제관과 방문객들이 볼 수 있도록 재실에 걸어 놓았다. 이색의 시를 새긴 시판(詩板)은 참성단 제사가 중지된 이후 전등사로 옮겨 보관되었고, 이방원의 시를 새긴 시판은 그가 왕위에 오른 후 음각으로 새겨진 글씨를 금으로 메웠다고 한다.

재실 이건(移建)의 논의

　　재궁이 참성단과 멀다 보니 제사를 준비하거나, 이를 위해 오르내리는 길은 불편하기 그지없었다. 2km 남짓한 가파른 산길을 지게를 지거나, 어깨에 메는 가마인 견여를 타고 오르내리는 일은 쉽지 않았다. 재궁을 참성단과 가까운 곳으로 옮기려는 시도가 없을 수 없었다. 새벽녘 제사를 마치고 재실로 돌아올 때, 사람들이 관솔불로 캄캄한 길을 비춰주더라도 낙상의 위험은 항시 도사리고 있었다.

　1417년(태종 17) 가을 우부대언이었던 원숙은 참성초제의 행향사로 마니산에 다녀왔다. 대언은 지금으로 치면 대통령 비서관과 비교할 수 있다. 그 역시 참성단과 재실이 멀리 떨어져 있어 심한 불편을 겪었다. 돌아온 직후 "마리산참성에 금기(禁基)가 없고, 재궁의 입지가 낮아" 개선책이 있어야 한다고 건의했다. 낮다는 것은 정상의 참성단과 비교해 낮고 먼 곳에 있다는 뜻이다. 금기가 없다는 것은 제사 구역인 참성단의 안팎, 재실과 마을 사이에 경계가 없다는 뜻이다. 재실과 참성단에 사람들의 출입이 자유로워 제사 공간으로서의 정결함 등에 문제가 있다는 점을 지적한 것이다. 태종도 고려 말에 대언으로 참성단 제사를 주관했었기 때문에 그 사정을 잘 알고 있었다. 원숙의 건의를 들은 태종은 12월에 서운정을 지내고 풍수에 능했던 이양달을 보내 금기를 설정할 곳과 재실을 옮길만한 곳을 살펴보게 했다. 그렇지만 그의 현지조사는 성과를 거두지 못했다.

재실을 옮기는 문제는 80년이 넘지 않은 1484년(성종 15)에 다시 거론되었다. 그해 가을에 참성단 제사의 행향사로 마니산에 다녀온 사람은 호군 최호원(1431~?)이었다. 11월에 그가 건의한 참성단 제사에 대해서는 나중에 이야기하겠지만, 그중에 재실을 옮겨야 한다는 내용이 포함되어 있었다. 역시 참성단과의 거리가 문제였다. 2km 남짓의 산길은 가파르고 부분적으로는 거의 암벽을 타듯이 올라야 했기 때문에 훨씬 먼 거리감으로 다가왔을 것이다. 1575년(선조 8)에 참성단 제사에 헌관으로 참여했던 강화부사 전순필은 그 거리를 10리로 기록했다.

최호원의 건의에 대해 성종은 예조판서 이파와 예조참의 박숭질, 소격서제조 허종 등에게 논의하게 했다. 재실을 옮기는 것에 대해서는 후에 경기관찰사가 조사 보고한 것을 토대로 결정하는 것으로 정리되었다. 당시 경기관찰사는 성준이라는 사람이었는데, 그가 강화를 순행했는지, 그랬다면 참성단과 재실을 답사했는지, 답사한 후 재실의 이전 문제에 대한 조사보고서를 제출했는지 등에 대해서는 확인되지 않는다. 이후에도 재실이 옮겨지지 않은 것은 분명하다.

참성단과 재실이 멀리 떨어져 있어 제사의 준비와 실행에서 여러 가지 어려움이 있을 수밖에 없었다. 이 때문에 번번이 재실을 옮겨야 한다는 건의가 있었다. 현지조사가 이루어지기도 했지만, 재실은 옮겨지지 않았다. 참성단 부근이 암반으로 구성된 험난한 곳이었기 때문에 대상 장소를 물색하기 어려웠다. 이건(移建)은 이루어지지 못했다.

재실의 수리

참성단이 수차례에 걸쳐 보수된 것처럼 재실도 마찬가지였을 것이다. 그렇지만 확인할 수 있는 기록이 전혀 확인되지 않는다. 수리는 이건과 별개의 문제였다. 이건은 현재의 재실을 폐기하고 다른 곳에 새로 짓는 것을 말하지만, 수리는 건물을 보수하여 계속 사용하는 것이기 때문이다. 참성단 제사가 계속되는 한 재실 역시 운영되어야 했다.

1500년(연산군 6) 2월 연산군은 마니산재궁을 수리하고자 했다. 그렇지만 의정부에서 반대했다. 여기에서 마니산재궁의 전사청을 고치는데 101개월 동안 수군(水軍)의 공사가 있어야 한다고 했다. 이런 일에 군인들의 고통은 말할 것도 없지만, 그중에도 더욱 어려운 것은 양식을 싸가지고 다니는 일이라고 했다. 수리의 명령을 거두고 때를 기다려 시행하는 것이 옳다는 의견을 냈다. 이로 미루어 재실 수리는 강화부 소속의 수군을 동원할 계획이었고, 그 규모가 어느 정도인지 알 수 없지만, 계획대로라면 다소 과장된 듯 보이는 101개월, 8년을 넘는 역사(役事)가 있어야 완료할 수 있다고 했다. 무엇을 근거로 이런 계산이 나왔는지 알 수 없지만, 터무니없는 숫자로 보인다. 이때의 건의문은 '서계(書啓)'라는 출장복명서 형식의 보고서였다. 왕명이 있은 후 의정부에서는 강화부에 관리를 파견하여 재궁 수리계획을 검토한 것으로 추측된다. 그리고 반대의견을 제시한 것이다.

다음날에도 의정부에서는 마니산재실을 짓는 일을 중지하라며 반대의견을 분명하게 했다. 연산군의 의지도 분명했다. "마니산에 집 짓는 일은 성신(星辰)과 신에게 제사하는 일이니, 그만둘 수 없다"는 것이 연산군의 뜻이었다. 이때 재궁 수리가 이루어졌을 것으로 짐작된다. 이를 통해 참성단과 함께 재실의 운영과 보수도 국왕과 조정의 관심 대상이었다는 것이 확인된 셈이다. 참성단 제사의 위상과 관련이 있다.

금표(禁標) 설치

재실에서 400m 아래쪽에는 화강암반 위에 음각으로 '금표'라고 새겨진 바위가 있다. 문산리에서 재실 방향으로 오를 때, 여기부터는 재실이 있는 재계 공간이어서 다른 사람

▲ 금표(1504년): 이곳부터는 참성단 제사와 관련된 공간으로, 일반인의 출입을 금한다는 사실을 알리기 위해 설치되었다.

의 출입을 금지한다는 표시이다. 또 '금표'의 글씨를 갑자년 8월에 새겼다는 '갑자 8월(甲子八月)'도 왼쪽에 작은 글씨로 새겨져 있다. 갑자년이 언제인지는 자세히 알 수 없다. 이미 태종 때인 1417년에 참성단과 재실에 금기가 없어 이를 정해야 한다는 원숙의 건의가 있었고, 국왕은 서운정을 지낸 이양달을 보내 금기를 설정할 장소를 살펴보게 했다.

'갑자 8월'은 금표를 설치한 때를 가리키는데, 1417년 이후 갑자년에 해당하는 때는 1444년(세종 26), 1504년(연산군 10), 1564년(명종 19)이 있다. 이후의 갑자년은 참성단 제사가 폐지된 이후여서 금표를 설치한 검토 범위에서 벗어난다. 이 중에서 1564년은 중종 때 소격서가 폐지되면서 마니산 제사가 중단된 후 기우 등을 위해 소극적으로 운영되던 때여서 역시 거리가 있다. 그렇다면 금표의 설치시기로 1444년과 1504년을 유력하게 검토할 수 있다. 하지만 어느 때로 특정할 수 있는 자료가 확인되지 않는다. 1437년(세종 19) 3월에는 전국 산천제사의 사당(壇廟)과 신위(神牌) 제도를 정비하면서 마리산 산신의 위패는 '마리산산천지신(摩利山山川之神)'에서 '마리산지신(摩利山之神)'으로 바뀌었다.

1445년 5월에는 1444년 가을부터 계속된 가뭄에 송악·개성·덕적·삼성·감악과 함께 마리산에 향과 축문을 내려 기우제를 지낸 바 있다. 1500년(연산군 6)에는 앞서 살펴본 바와 같이 마니산재궁을 수리하라는 왕명이 있었다. 이런 과정에서 금표 또한 설치되었을 것이다. 1504년의 사실이었을 가능성이 있다.

재실에서 천재암으로

《동국여지승람》에서는 참성단에 재궁을 부속시킨 가운데 태종의 재계 사실을 설명했다. 반면에 《강도지》와 《강화부지》에서는 불사(佛寺) 또는 불우(佛宇)에서 재실을 서술했다. 숙종 때 경상도관찰사를 지낸 조지겸은 젊었을 때 마니산 천재궁의 수리를 위해 보시를 권하는 글인 〈마니산천재궁권선문〉을 지었다. 여기서 천재궁의 이름은 천재사(天齋寺)였다. 1757년(영조 33)부터 1765년 사이에 편찬된 지리지인 《여지도서》에서도 재실은 '천재암' 또는 '천재궁(天齋宮)'으로 실려 있다.

재실이 참성단 초제의 중단 이후 암자로 변한 사실을 알려준다. 이때는 임진왜란 이후 중단된 참성단 제사가 이후 마니산산신제로 대체되어 강화유수가 마니산산천제단에서 유교의례로 지내고 있던 때였다. 재실의 원래 기능은 상실되었다. 하지만 《여지도서》에서의 '천재궁'은 제천을 준비했던 유서 깊은 곳이라는 전통적인 이해를 반영한 것이라고 여겨진다. 반면에 '천재암'은 도교의례로 지내졌던 '천재(天齋)'와 불교 사찰로서 '암(庵)'이 합쳐진 표기이다.

재실이 암자로 변한 시기는 의외로 빨랐던 것으로 짐작된다. 임진왜란 때 의병으로 활동했던 조방은 마니산 제사가 폐지된 직후 참성단을 올랐다. 그는 천재암에 들러 음식을 끓여 점심을 먹었다고 했다. 그 이름이 천재암이었다는 사실이 주목된다. 이후 마니산을 찾은 사람들은 천재암에서 승려들에게 점심을 대접받거나, 하룻밤을 묵기도 했다. 천재암은 고려사(高麗寺)로 불리기도 했다.

결국 재실은 임진왜란 직후 중단된 참성단 제사를 끝으로 그 기능이 사라지고, 몇몇 승려가 사는 암자로 변해 마니산 등산객의 점심 취사 또는 휴식 공간으로 이용되었다. 그 이름은 천재암 이후 현재 사용되고 있는 천제암(天祭庵)으로 변했는데, 여기에는 도교의례의 참성단 제사가 유교의례의 제사로 변화된 과정이 담겨 있다. 천제암은 1883년(고종 20) 이후 폐사되었다. 모시고 있던 작은 금불상은 암자가 폐쇄되면서 전등사로 옮겼다고 한다.

참성단 초제를 위한 부속시설로서 재실은 제관들이 머물던 상방과 하방의 재계 공간, 제사를 준비하던 전사청, 휴게공간으로서의 앙산정 등으로 구성되었다. 참성단이 수리되었듯이 재실도 마찬가지였다. 자연적인 손실이 있었기 때문이었다. 참성단 제사가 중단되면서 그 기능도 중단되어 암자로 변했다. 그때는 16세기 말 또는 17세기 초라고 추측되며, 그 이름은 천재암 또는 천재사였다. 이곳에는 몇몇 승려들이 기거하며 마니산을 오르는 등산객들의 휴식처가 되었다. 하지만 19세기 말 폐사되면서 암자의 기능도 다하고, 방치되다가 현재에 이르게 되었다.

개경이 아닌 곳에서 열린 초제가 있었다. 국왕의 친초가 이루어지기도 했다.
서해도 염주 전성(甎城)의 제천단과 강화 마리산참성이 그곳이다.
전성제천단에서는 고려 전기에, 마리산참성에서는 후기에 초제가 설행되었다.
마리산참성의 초제가 전성제천단에서의 그것을 이었을 것이다.

2장

참성단 제사는
어디에서
유래했나?

1. 고려 궁궐에서 지낸 초제(醮祭)

고려 왕실에서의 초(醮)

1264년 6월 7일(음력)에 국왕이 마리산참성에서 몸소 초제를 지냈다. '친초(親醮)'라는 것이다. '초'란 재난을 물리치려는 도교의례 중에 하나로, 밤에 술과 음식을 제수로 바치며 별에 제사하는 것을 말한다. 그 과정에서 신을 불러들여 제문을 바치는데, 푸른색 종이를 사용했기 때문에 청사(靑詞)라고 한다. 사실 도교에서의 '초'는 유교에서의 '제(祭)'와 같은 뜻이지만, 도교에서는 제사라는 말을 사용하지 않는다. 불교 또는 도교에서 몸과 마음을 정갈하게 하는 의식을 재계라고 하는데, '초'와 '재계'를 합쳐 '초재'라고 한다. 따라서 도교의례로서 '초재'는 '초제'와 '재계'를 합친 것이며, 보통은 이틀의 재계 후 초제가 이루어지기 때문에 '재초(齋醮)'라고 한다.

927년(태조 10) 후백제 견훤의 경주 침입으로 신라 경애왕이 포석정에서 살해당하고, 9월 신라에서 국상을 알려오자 태조 왕건은 '재'를 지내 애도했다. 도교의례가 아니고 불교와 관련된 것이라고 짐작되지만, '재'가 이른 시기부터 지내졌음이 확인된다. 또 왕건은 서경에 행차하여 친히 재제(齋祭)를 했다. 재제는 불교·도교와 유교의 제사의례를 가리킨다는 점에서 이른 시기부터 불교·도교의례가 지내졌다는 사실을 보여준다.

그런데 '초'의 경우에는 1018년(현종 9) 7월에 격구를 위해 궁궐 안에 마련된 구정(毬庭)에서 '대초(大醮)'했다거나, 1032년(덕종 1) 4월에 비를 빌기 위해 역시 구정에서 '친초'했다고 하여 '재' 보다는 백여 년 늦은 시기에 확인된다. 《고려사》에서 '초'에 대한 규정은 현종 때 비로소 이루어진다. "나라의 고사(故事)에 대궐 뜰에서 때때로 두루 천지와 국내 산천에 제사하는 것"이라고 규정하였다. 대궐 뜰에서 하늘과 땅, 국내 산천에 제사하는 것이 '초'였다. 그런데 현종 때 이루어진 '초'에 대한 규정은 이때 초제가 처음 지내졌다는 것을 뜻하지 않는다. 고려 초부터 설행된 초제는 성종 때 유교이념을 강화하면서 중단되었다가 이때 재개된 것으로 짐작된다.

고려시대의 국가제사는 4가지로 나뉘었다. 그 기준은 유교적인 시각이었는데, 큰 제사(大祀), 중간 제사(中祀), 작은 제사(小祀)와 그 기준에 들지 않는 잡사(雜祀)였다. 잡사는 유교적인 기준에 부합하지 않는 고려 고유 형식과 내용의 제사였다. '초'를 처음 기록한 시기에 대해서는 《고려사》에서 서로 다르게 싣고 있다. 연대기로 정리된 세가에서는 1018년의 사실로, 여러 종류의 제사를 싣고 있는 지(志)에서는 1012년의 사실로 기록했다. 두 기록 중에 어느 하나는 잘못된 것으로, 세가의 기록인 1018년(현종 9)의 기록이 믿을만하다. 또 1107년(예종 2) 2월에

도 국왕은 궁궐 정원에서 천지와 경내산천의 신지(神祇)에게 제
사했다. 이 또한 초제로 짐작된다. 이때의 제사 대상과 장소는
1012년 현종 때 이루어진 초의 규정과 같다. 《고려사》에서 '초'
로 기록되지 않은 행사가 실제로는 초제로 설행된 사례이다.

《고려사》에서는 초제의 기록을 '초'·'대초(大醮)'·'친초'로 구
분하고 있다. 이에 대해 국왕이 직접 거행한 초제를 친초, 관리
가 대신한 경우를 초, 하늘과 별을 비롯하여 산천·용 등 국내산
천을 제사한 경우를 대초로 파악하기도 한다. 국왕이 직접 지
낸 친초를 제외하면, 결국 '초'와 '대초'가 어떻게 다른지가 문제
이다. 이런 점에서 '대초'는 '초'와 달리 "국왕이 재추를 중심으
로 백관들을 대동하고 설행하거나, 국왕의 명으로 태자 또는 재
추가 백관들과 함께 거행했던 규모가 큰 초례"를 의미하는 것
으로 추측된다. 이와 관련해서는 의종 때 이를 관장하던 기관
인 대초색(大醮色)을 설치한 적이 있다. 1276년(충렬왕 2) 윤3월과
1348년(충목왕 4) 3월, 또 1379년(우왕 5) 3월에는 삼계대초(三界大
醮)가 지내졌다. 이로 볼 때 '대초'는 도교에서 제일 크고 많이 설
행된 삼계를 제사하는 것으로, 국왕 또는 태자가 백관과 함께
지낸 큰 규모의 초제였다고 할 것이다.

초제에서 모신 신(神)

참성단 제사를 이야기하기 위해서는 초제에 대해 먼저 알아둘 필요가 있다. 참성단 제사가 궁궐 밖에서 열린 초제였기 때문이다. 그런데 초제에 대해서는 잘 알려지지 않았기 때문에 제대로 설명하기 어렵다. 기록에서 확인되는 사례를 중심으로 간략하게 이야기해보기로 한다.

도교에서는 하늘을 36천(天)으로 구분한다. 즉 초제는 36천의 별을 모시는 제사였다. 그런데 하늘에 있는 무수한 별들을 모두 제사할 수는 없는 노릇이다. 별마다 바라는 바가 달랐다. 비를 빌기 위해서는 어떤 별에 제사해야 하고, 외적을 물리치기 위해서는 어떤 별에 제사해야 한다는 식이다. 그렇지만《고려사》의 기록에서는 그 구분이 자세하지 못하다.

최상천은 대라천(大羅天)으로 원시천존이 머무는 곳이다. '원시'는 처음을, '천존'은 불교의 여래와 같이 최고의 신을 가리킨다. 1107년(예종 2) 윤10월에 처음으로 그 상(像)을 옥촉정에 모시고 매월 초제를 지내게 했다. 그러나 더 확인되지는 않는다. 그 아래에 옥청·상청·태청으로 구성된 삼청이 있다. 이곳은 삼보군인 첨보군(天寶君)·영보군(靈寶君)·신보군(神寶君)의 관할이며, 삼원인 혼동태무원·적혼태무원·명적현통원이 삼보군의 화생으로 연결된다. 이를 별도로 모신 삼청전이 복원궁에 있었다는 사실이 1149년(의종 3)에 확인된다. 그 안에는 삼청상이 신상(神像) 또는 그림으로 봉안되어 있었을 것이다. 예종·의종·고종·

▲ 도교 인물상(전남 신안 출토, 국립중앙박물관): 고려시대에 도교의 여러 신들은 신상(神像)이나 그림으로 모셔졌다.

원종 때 친초 또는 초제했다. 고종 때의 삼청초제는 지진을 막기 위해 설행되었고, 이규보(1168~1241)가 지은 초례문에서는 예상치 못한 별자리의 움직임에 따른 재변을 가시기 위한 삼청초제가 있었음이 확인된다. 삼청은 사람이 바랄 수 있는 최고의 영역이라고 한다. 삼청은 각각 9위의 성(聖)·진(眞)·선(仙)을 거느렸는데, 이것이 이십칠위신으로 추측된다.

삼청과 선관(仙官)인 이십칠위신의 사이에서 이들을 연결해 주고 삼청의 직무 전체를 통괄하는 존재가 태상노군인 노자로, 천황대제라고 한다. 천황진인이라고도 불렸다. 의종 때 염병을 막기 위해 태일·16신과 함께 초제되었고, 명종 때 복을 빌기 위해 천황이 지진(地眞)과 함께, 고종 때 병첩을 비는 초제가 복원궁에 있는 천황당에서 열렸다. 천황당은 바로 천황대제가 모셔져 있는 곳이었다. 삼청전에서도 천황대제를 그림으로 모셨는데, 노자의 수염과 머리카락이 감색이었다고 한다. 이규보가 반란을 진압하기 위해 경주로 가면서 천황 앞에 따로 올린 초례문이 전해진다.

삼청 아래에는 죽음이나 재앙을 뛰어넘는 종민천(種民天) 또는 사범천(四範天)이 있다. 이십팔수는 동서남북 네 방위에 각기 7개의 별자리를 말하는데, 36천에서 종민천에 해당한다. 의종 때 십일요·남두·북두·십이궁신과 함께 초제되었다. 이규보가 지은 〈십일요이십팔수초례문〉이 전해진다.

남두는 남극에서 노인성(남극성)을 필두로 손잡이가 달린 국자 모양의 7개 별자리를 말하며, 북두칠성과 비교하여 남두육성이라고 한다. 북두는 북극 하늘의 역시 국자 모양의 7개 별자리로 칠원 또는 칠성이라고도 한다. 모두 이십팔수에 포함된다. 고려시대에 남두와 북두의 움직임은 상세하게 관찰되고 있었다. 북두는 수명과 화복을 주관하고, 남두는 수명을 늘려준다고 한다. 남두가 홀로 초제된 사례는 2차례, 북두는 문종·고종 때 각각 2차례 확인된다. 이규보가 지은 북두초례문이 전해진다. 종민천 그 아래에 무색계(4천)·색계(18천)·욕계(6천)로 구성된 삼계가 있다고 한다. 이에 대해서는 뒤에 자세히 이야기하기로 한다.

고려시대의 도교사당으로는 우선 구요당(九曜堂)이 확인된다. 924년에 불교사찰이었던 외제석원·신중원과 함께 창건되어 초제를 주관했을 것으로 추측된다. 산직장상과 감문위군이 각각 2명씩 배치되어 있었다. 예종 때에는 태화문 안에 복원궁을 설치하여 그 기능을 대체했다. 복원궁에는 삼청전과 천황당이 있었다. 복원궁에도 산직장상·감문위군 2명씩 배치되었는데, 구요당의 것을 이은 것으로 여겨진다. 천황당에도 산직장상 2명이 배치되어 있었다. 이때부터는 송나라의 영향으로 도사들이 행하는 의식을 중시하는 과의도교라는 것이 발전했다. 예종이 친초했던 성수전, 의종 때 설치했던 대초색, 고종 때 외제석원에 있었던 천황당과 또 다른 도관인 신격전·정사색도 확인된다. 순복전·숭복전도 도관으로 추측된다. 도관에서는 소조상·목상 또는 그림으로 도상(道像)을 모셨다.

《고려사》에서 초제에 대한 기록은 약 220여 회 확인된다. 이 중에 예종부터 인종·의종 때까지 지낸 초제가 80여 회에 달한다. 이때 도교가 성행했다는 것을 의미한다. 어디에서 "초제를 지냈다"거나 국왕이 "직접 초제를 지냈다", "크게 초제(大醮)를 지냈다"는 것이 대부분이다. 간혹 어떤 목적에서 초제를 지냈다고 밝히고 있지만, 그것만으로는 초제의 성격을 알기에 부족하다. 《고려사》에서 확인되는 초제에서 모신 신 중에서 앞서 이야기하지 못한 신들은 다음과 같다.

태일(太一)은 고려시대에 삼계와 함께 가장 많이 모셔진 신이다. 천제가 머문다는 북극성을 말하며, 태을이라고도 한다. 호천상제라고도 하며, 호천·상제의 예도 모두 태일을 가리킨다. 문종 때 화재를 기양하려고 구궁과 함께, 선종 때 기후가 순조

롭기를 빌기 위해, 숙종 때 기우 또는 기설(祈雪)을 위해, 예종과 의종 때 기우 또는 염병을 가시려고 천황대제·16신과 함께, 아니면 십일요·북두·남두·십이궁과 함께, 명종·고종·원종 때 초제 또는 친초가 이루어졌다.

호천상제의 경우에는 예종이 회경전에서 양부(중서문하성과 추밀원)·대성(어사대 대관과 중서문하성 성랑)·양제(한림학사와 지제고)·3품관을 대동하고 비를 빌기 위해 태조 신위와 함께, 또는 재추·근시·3품 이상 문무 관리를 대동하고 오방제(五方帝)와 함께 초제한 것이 확인된다. 상제의 경우에는 숙종이 신료들을 이끌고 궁중에서 오제와 함께 재변을 가시기 위해 사흘 밤을 계속했는데, 이때도 태조와 대명(大明)·야명(夜明)을 배향했다. 명종 때 김극기가 동지와 국왕의 탄신일에 지은 태일초제청사, 고종 때 이규보와 고려 말 권근이 기우를 위해 지은 태일초례문과 태일청사 등이 남아 있다.

괴강(魁剛)은 천간(天干) 중에서 양강(陽剛)에 속하는 갑·병·무·경·임에 속한 날을 강일(剛日)이라고 하는데, 이 중에 첫 번째 강일을 괴강이라고 한다. 괴강성은 북두칠성의 첫 번째 별을 말한다. 명종 때 친초했다. 오방제는 다섯 방위의 신으로 오제와 같다. 해를 가리키는 대명, 달을 가리키는 야명과 같은 위계를 가진다고 한다. 숙종이 여러 신하를 거느리고 자신의 잘못을 기양하려고 금중(禁中)에서 호천상제와 함께 초례했다. 이때도 태조와 대명·야명이 배향되었다. 예종도 재추와 근시·3품 이상의 문무관을 거느리고 회경전에서 호천상제와 함께 초제했다.

노인성은 남극성이라고 하는데, 수명을 관장하는 별이다. 다른 신들과 달리 개경의 남교(南郊)는 물론 서경·해주 상산 등 전국에 이를 제사하는 노인당이 건립되어 제사되었다. 정종·예종 때, 의종 때는 서경과 해주는 물론 전국의 노인당에서, 또는 내전과 전국 노인당에서 초제되었다. 이규보가 지은 노인성초례문이 전해진다.

구요는 일·월(음양)과 화·수·목·금·토(오행)의 칠성(七政)에다가 사요(四曜) 중에서 황도와 교점인 나후(羅睺, 降交點)와 계도(計都, 昇交點)를 합한 것이다. 구요를 모신 구요당이 924년(태조 7) 외제석원·신중원과 함께 창건되어 고려 최초의 도관이 되었다는 것은 앞서 설명한 바와 같다. 《고려사》에서 국왕이 구요당에 행차했거나 초제한 기록을 25회 정도 싣고 있는데, 목적은 기우로 밝혀져 있는 것밖에 없다. 이곳의 행차는 인종 때 외제석원의 행차와 함께 나타나기도 하고, 특히 외원구요당 행차 기록이 많이 확인된다. 여기서 '외원(外院)'은 외제석원을 가리키는 것으로 여겨진다. 즉 구요당이 외제석원과 밀접한 관련이 있으며, 혹 외제석원에 구요당이 설치되어 있었을 수도 있다.

고려 후기의 거유(巨儒)인 이제현이 지은 〈구요당〉이란 시가 있다. 그 역시 어느 때인가 국왕이 구요당에서 지내는 초제에 참석했을 것이다. 이 시에서는 숲속에서 나는 종소리에 구요당을 절집인 줄 착각했다고 했는데, 그 소리는 외제석원에서 들려오는 것이었다.

십일요는 구요에 월패(月孛)와 자기(紫氣)가 합쳐진 것이다. 그 목적이 밝혀져 있지 않지만 단독으로 제사되었고, 경우에 따라서는 태일·남두·북두·이십팔수·십이궁신 등과 함께 초제되었다. 십일요초만 지낸 경우는 의종과 고종·충렬왕 때 있었다. 원종 때도 십일요초가 있었는데, 기우를 위해서였다. 이십팔수와 함께인 경우는 의종 때 있었다. 남두·북두·이십팔수·십이궁신과 함께인 경우와 태일·남두·북두·십이궁신과 함께인 경우도 의종 때 있었다. 이규보가 지은 십일요초례문이 전해진다. 십일요와 함께 초제된 십이궁신은 황도십이궁으로 황도를 따라 펼쳐 있는 12개의 별자리를 말한다. 태일과 함께 초제된 구궁은 9구역으로 나뉘어 있는 하늘의 별을 말한다고 한다.

▲ 이제현 초상(국보): 고려 공민왕 때 유종(儒宗)이었던 이제현은 구요당에서의 초제에 참석한 바 있다.

본명은 본명성(本命星)을 가리키는데, 국왕이 태어난 별자리를 말한다. 1046년에 문종이 태어난 기미년에 해당하는 기미일의 별자리에 초제했고, 1114년에는 예종이 태어난 을유년에, 1146년에는 의종이 태어난 정미년에, 1173년에는 명종이 태어난 신해년에 해당하는 별자리에 대부분 국왕이 직접 초제했다. 자신의 장수를 빌기 위해서였다. 본명과 대응하는 간지의 음양을 원진(元辰)이라고 한다. 문종의 기미년은 '미'에 대응하는 '자', 예종의 을유년은 '유'에 대응하는 '인'이 원진이라고 한다. 고종 때 원진에 초제를 지낸 사실이 확인된다. 김극기·이규보·정총· 권근이 지은 본명초례문이 전해진다.

칠십이성은 1년의 5일을 1후(侯)로 하여 72후(절기)를 삼는데, 여기에 해당하는 별자리를 가리키는 것으로 추측된다. 칠십이 성초는 의종 때 염병을 가시려고 설행되었다. 하원(下元)은 10월 보름을 가리키는데, 상원인 정월 보름, 중원인 7월 보름과 함께 삼원(三元)을 이룬다. 예종 때 순복전에서 친초했다. 이곡이 지은 청사가 전해진다. 육정(六丁)은 6갑의 6개 정신(丁神)을 가리킨다. 천제(天帝) 아래에 있는 양신(陽神)을 육갑(六甲), 음신(陰神)을 육정 이라고 한다. 육갑을 초제한 경우는 확인되지 않고, 육정의 경 우에는 고종 때 거란족의 침입을 가시기 위한 이규보의 초례문, 우왕 때 왜구의 침구에 대해 대언이 설행한 사례, 권근의 초례 문이 확인된다.

개복신(開福神)은 복덕성(福德星)인 목성을 가리킨다. 새로 출생 한 왕실 자녀의 복을 구하기 위한 것으로 우왕 때 정사색이 궐 정(궁궐의 정원)에서 초제한 사실이 확인된다. 도부신(道符神)은 염 병을 퇴치하는 기능을 한다. 도부는 부적의 일종으로 여겨지는 데, 명종 때 개경에 염병이 일자 오부에 명해 초제로 이를 가시 게 했다. 천조(天曹)는 공과(功過)에 따라 수명을 관장하는 신이라 고 한다. 의종 때 내전에서 초제되었다. 송나라에서 출발한 서궁 일행의 고려 사신단은 배가 출발하자 어전(御前)에서 내린 신소옥청구양총진부록(神霄玉淸九陽總眞符籙)·풍사용왕첩(風師龍王牒)·지풍우(止風雨)와 함께 천조직부인오악진형(天曹直符引五嶽眞形) 등 13부(符)를 바다에 던졌다고 한다.

본궐(本闕)에서 초제가 열린 곳

고려의 궁궐은 본궐로 불렸다. 초제는 본궐의 실내외를 가리지 않고 여러 곳에서 개최되었다. 국왕이 직접 제관(醮主)이 되기도 했고, 태자 또는 고위 관료가 대행하기도 했다. 실외에서는 구정과 궐정에서 많이 지내졌다. 구정은 말을 타고 격구를 하던 너른 마당을 말한다. 궐정과 내정은 궁궐의 뜰을 뜻하며, 대내는 대궐 안을 의미한다. 본궐은 궁궐 자체를 가리키는 것이어서 이 역시 야외를 의미한다.

실내로는 회경전·문덕전·내전·건덕전·장락전·선경전·명인전·봉원전·성수전·수문전·강안전 등이 확인된다. 이 중에서도 고려 전기에는 궁궐의 정전인 회경전, 후기에는 강안전이 많이 사용되었다. 선경전은 이자겸의 난 때 불에 탄 궁궐을 복구하면서 회경전을 고친 이름이다. 강안전은 정궁(正宮)인 연경궁 안에 있었는데, 고려 초에는 중광전이라고 불리다가 역시 인종 때 강안전으로 고쳤다. 국왕의 즉위식이 많이 거행되었고,

궐내의 연등회가 개최되던 곳이다. 건덕전도 국왕이 정무를 보던 정전으로 연경궁 안에 있었는데, 인종 때 대관전으로 바뀌었다. 내전은 국왕의 집무실을 가리키는 것으로 여겨지며, 문덕전은 국왕을 시종하는 문한관이 업무를 담당하던 곳으로 인종 때 수문전으로 고쳤다. 봉원전은 장령전이 바뀐 이름이고, 명인전은 별궁인 수창궁에 있던 전각이다. 이밖에 장락전도 있었다.

궁궐 안의 정자에서도 초제가 열렸다. 산호정은 내원이었던 금원(禁苑)에 있던 정자로, 나한재·기우 등 불교행사가 열리면서 초제도 개최되었다. 옥촉정은 연경궁 후원에 있었는데, 예종 때 원시천존상을 모시고 매월 초제를 설행한 바 있다. 상춘정은 연회장으로 많이 사용되었으나, 소재도량·초제 등도 개최되었다.

고려 전기에 초제는 구정·궐정 등에서 많이 열렸고, 실내에서는 정전과 정궁에서 주로 개최되었다. 그중에서도 회경전이 많이 이용되었다. 고려 후기에는 야외보다 실내가 선호되었는데, 역시 정궁이었던 강안전이 주로 사용되었다. 궁궐의 정자가 초제 장소로 사용된 것은 특별한 경우였다고 짐작된다. 문덕전 같은 도교와 관계가 없는 기관에서도 개최되었다. 도관은 대부분 궁궐 밖에 설치되어 초제와 같은 도교행사를 전문적으로 수행하였다.

한편 1197년(명종 27) 9월 최충헌 형제는 명종의 폐위를 하늘에 고하는 초제를 열었다. 국가제사였던 초제를 국왕이 아닌 최충헌 형제가 초주(醮主)가 되어 지낸 것이다. 하늘에서는 천둥과 벼락을 치며 흥국사·현성사 등의 나무를 뽑아버리는 이변으로 대응했으나, 폐위는 이루어졌다. 최충헌이 1203년(신종 6) 9월 봉은사의 태조진전에 옷을 바친 일과 함께 그의 권력이 국왕을 능가했음을 보여준다.

2. 제천단에서 개최된 초제(醮祭)

염주의 전성제천단(氈城祭天壇)

초제는 국왕을 중심으로 궁궐의 안팎에서 개최되었다. 간혹 불교도량과 함께 열리기도 했고, 태조의 사가(私家)였던 광명사에서도 삼계대초(三界大醮)가 열린 적이 있다. 구요당·복원궁 등 전문적인 도관에서는 초제의 준비부터 설행까지를 전담했다.

그런데 노인성을 제사하기 위해 전국적으로 설치되었던 노인당을 제외하고, 개경이 아닌 곳에서 열린 초제가 있었다. 국왕의 친초가 이루어지기도 했다. 서해도(황해도) 염주 전성(氈城)의 제천단과 강화 마리산참성이 그곳이다. 전성제천단에서는 고려 전기에, 마리산참성에서는 후기에 초제가 설행되었다. 마리산참성의 초제가 전성제천단에서의 초제를 이었을 가능성이 있다. 이런 측면에서 전성제천단에 대해 먼저 이야기하기로 한다.

염주는 고구려의 동음홀(冬音忽) 또는 동삼홀(冬彡忽)·고염성(鼓鹽城)이었다. 신라 경덕왕 때 해고군(海皐郡)으로 고쳤다가 고려 초에 염주로 바꾸었는데, 고구려 때의 고염성을 이은 것으로 여겨진다. 995년(성종 14)에 방어사를 두었다가 현종 초에 이를 폐지하고 해주에 소속시켰다가 감무(지방관)를 파견했다. 동쪽에 전성이 있는데, 제천단이었다고 한다.

전성제천단이 축조된 배경에 대해서는 잘 알려져 있지 않다. 지금으로서는 '전성', 특히 '전(氈)'이 뜻을 살피는 것이 실마리에 다가가는 것이 아닌가 생각된다. '전'은 북방문화적인 요소를 담고 있다. 1073년(문종 27) 동여진의 추장들이 고려에 귀부했는데, 그중 한 사람은 전성의 추장인 전성주도령(氈城州都領)이었다. 전성은 함경북도의 최북단인 온성의 옛 이름이었다. 그런데 염주의 제천단은 고려 초부터 전성제천단으로 불렸던 것으로 여겨진다. 전성에서의 제천 사실은 1088년(선종 5) 3월에 처음 확인되지만, 이때의 제천은 옛날부터 지내오던 것을 다시 정비한 것이기 때문이다.

염주는 왕건의 선대부터 세력의 근거지 중 한 곳이었다. 고려건국설화에서 작제건이 서해용녀와 돌아왔을 때 배주의 호족인 류상희의 주도로 이루어진 영안성 건설에 염주의 백성이 참여한 바 있다. 류긍순·윤선은 염주 호족이었는데, 궁예에게 등을 돌려 격파되거나 현재 강원도 북단의 안변 지역인 골암성으로 피해 세력을 모으기도 했다. 염주는 끝까지 궁예에게 복종하지 않다가 류긍순 세력에서 문서를 관장하는 기실(記室)이라는 관직에 있었던 태평이 고려 건국에 참여했고, 윤선은 건국 직후에 흑수말갈의 무리와 함께 귀부하여 북쪽 변방을 지켰다. 염주는 후삼국의 혼란기에도 전통적으로 친 왕건 세력 중 한 곳이었다.

발해세자 대광현의 귀부와 고려에서 받은 성명, 왕계(王繼)

전성제천단의 유래는 발해유민과의 관계에서도 추측할 수 있다. 발해가 거란에게 망한 이후 수만여 명의 유민들이 고려로 귀부했다. 그중에서 상징적인 사건은 발해세자 대광현이 고려에 귀부한 것이다. 이에 대해서《고려사》에서는 고려의 후삼국통일 직전인 934년(태조 17) 7월로,《고려사절요》에서는 발해가 멸망되기 한 달 전인 925년 12월로 기록했다. 어느 기록이 사실에 가까울까? 그런데《고려사절요》의 발해유민 귀부 기록은 발해멸망 직후부터 태조의 재위 기간에 그 유민들의 귀순을 종합한 성격이 있다. 이런 측면에서 대광현의 고려 귀부 시기는《고려사》의 934년이 사실에 가까울듯하다.

926년 발해멸망 직전부터 이후 대광현이 데리고 귀순한 수만여 명까지, 고려로 온 발해 유민은 후삼국통일을 위한 전략에 큰 힘이 되었다. 고려는 대광현에게 왕씨의 성과 계(繼)라는 이름을 내려 종실 족보(宗籍)에 편입시켰다. 대광현을 왕실의 일원으로 받아들인 것으로, 왕씨 성을 하사한 다른 호족과 비교해도 적극적인 조치였다. 또 원보로 임명하고 배주를 지키면서 발해 왕실의 제사를 받들게 했다. 원보는 태조의 측근 부하나 귀부하는 호족에게 내려주던 벼슬이다. 그의 측근들에게도 관직을 주고, 군사들에게는 토지와 주택을 차등 있게 주었다.

대광현이 받은 성명인 '왕계'는 이중적인 의미를 담고 있다. 10세기 초 남북으로 후백제·신라·발해에 둘러싸인 고려의 입장에서는 어느 하나 만만한 것이 없었다. 거란과의 관계에서 완충 역할을 기대했던 발해의 멸망은 입지를 더욱 어렵게 했다. 920~30년대에는 후백제와의 대립이 절정인 상태였다. 그런 가운데 발해 세자가 귀부했다. 고려로서는 발해 세력을 흡수하여 고구려를 잇는 정통성을 다지고, 그들의 군사력도 활용할 수 있었다. 대광현을 왕실 종족으로 흡수해 왕건 세력의 근거지 중 한 곳이었던 배주를 지키게 했다는 것은 이를 의미한다.

대광현은 본국인 발해의 조상 제사도 받들었다. 최승로는 이를 하늘에 제사를 지내는 인사(禋祀)라고 하였다. 그가 받은 이름인 '계'는 본국조선(本國祖先)의 제사를 잇는다는 뜻을 담고 있다. 고려는 935년과 936년에 귀부해 온 후백제의 견훤과 신라의 경순왕에게 양주와 경주를 식읍으로 내렸다. 그렇지만 수만여 명을 네리고 온 대광현에게는 배주를 지키게 했다. 차별대우이기보다 왕실 종족이라는 측면에서 오히려 배려된 것으로 여겨진다.

대광현이 고려에서 받은 성명인 왕계에는 발해 왕실을 자국의 왕실로 흡수하여 고구려를 계승했다는 고려의 정치적인 목적이 작용하고 있었다. 고려가 거란 등 북방 민족과 달리 고구려를 중심으로 한 동류의식에서 발해를 인식하고 있었다는 증거이다.

발해유민과 전성제천단

대광현은 조상의 제사를 설행했다. 그리고 발해 유민은 그들의 제천 전통을 이어갔을 것이다. 그곳은 어디일까. 배주에서는 찾을 수 없다. 그런데 배주와 바로 붙어 있는 염주에서 제천단이 확인된다. 전성제천단이다. 전성의 유래에 대해서는 알려지지 않았다. 여기에는 두 가지 정도의 가능성이 있다.

첫 번째는 윤선이 고려에 귀부할 때 함께 온 북방 세력과 관련되었을 가능성이다. 윤선은 앞서 궁예 세력을 피해 북방으로 피했다가 2천여 명의 병사를 모아 골암성에 주둔하다가 흑수말갈 세력까지 포섭하여 귀부한 바 있다. 그의 병력은 대체로 북방 변경의 방비에 주력했을 것이다. 하지만 그 일부는 그의 출신지인 염주에 주둔하며 전성을 축조했을 수 있다. 두 번째는 대광현이 배주에 근거지를 마련하게 되면서 인근인 염주의 전성에 제천단을 쌓아 제천의 전통을 계승했을 가능성이다. 《동국여지승람》에서는 옛 염주인 연안의 동쪽 20리에 "하늘에 제사했다"는 뜻을 가진 천배산(天拜山)에 사당이 있었음을 전했다. 두 가지 가능성을 확인할 수 있는 어떤 자료도 없지만, 모두 가능한 추측이다. 혹 윤선이 전성을 쌓고, 대광현이 제천단을 축조했을 가능성도 있다.

이후에도 발해 유민의 고려 귀부는 12세기 전반까지 이어졌다. 거란·여진 등 북방계 집단들도 있었다. 이들의 상당수는 배주·염주 인근에 정착했을 것이다. 그리고 그들의 제천 전통과 관련한 습속이 전성제천단에서의 제천과 결합되었을 것이다.

982년 성종에게 건의된 최승로의 상소에는 산천제사와 별제사에 대한 폐단과 이에 대한 중단조치가 포함되어 있다. 바로 산악지제(山嶽之祭)와 성수지초(星宿之醮)이다. 여기서 성수초에는 별제사만 포함되는 것이 아니라 넓은 의미에서의 제천이 그 대상이었다. 이후 전성제천단에서의 제천도 중지되었다. 백여 년이 지난 후 선종 때 전성제천단에서의 제천은 다시 시작되었다. 그것은 태조 이래 지내지다가 성종 때 중단되었던 것을 옛 의례로 설행한 것이 아니라 재정비하면서 이루어진 것이었다. 발해 유민이 지냈을 제천이 국가제사에서의 초례로 정비된 사실을 의미한다고 추측된다.

전성초(氈城醮)

1088년(선종 5) 3월 전성에서 초제가 설행되었다. 본궐을 중심으로 지내지던 초제가 궁궐이 아닌 야외에서 열린 것은 기록상으로 처음이다. 《고려사》의 〈제사지〉에서는 관리를 파견해서 전성에서 초례했다고 했지만, 〈세가〉에서는 중서시랑평장사(정2품) 류홍과 우승선(정3품) 고경이 파견되었다고 기록했다.

이를 통해 몇 가지 사실을 알 수 있다. 우선 이때의 초제 이름이다. 《고려사》에서는 이때의 초제 이름을 명확하게 전하고 있지 않다. 그렇지만 그 이름은 '전성초'였을 것이다. 후대 마리산 참성에서 설행된 초제가 '마리산참성초' 또는 '참성초'였다는 사실에서 비롯한다. 두 번째는 초제의 경우 국왕이 바치는 공물인 향을 대신해서 바치는 행향사와 이를 보조하는 헌관으로 제관이 구성된다는 사실에 유의할 필요가 있다. 이때 파견된 관리들의 품계가 2~3품으로 확인되는 것으로 미루어 정2품이었던 류홍이 행향사, 고경이 헌관의 직임을 맡았을 것이 분명하다. 즉 고려 전기 국왕을 대행하는 초례에는 2~3품의 고위 관리가 행향사·헌관을 맡아 진행하는 것이 전례였음을 알 수 있다. 세 번째는 앞서 언급한 바와 같이 이때 초례의례가 정비되었다는 사실이다. 전성제천단이 발해 유민에 의한 제천행사로서 성격을 가진 것이었다면, 이때 이르러 국가제사의 초례의례로 정비되었다는 것이다. 즉 전성초로서의 설행은 이때부터였을 것이다.

이후 전성초는 1129년(인종 7) 3월, 1329년(충숙왕 16) 5월에도 행향사가 파견되어 설행되었다. 충숙왕 때의 초제는 국왕의 쾌유를 빌기 위해 이루었다는 점에서 봄가을의 정례적인 것과 성격이 달랐다.

시기	제관		설행 목적
1029년(현종 2) 9월(?)			진병초(鎭兵醮?)
1088년(선종 5) 3월	행향사	류홍(柳洪, ?~1091)	
	헌관	고경(高景)	
1129년(인종 7) 3월			
1329년(충숙왕 16) 5월			기복초(祈福醮)

　10세기 말 성종은 유교정치의 실현을 내세우며 그 이념(唐風)에 맞지 않는 고려의 전통(土風)을 중단시켰다. "천령(天靈)과 오악·명산대천·용신을 섬기며 열렸던 고려 최대의 축제인 팔관회와 불교행사였던 연등회를 비롯하여 초제도 중단되었다. 그렇지만 11세기 초 팔관회를 비롯한 토풍은 복구되었다. 현종 때의 국정 분위기가 반영된 조치였다. 이때 초제도 재개되었다. 1018년(현종 9)이다. 고려 초부터 궁궐 곳곳에서 열렸던 초제에 대해 재정비가 이루어졌다.

　현종은 1029년(현종 20) 8월부터 약 2달에 걸쳐 서쪽 지방을 순시한 바 있다. 평주·배주·염주·해주 등을 행차했다. 이때 북쪽 변경에서 발해 시조 대조영의 7대손인 대연림이 홍요국이란 나라를 세우고, 연호를 천흥(天興)이라고 했다. 그리고 대부승이라는 벼슬에 있던 고길덕을 고려에 보내 그 사실을 알리며, 거란과의 전쟁에서 도움을 요청했다. 거란과 이미 3차례나 전쟁을 치른 고려는 부정적이었다. 이때에는 동여진의 침구와 입조가 반복되고 있었다. 동여진의 대상(大相)인 쾌발이란 자가 일족 3백여 호를 이끌고 투항해 오기도 했다. 고려는 발해의 옛 성터에 그들을 거주하게 해서 북변의 움직임에 예의주시했다. 거란과는 정상적인 외교관계를 회복시키려고 2차례나 사신을 파견했지만, 이탈한 거란인의 귀부도 받아들였다. 흥요국은 12월에도 태사인 대연정이 동북의 여진족을 이끌고 거란과 전쟁을 벌였다. 이때에도 원조를 요청했지만, 역시 수용하지 않았다. 오히려 서북 변경을 책임지고 있던 서북면판병마사 류소에게 흥요국과의 전투에 대비하도록 했다. 거란과는 흥요국 때문에 관계가 끊겨있었다.

현종의 서해도 순행은 이 같은 북변의 상황을 경계하고 배주·염주 등에 정착해있던 발해 및 북방계 유민을 포용하려는 목적에서 이루어졌을 것이다. 해주와 염주에서는 그해의 조세 절반을 감면해 주었다. 염주에 행차해서는 전성제천단에서 초제를 지냈을 가능성도 있다. 국왕이 9월 12일에 해주에 도착한 것으로 미루어 그에 앞선 10~11일 이틀 정도 염주에 머문 것으로 짐작되는데, 이때 초제가 설행되었을 것이다. 그것은 친초였을 것인데, 목적은 북변의 유사시를 대비하려는 진병초(鎭兵醮)였을 것이다. 그렇다면 이때 전성제천단에서의 초례는 《고려사》에서 처음 보이는 1088년(선종 5) 3월보다 60여 년 앞서 열렸고, 그것도 국왕이 초주(醮主)가 되어 설행되었음을 의미한다.

연안(염주)의 천배산과 대왕당(大王堂), 남신당(南神堂)

전성제천단이 어떤 형태였는지를 전하는 자료는 남아 있지 않다. 현지답사도 불가능해서 확인할 수 없다. 참성단과 같은 석축이었을지, 그곳도 제단에 올라서면 사방이 탁 트인 그런 곳이었을지, 재실도 있었을 텐데 어떤 모습이었을지, 궁금한 게 하나둘이 아니다.《동국여지승람》을 비롯하여 조선시대에 편찬된 지리지에 단편적인 자료들이 남아 있다.

황해도 연안도호부 동쪽 20리에 있는 천배산에 오래된 사당이 있다는《동국여지승람》의 기록에 대해서는 앞서 이야기했다. 고려시대의 배주가 조선시대에 연안도호부로 편입되었기 때문이다. 천배산은 이름만으로도 이곳이 제천과 관련이 있던 곳이었음을 짐작하게 한다. 천배산 자체가 전성제천단을 가리키든지, 제천단이 있는 산을 가리키든지 할 것이다. 여기에는 고려 전기 이후 전성제천단의 모습이 많이 변해있었을 것이라는 추측을 전제로 한다.《여지도서》에서도 거의 같은 내용을 전하고 있다.

《동국여지승람》에서는 연안부 남쪽 7리에 남신당과 함께 3리에 있으면서 사람들이 남대지(南大池)라고 부르기도 하는 와룡지(臥龍池)도 전하고 있다. 거기에 흑룡이 살았다고 한다. 못은 주위가 20리가 넘을 정도로 넓었고, 그 안의 땅은 기름져 제법 농사를 지을 만해서 고려 문종이 흥왕사에 준 적도 있었다고 한다. 겨울에 못이 얼어 얼음이 가로세로로 갈라지기도 하는데,

▲ 배천 천배산(《연안부지도》, 19세기): 연안부 읍치(중심지) 남동쪽에 천배산이 있다.

사람들은 이를 용갈이(龍耕)라고 불렀다고 한다. 얼음이 가로
로 갈라지면 풍년이 되고, 세로로 갈라지면 홍수가 나고, 갈라
지지 않으면 흉년이 든다고 믿었다. 남신당에서는 남대지의 용
신을 모시고 있었을 것이다.

　조선 후기에 저술된 《연안부지》와 《대동지지》에서도 친배산
과 남대지에 대해서 싣고 있다. 《연안부지》는 1876년(고종 13)에
연안부사인 정기석이 편찬하였다. 여기에는 1581년(선조 14)에

연안부사였던 윤두수의 옛 읍지 서문과 1691년(숙종 17)에 또한 연안부사였던 최석정의 발문이 실려 있다. 이 책은 16세기 후반부터 19세기 후반까지 연안부의 상황을 전하고 있는데, 천배산과 남신당에 대한 내용은 16세기 후반의 상황을 전하는 것으로 볼 수 있다. 또《대동지지》에서도 남신당을 기록했다. 이 책은《대동여지도》를 간행한 후 김정호가 지은 전국을 대상으로 한 지리지로 1860년대에 저술된 것으로 여겨진다.

《연안부지》에서는 천배산에 있는 흙으로 쌓은 원형의 제단을 마을 사람들이 관리하고 있다는 사실을 전했다. 그 남쪽의 반현(飯峴)에도 대왕을 모신 사당(大王堂)의 제단터가 남아 있는데, 고려 국왕이 행차했던 곳으로 알려져 있다고 했다. 여기에 오르면 광활한 모습이 사방에 펼쳐져 있어 경치가 볼만했다고도 했다. 또 암자인 남신당암으로 변했다가《연안부지》편찬 당시에는 폐지된 남신당도 있었다고 기록했다.

《연안부지》에서는 천배산에 2곳의 제단이 있다고 했는데, 하나는 토축의 원형 제단이고, 다른 하나는 대왕당이다. 그런데 고려 국왕이 행차했던 곳은 천배산 정상의 제단이 아니라 반현에 있던 대왕당이라고 소개했다.《대동지지》에서는 다른 사실을 전하고 있다. 와룡지 남쪽에 있던 남신당이 옛날 제천단으로, 고려 선종과 인종 때 초제를 지냈던 전성이 여기라는 것이다.

천배산·대왕당·남신당에 대해 싣고 있는《연안부지》와《대동지지》에는 오래 전의 사실들이 뒤섞여 엉클어져 있다. 우선 《연안부지》에서의 천배산·대왕당·남신당 관련 기록에서 전성제천단은 천배산 정상의 흙으로 쌓은 원형 제단으로 짐작된다. "옛날 하늘에 제사했던 곳"이라는 서술에서 그렇다. 반면에 고려 국왕이 행차했다는 제단터인 대왕암은 제천단에 딸린 재실이었을 것으로 추정된다. 그 입지가 제천단에 못지않다는 점에서 그곳 역시 천배산 자락에 위치해 있었을 것이다. 고려 국왕의 행차와 관련된 이야기는 국왕이 전성제천단에서의 초제를 위해 하룻밤을 재계했던 사실에서 비롯된 것이 아닐까 싶다.

그런데 《대동지지》에서는 천배산도, 대왕암도 아닌 남신당을 제천단으로 비정했다. 그리고 《고려사》에 실려 있는 현종의 염주 행차, 선종과 인종의 전성초제 사실을 남신당과 관련해서 기록했다. 《동국여지승람》에서처럼 남신당은 용갈이 풍속과 관련이 있는 와룡지의 흑룡을 모신 사당이다. 흑룡은 1408년(태종 8) 이후 매년 봄가을에 연안부사가 주관하는 제사에 모셔졌다. 《세종실록》지리지에는 대제지(大堤池)로 기록되어 있다. 《대동지지》를 저술한 김정호가 흑룡을 모시는 남신당 제사와 천배산과 대왕당에서의 제천을 혼동한 것으로 보인다.

전성제천단이 있었던 천배산은 원래 배주의 진산이었을 것이다.《연안부지》에서 대왕당이 진산이었다는 기록은 그것을 뜻한다. 그러나 조선시대에 배주의 경계에 변화가 생기면서 연안의 진산은 봉세산, 배천의 진산은 치악산이 되었다.《연안부지》의 천배산과 대왕당의 기록을 참고할 때, 전성초는 초제가 설행되었던 전성제천단과 초제를 준비했던 재실인 대왕당으로 이루어져 있었을 것이다.《연안부지》에서는 대왕당의 위치에 대해서 "올라 둘러보면 광활함이 사방에 펼쳐져 있어 자못 경치가 있다"고 했다. 그렇지만 사실 이 기록은 대왕당이 아니라 천배산 정상에 있던 제천단과 관련해서 서술되어야 맞다. 역시《연안부지》찬자의 오류로 짐작된다.

제천단의 구조와 관련해서는 흙으로 쌓은 원형의 제단이었다는 기록이 시사적이다. 일단 흙으로 쌓은 토축이라는 점에서 석축인 참성단과 비교된다. 제단은 돌로 쌓는 것이 일반적인데, 전성제천단은 흙으로 쌓은 것에 특별한 이유가 있는지 모르겠다. 고려시대 이후 그곳에서의 초제가 중단된 이후 방치되면서 흙이 덮여서일 수도 있겠지만, 자세한 것은 알 수 없는 노릇이다. 그 형태는 원형이었다고 한다. 그것이 참성단과 같이 위는 네모지고 아래는 둥근 형태의 구조인지도 알 수 없다.

제단에 올라보면 사방에 광활하게 펼쳐진 경치가 들어온다는 점에서는 그 입지가 참성단과 비슷한 측면이 있다. 제단에서는 모든 사물이 아래에 놓였을 것이고, 아무 것도 거칠 것 없는 공간이었을 것이다. 그래야 하늘과 맞닿을 수 있고, 신에게 조금 더 다가갈 수 있다고 여겼을 것이다. 신성한 공간으로서 갖추어야 할 기본적인 요소였다. 여기서 새벽녘에 설행되었을 초제는 바로 하늘과 접신(接神)하는 순간이었을 것이다.

전성제천단의 재실도 참성단과 마찬가지로 가까운 거리에 있지 않았을 것이다. 제천단과 재실이 하나의 제사 구역으로 이루어져 있었다면, 제천단을 제쳐두고 재실이 대왕당이라는 별개의 제사 공간으로 독립할 수 없었을 것이다. 후대에 제천단과 관련한 내용이 대왕당과 섞이게 된 배경도 그런 면에서 참고할 수 있다. 참성초의 경우를 참고해보면, 여기에서 행향사와 헌관은 이틀의 재계를 했을 것이다. 재실은 제관들의 재계 공간과 초제를 준비하던 전사청으로 이루어져 있었을 것이다.

《대동지지》에서 전성제천단에서의 초제 사실을 남신당에서의 일로 착각했다는 것은 앞에서 이야기했다. 그렇다고 그것이 의미가 없는 것은 아니다. 1329년(충숙왕 16) 5월 전성에서의 초제 사실을 빠뜨리고 있지만, 1029년(현종 20) 9월의 국왕 염주 행차, 1088년(선종 5) 3월과 1129년(인종 7) 3월의 초제 사실을 일정한 맥락에서 정리하고 있다는 점에서 그렇다. 제천단에서의 초제가 왕실의 일시적인 행사가 아니라 국가제사에서 매년 설행되었던 제사였다는 것을 말해준다. 그것은 왕실의 도교의례를 관장했던 구요당 또는 복원궁에서 주관했을 것이다.

현종 때 지냈을 전성에서의 친초는 북변의 유사시를 기양하려는 진병초, 충숙왕 때의 초제는 국왕의 쾌유를 빌려는 기복초(祈福醮)의 성격이었다. 이런 측면에서 선종 때의 초제는 요나라가 압록강 강가에 각장(権場)을 설치하여 고려의 사정을 탐색했던 상황과 관련이 있을 것이다. 고려 또한 초제가 있기 직전에 중추원부사 이안을 장경소향사(藏經燒香使)로 위장시켜 귀주로 보내 만약의 사태에 대비했다. 또 인종 때의 초제는 금나라의 동향과 묘청 일파의 서경 대화궐 창건과 관련이 있을 것이다. 이자겸의 난을 겪은 후 국정쇄신이 필요했던 인종으로서는 거란을 멸망시키고 새로운 강자로 들어선 금나라의 압박을 이겨낼 조치가 필요했고, 그 대안으로 도참설을 앞세운 묘청 일파의 중흥책이 전개되고 있었기 때문이다.

참성초의 경우, 초제에 필요한 제수를 마련하기 위해 별도의 토지가 운영되었다. 마니산참성제전(摩尼山塹城祭田)이다. 그 제전은 별도로 관리되어 관리인이 경작하고 거기서 생산되는 소출로 봄가을의 초제와 특별하게 설행된 초제의 비용을 충당했다. 전성초의 경우에도 전성제전(氈城祭田)이 운영되었을 것이다. 또 대부분의 초제에 청사가 올려지고 초제를 마치면 소지(燒紙)되었는데, 전성초도 마찬가지였을 것이다. 하지만 전성초청사(氈城醮青詞)는 전해지지 않는다.

전성제천단은 조선 중기까지 마을 사람들이 살피고 지켰다. 국가제사나 연안부사가 주관하는 지방관 제사는 이루어지지 않았다. 그렇지만 고적으로서 관리되고 있었다. 그러면서도 지역공동체 또는 개인의 기복적인 기능은 간간이 유지되고 있었을 것이다.

풍수도참에서 왕실의 기운을 늘이기 위한 방책을 연기업(延基業)이라고 한다.
또 부족한 것을 보충하는 것을 비보(裨補)라고 한다. 둘을 합쳐 연기비보라고 한다.
강화 천도 직후에는 몽고의 침입을 가시기 위해 고종의 어의와 태조의 초상을
개경과 남경에 교차로 봉안하여 강도에서 나갈 수 없는 국왕과 봉은사 태조진(太祖眞)의
기능을 대신하게 했다. 하지만 고종 말 몽고에 태자가 입조(入朝)하게 되면서부터
마리산참성에서의 초제와 삼랑성·신니동의 이궁 창건과 혈구사에서의 밀교도량을 열어
무사귀환을 기원하는 것으로 바뀌었다.

3장

강도(江都)에서
연기업(延基業)은
어떻게
전개되었나?

1. 강화 천도와 태조 재궁(梓宮)의 이전

천도를 위해 국왕을 협박한 최우

몽고의 침입은 1231년(고종 18) 8월 살리타이가 이끄는 몽고 군대가 북계의 철주(평안북도 철산군)을 도륙하면서 시작되었다. 몽고군은 12월까지 5개월 동안 북계의 귀주와 서경을 거쳐 서해도의 황주, 국도인 개경과 경기 일대, 양광도의 광주·충주·청주까지 구략했다. 무인집정자인 최우는 12월에 강화로 천도를 결심하고, 이듬해 6월에 이를 단행했다. 이후 강화는 개경으로 환도하는 1270년(원종 11) 5월까지 39년간 고려왕조의 도읍으로 운영되었다.

특히 11월 말에 서해도 평주를 침입한 몽고군은 사람은 물론 닭과 개의 씨까지 밀려버릴 정도로 완전히 도륙했다. 이때 개경까지 피해를 당했는데, 예성강 강가의 백성들이 살육되고 수많은 가옥이 불에 탔다. 인심은 흉흉해져 소요가 일어났고, 계엄령이 내려졌다. 최우는 개경을 버릴 것을 결심하고, 강화로 사람을 보내 살피도록 했다. 이후 천도가 단행될 때까지 6개월동안 왕실과 몽고군 진영은 전투 중에도 몇 차례의 협상을 전개하며 서로의 입장을 탐색하기도 했다.

상황은 나아지지 않았다. 충주에서 관노비들이 반란을 일으켰으나, 이를 수습할 방책도 적극적으로 마련되지 못했다. 1232년 2월 2품 이상의 고위 관료가 모인 재추회의에서 천도를 논의했고, 5월에는 4품 이상의 관료가 참여하는 확대회의가 있었다. 그 뒤에는 최우가 버티고 있었다. 대부분 개경을 지키자고 했지만, 최우 쪽 사람이었던 재상 정무·대집성은 천도를 주장했다. 고종도 완강하게 버텼다. 300년의 왕도를 쉽게 버릴 수 없었다. 최우는 자연도(현재 인천국제공항)에 유폐되어 있던 전왕인 희종을 개경으로 들였다. 수틀리면 국왕을 교체하겠다는 위협이었다. 자신의 집에 재추를 다시 모아 천도를 압박했다. 녹봉을 운반하는 공용 수레인 녹전거(祿轉車) 100여 량을 빼앗아 자신의 재물을 강화로 먼저 실어 날랐다. 왕명이 있기도 전이었다. 강화 천도는 그렇게 단행되었다.

강화에서 고종의 첫날

고종은 어릴 때 강화에서 살았다. 1197년에 최충헌이 명종을 폐위하고 신종을 왕위에 올리자 태자였던 아버지 왕숙(후에 강종)과 함께 강화로 쫓겨났다. 이때 나이는 7세였다. 1210년 청년이 되어 개경으로 돌아올 때까지 14년여를 강화에서 살았다. 그리고 1232년 7월, 22년 만에 다시 강화에 발을 디뎠다.

7세 때도 그랬겠지만, 이때의 심경은 말할 수 없이 처절한 것이었으리라.

강화가 개경과 지근이었지만, 도시 기반이 전혀 없었고 갑작스러운 천도였기 때문에 모든 것이 미비했다. 천도가 결정된 다음날부터 최우는 이령군(二領軍)이란 군대를 동원해 궁궐을 짓기 시작했다. 최우로서는 그전부터 준비하고 있었을 터였겠지만, 형식적일지라도 일단 국왕의 명을 통해 천도 조치가 이루어졌다는 점이 중요했다.

7월 6일 개경을 떠나 승천부에 도착한 고종은 거기서 하루를 묵었다. 기록에서는 그곳이 어디였는지 밝히고 있지 않지만, 정종 때부터 숙종 때까지 간간이 기우를 위한 용왕도량 등이 열렸던 임해원이었을 가능성이 있다. 다음날 배를 타고 강화에 들어온 고종은 임시로 묵을 장소조차 제대로 찾지 못했다. 열흘이나 계속되는 장맛비에 흙탕물이 정강이까지 차고 사람과 말이 엎어지고 넘어졌다. 고위 관료와 양가의 부녀자 중에는 맨발로 지고 이고 가는 사람까지 있었고, 의지할 곳 없이 울부짖는 환과 고독은 헤아릴 수 없었다. 《고려사》와 《고려사절요》의 기록이다. 당시 개경에는 10만 가구가 있었다고 하니 대략 40~50만의 인구였을 것인데, 이들 중에 상당수가 강화로 들어갔을 것이다. 아수라장이 따로 없었다. 고종은 관리들이 출장 등의 공무로 사용했던 강화객관에 들어갔다. 새로 궁궐이 마련되기 이전까지 여기에 머물 수밖에 없었다.

강도(江都)에서의 궁궐 조성

천도 후 강화는 강도 또는 강화경(江華京)으로 불렸다. 상경(上京)인 개경에 대한 상대적인 개념이었다. 하지만 천도는 본토의 백성들을 포기하는 것이었다. 민심은 더욱 흉흉해졌다. 천도 직전 고종의 사부였던 유승단은 "작은 나라가 큰 나라를 섬기는 것은 당연한 이치로 예로 섬기고 믿음으로 사귀면 몽고도 항시 우리를 괴롭히지 못할 것이다. 성곽을 버리고 종묘사직을 돌보지 않은 채 섬으로 도망해 구차하게 세월만 끌며 변방의 장정을 칼날에 다 죽게 하고 노약자는 끌려가 종이나 포로가 되게 하는 것은 국가의 장구한 계책이 아니"라고 반대했다. 별초지유였던 김세충도 "태조부터 300여 년을 지켜온 송경(松京)을 버릴 수 없다"고 반대하다가 죽임을 당했다.

천도 직후인 1232년 8월 충주에서 노비들이 반란을 일으키자 이를 토벌했다. 서경에서는 서경순무사인 민희가 몽고의 서경 섭정관리인 다루가치를 살해하려다 발각되었다. 서경 사람들은 평주와 같이 도륙당할 것을 두려워해서 반란을 일으켰고, 관리들은 근처의 섬인 저도로 도망했다. 1233년 5월에도 서경에서 필현보와 홍복원의 반란이 있었다. 1235년 9월에는 안동 사람들이 몽고군을 끌어들여 경주를 쳐들어가려고까지 했다. 개경 백성뿐만 아니라 전국에서 사람들이 강화로 몰려들었다. 1235년 5월에는 피폐해진 의주와 정주(靜州) 사람들이 강화로 들어오는 바람에 강화에서의 농경이 불가능할 정도였다. 그런

▲ 강화 고려궁지 승평문: 승평문은 고려 본궐의 정남쪽에 있는 문으로, 정전인 회경전과 연결되어 있었다.

데도 강화 연안을 수비하기 위해 광주와 남경(양주) 백성을 강화로 이주시켰다.

강화로 천도하면서 당장 시급한 것은 국왕이 거처할 궁궐을 비롯해 관아를 짓는 일이었다. 국왕을 계속 객관에 머물게 할 수 없는 노릇이었다. 그 일은 고종이 강화로 들어온 1232년 7월 이전부터 시작되었을 것이고, 기존에 있던 관청 또는 개인의 집을 최대한 활용하면서 진행되었을 것이다. 하지만 하루아침에 이룰 수 있는 것이 아니었다. 1234년에도 새해 벽두부터 전국에서 장정을 뽑아 궁궐과 관아를 짓도록 했다. 이때 큰바람이 불어 대궐 남쪽의 동네 수천 가구가 불에 탔다고 한다. 강화경의 궁궐이 들어선 곳에서 남쪽이었을 것으로 추측된다. 바람을 원인으로 들고 있지만, 이곳을 비워 궁궐과 관아를 지으려는 최우 정권의 소개령(疏開令)이었을 가능성도 있다. 그런 가운데 국가제사를 강화로 옮기는 일도 진행되었다.

태조 재궁(梓宮)과 봉은사의 이전

천도와 함께 단행된 것은 왕실에서 가장 중요한 제사였던 세조와 태조의 재궁(관), 태묘·경령전의 신주(神主)와 초상 등을 옮기는 일이었다. 태묘는 종묘를 말하며, 경령전은 태조를 비롯해서 현재 국왕의 4대를 영정으로 모신 사당이다. 특히 경령전에서는 소찬으로 의례를 진행한 것으로 알려져 있다. 태묘와 경령전이 어떤 과정을 거쳐 강화로 옮겨졌는지는 알려지지 않았다. 세조와 태조의 재궁, 봉은사의 태조진(太祖眞)도 마찬가지이다. 그렇지만 세조와 태조의 재궁과 봉은사에 대해서는 약간의 정보를 확인할 수 있다.

세조는 왕건의 아버지인 왕릉으로, 그 묘는 예성강 부근의 영안성과 가까운 곳에 있었다. 창릉이다. 또 태조의 묘는 송악산 서쪽 기슭에 있었는데, 현릉이다. 이곳에 매장된 세조와 태조의 재궁은 강화로 옮겨지기 전에도 몇 차례 옮겨졌다가 다시 매장되는 일이 있었다. 세조의 경우에는 1216년(고종 3) 8월에 거란의 잔당인 금산과 금시가 수만의 군사로 북계인 영삭진과 정융진을 침략하고 남쪽으로 내려와 구략을 일삼자 피해를 방지하기 위해 재궁을 봉은사로 옮긴 적이 있다. 하지만 소요가 끝난 후 다시 창릉에 모셨을 것이다. 태조의 경우에는 조금 다르다. 1010년(현종 1) 거란의 2차 침입 때 태조의 재궁은 부아산(삼각산) 향림사로 옮겨졌다가 1016년 정월에 현릉에 모셔진 적이 있다. 2년 후 거란이 다시 침입해오자 이번에도 향림사로 옮겼다가 이듬해 11월에 현릉에 모셨다. 그리고 1217년에도 세조의 재궁과 함께 봉은사에 모셔졌다.

그런 세조와 태조의 재궁이 다시 강화로 옮겨진 것이다. 이때 옮겨진 재궁은 어디에 모셔졌을까. 역시 봉은사에 모셔졌던 것으로 추측된다. 봉은사는 태조의 신위를 모신 원당으로 951년(광종 2) 개경 궁성 남쪽에 창건되었다. 역대 고려 국왕은 매년 2월의 연등회와 6월 1일 또는 2일에 태조의 기제(忌祭)를 위해 이곳에 행차했다. 그곳에는 태조를 모신 태조진전(太祖眞殿)이 있었는데, 효사관이라고도 불렀다. 여기에서는 조진(祖眞) 또는 태조진이라고 부르던 진영(眞影)을 모셨는데, 다른 국왕이 초상으로 모셔졌던 것과 달리 청동상으로 모셔졌다. 우리에게 잘 알려진 왕건상이다. 1991년 현릉에서 발견된 왕건상은 황제가 썼던 통

▲ 고려 태조진(고려 전기, 현릉 출토): 통천관을 쓰고,
황제의 복식을 갖추고 있었다.

천관을 쓰고 있다. 벌거벗은 채 발견되었지만, 옥으로 만든 허리띠와 각종 비단 조각이 함께 나와 국왕의 복식을 하고 있었던 것으로 짐작된다.

실제로 1203년(신종 6) 9월 최충헌은 국왕만 할 수 있던 태조진전에 제사하면서 속옷을 바친 일이 있다. 또 1391년(공양왕 3)에는 또 다른 태조진이 모셔졌던 연산 개태사(충남 논산시 연산면)의 태조진전에 제사하면서 옷과 옥대를 바친 일도 있다.

태조진은 고려의 정신적 지주였고, 신성(神聖) 그 자체였다. 이변도 간혹 발생했다. 청황색 뱀이 태조진전에 나타나거나, 왕건상이 앉아있는 어탑(御榻)이 스스로 움직이는 일도 있었다. 연기 같은 기운이 태조진전에서 일어나기도 했다. 이럴 때도 국왕은 봉은사의 태조진을 참배했다. 하늘에 재변이 있거나 가뭄에 대한 기우, 천도 등 중대사가 있는 경우에 태조진을 참배하며 그 가부를 물었다. 강화 천도의 경우에는 확인되지 않지만, 그랬을 가능성이 있다.

세조와 태조의 재궁, 봉은사의 태조진을 강화로 옮겼다는 사실은 개경을 중심으로 했던 국가제사가 강화로 옮겨졌다는 것을 의미한다. 이 셋은 태묘·경령전과 함께 고려의 국가제사에

▲ 강화 봉은사 터: 터만 남아 있는데, 주변에 흩어져 있던 석재를 모아 1960년에 현재의 모습으로 탑을 다시 세웠다고 한다.

서 가장 중요한 것이었기 때문이다. 특히 태조는 그랬다. 그렇지만 당장 이들을 모실 장소가 마땅치 않았다. 국왕이 거처할 궁실도 그랬지만, 재궁과 태조진을 모실 곳을 빨리 마련해야 했다. 그중에서 봉은사가 먼저 창건되었다. 1234년 2월이다. 그곳은 참지정사를 지낸 차척의 집이었다. 봉은사를 지으면서 민가(民家)도 헐렸다. 진입로를 확장해야 했기 때문이다. 현재 하점면 장정리가 그곳인데, 오층석탑이 남아 있다.

1232년 7월부터 추진되었을 강도에서의 궁궐과 관아 건립은 약 1년 8개월만인 1234년 2월 봉은사의 창건으로 급한 대로 어느 정도 마무리되었다.《고려사》에서는 이때 연등회를 위한 국왕의 봉은사 행차 기록을 전하면서 "당시 도읍을 옮긴 지 얼마

되지 않았으나, 격구장과 궁전, 절 이름을 모두 개경의 원래 이름대로 붙였고, 팔관회·연등회, 행향도량 등도 모두 예전의 법식을 따랐다"고 했다.

이후 고종은 내전을 중심으로 소재도량·공덕천도량 등을 열고, 법왕사에서 팔관회도 개최했다. 간혹 궁궐을 짓기 위해 신료의 집으로 옮기거나, 소재도량 개최를 위해 별채를 짓기도 했다. 그러나 이후 봉은사를 중심으로 한 연등회와 태조의 기신제도 개경에서처럼 연례로 열렸다.

그런데 세조와 태조의 재궁을 모실 곳은 정하지 못했다. 앞서 창릉이나 현릉에서 재궁을 꺼내 다른 곳에 모셨다가 원래의 위치로 모실 때까지 재궁은 봉은사에 모셔졌었다. 이때도 마찬가지였을 것이다. 태조진을 모셔야 했기 때문이기도 했지만, 두 재궁을 모시기 위해서도 봉은사의 창건은 무엇보다 서둘러야 했던 일이었다. 세조와 태조의 재궁은 1243년(고종 30) 8월 강화 개골동(선원면 냉정리)로 이장(移葬)되었다. 이때까지 10여 년을 넘게 세조와 태조의 재궁은 봉은사에 모셔지고 있었다.

2. 강화 천도 전후의 연기업(延基業) 전개

용손십이진참(龍孫十二盡讖)과 십팔자참(十八子讖)

풍수도참에서 왕실의 기운을 늘이기 위한 방책을 연기업(延基業)이라고 한다. 또 부족한 것을 보충하는 것을 비보(裨補)라고 한다. 둘을 합쳐 연기비보라고 하는데, 고려시대 내내 불교와 결합하며 개경의 땅기운(地氣)과 용손(龍孫)이었던 왕실의 기운을 북돋기 위한 방책으로 사용되었다. 개경의 배후인 송악의 지명은 부소산(扶蘇山) 북쪽의 부소군을 남쪽으로 옮기고 소나무를 심어 암반이 드러나지 않게 해야 한다는 신라의 풍수가인 팔원의 권유에 따라 취해진 조치와 관련이 있다. 왕건의 아버지 왕릉은 도선의 예언에 따라 백두산의 지맥(地脈)이 연결된 집터에 자신의 오행에 해당하는 수(水)의 큰 숫자에 따라 36구역의 집을 지었다. 모두 풍수에 따른 비보였다.

고려 초기부터 운영된 서경과 문종 때부터 운영을 계획했던 남경을 포함한 삼경제 또한 풍수도참의 입장에서 개경의 부족한 땅기운을 보완하려는 조치였다. 고려 전기에는 "후삼국을 통일한 때부터 120년이 지난 뒤 예성강의 서쪽 강변에 있는

"군자가 말을 모는 형세(君子御馬)의 명당에 건물을 지으면 국운이 연장될 것"이라는 도참이 있었다. 도선의 《송악명당기》를 따라 1056년(문종 10)에 서강의 병악(餠嶽) 남쪽에 장원정(長源亭)이란 정자를 세웠다. '군자가 말을 모는 형세'란 왕릉의 집터가 말머리(馬頭) 형국이었다는 점과 통한다. 또 '장원'이란 왕실의 기운이 길게 연장될 것이란 바람을 담고 있다. 장원정을 건립한 1056년은 《송악명당기》에서 지목한 병신년(936)부터 정확하게 120년에 해당되는 해였다.

또 옛날부터 "용의 자손은 12대로 다하고 십팔자가 나타난다"는 도참설도 있었다고 한다. 용의 후손인 왕실이 12대가 지나면 기운이 다하고, 십팔자(十八子)=목자(木子)=이(李)씨 성을 가진 자가 왕이 된다는 것이다. 고려 왕실의 천명이 다하고 새로운 왕조가 들어선다는 역성혁명의 논리였다. '십팔자참'은 중국에서 오래 전부터 유행했던 것으로, 당나라의 건국에도 이용된 것으로 알려져 있다. 이것이 용손십이진참과 연동되어 인종 때 이자겸, 명종 때 이의민의 반란에 이용되었다. 사실 용손십이진참은 고려 건국을 예언한 당나라 상인 왕창근이 마진의 도읍이었던 철원의 저잣거리에서 얻었다는 오래된 거울 뒷면에 쓰인 참설에서부터 발단이 되고 있었다.

거기에는 147글자가 있었는데, "삼수(三水) 가운데 있는 사유(四維) 아래로 (옥황)상제가 아들을 진한과 마한 지역에 내려보내 먼저 계(鷄, 신라)를 잡고 뒤에 압(鴨, 고구려)을 칠 것이다. 이것은 운수가 꽉 차서 삼갑(三甲, 삼한)을 하나로 통일하는 것을 일컫는다"로 시작된다. 여기에서 '삼수중사유하(三水中四維下)'의 삼수(三水)는 삼한을, 사유(四維)는 사방을 가리킨다는 짐작되는데, 특히 사유는 신라에서 '라(羅)'의 파자(破字)로도 읽힌다. 삼한을 지칭하면서도 아직 정통은 신라에 있고, 곧 건국될 고려가 그것을 이을 것이라는 예언을 함유하고 있다. 그리고 또 3×4의 숫자 12도 가리킨다. 12도 용손의 오행인 수(水)의 숫자 3의 대수(大數)였다.

1174년(명종 4) 삼소(三蘇) 조성

묘청 난 이후 고려 최대의 명당으로 여겨지던 서경에 관한 관심은 줄어들 수밖에 없었다. 삼경 체제의 운영에 문제가 생긴 것이다. 의종이 전통을 이어 서경과 남경에 관심을 가지고 순행을 했지만, 다른 길지를 찾아야 했다. 배주 토산에 위치한 반달 모양의 얕은 언덕(半月岡)이 바로 그곳이었다. 이곳에 중흥궐이 지어졌고, 그 전각을 대화전(大化殿)이라고 했다. 묘청이 중흥을 위해 서경에 세웠던 궁궐인 대화궐을 따랐다. 그 배후에는 금나라를 고려로 아우를 수 있다는 도참이 있었다. 또 의종은 이궁·별궁의 건설과 행차가 많았다. 음양비축설을 지나치게 믿은 결과였다.

의종 이후 국왕의 서경과 남경 행차가 확인되지 않는다. 삼경제 운영이 중단된 것이다. 그런 가운데 1174년(명종 4) 5월에 삼소가 조성되었다. 좌소 백악산, 우소 백마산, 북소 기달산이 있었다. 이곳에 이궁을 지으려고 연기궁궐조성관을 설치했다. 그 규모는 북소의 이궁이 108칸이었다는 사실로 미루어 다른 이궁도 그 내외였을 것이다. 백마산은 정주, 기달산은 협계에 있었다. 고려 왕실의 출발과 관련되어 있던 좌소는 《삼국유사》에서 아사달로 비정된 곳 중 하나인 배주의 백악으로 짐작된다. 그곳은 다름 아닌 의종 때 조성된 배주 토산이었을 것이다.

삼소의 조성은 중단된 삼경제에 대한 대안이었다. 무엇보다 서경을 대체할 길지가 필요했다. 그렇지만 무인난으로 폐위된 의종을 복위시키려는 서경에서의 반란 등 전국 각처에서 민란이 일어났고, 무인들 간의 권력다툼으로 혼전이 벌어지는 상황에서 쉽지 않았다. 개경을 벗어난 국왕의 원거리 순행은 또 다른 문제를 일으킬 수 있었다. 그렇다고 의종 때 조성된 배주의 중흥궐을 그대로 유지하며, 이것으로 서경을 대체하는 것도 무언가 어색했다. 의종은 무인인 자신들이 폐위시킨 국왕이었기 때문이다.

그렇다면 중흥·대화를 중심으로 한 서경↔배주를 벗어난 새로운 연기업이 필요했다. 그것이 삼소의 조성이었다. 땅기운이 다했다는 개경을 포기할 수도 없었지만, 다른 길지를 찾을 여력도 없었다. 주어진 여건에서 최소한으로 방향으로 보완하는 연기업이 찾아질 수밖에 없었다. 그것은 아직 불안하기만 했던 무인정권을 위한 것이기도 했다. 기존의 배주 백악산을 두고 다른 길지를 찾아 그곳들로 개경을 지지하게 하는 방법이 바로 삼소의 조성이었다.

삼소 조성은 삼경제와 다른 구성이었다. 개경을 포함하여 운영된 삼경제는 황제국 체제와도 관련된 것이었다. 서경과 남경은 국가시스템에서 분사(分司)라고 하는 개경의 버금 수준에서 운영되었다. 하지만 삼소의 경우에는 그렇지 못하다. 좌소·우소·북소는 오로지 도참의 측면에서 개경을 지지할 뿐이었다. 하지만 이의방이 집권하면서 조성된 삼소는 그가 실권한 후 즉각 폐기된 것으로 짐작된다. 물론 국왕의 행차도 이루어지지 못했다.

무인집권기에는 연기업이 이전보다 많이 확인되지 않는다. 그 실효성이 약해졌다기보다 국왕권이 미약했던데 원인이 있다. 이에 비해 문신의 기운을 누르고 무신들의 정권 유지를 위한 비보책이 실시되었다. 무신이 문신의 우위에 있다는 사실을 확인하는 작업이기도 했다. 이의민이 낙타교에서 저교까지 쌓은 사제(沙堤), 최충헌이 설치한 산천비보도감과 사제를 헐고 쌓은 중방제 등이 포함된다. 거의 100여 년 동안 관(冠) 위에 달아 놓은 구슬이거나, 허수아비일 뿐인 국왕과 왕실을 위한 연기는 더 이상 필요치 않았다.

1234년(고종 21) 남경 아사달, 어의(御衣) 봉안

1216년(고종 3) 거란의 잔당이 몽고군에 밀려 고려를 침입하면서 무인이 문인의 우위에 서려는 비보책에 변화가 생겼다. 그들이 개경 인근까지 밀고 내려오자 태묘(종묘)의 신주도 다른 곳으로 옮기고, 세조와 태조의 재궁도 봉은사로 옮겼다. 고종은 최충헌의 사가(私家)인 죽판궁으로 옮겼다. 송악산의 왕기가 거의 다해 별궁으로 옮겨 이를 가서야 한다는 술사의 말을 따른 것이다. 송악산의 왕기란 다름 아닌 개경 궁궐을 가리켰다. 또 이를 회복할 방법은 최충헌에게 더욱 종속되는 것밖에 없었다. 연기업을 통해 거란족을 막아내기 위해 흥왕도감이 설치되었고, 백악에 궁궐을 다시 짓기 시작했다. 그 중심에 죽판궁이 있었고, 최충헌이 죽은 후 그 대상과 중심은 몽고와 이현에 있던 최우의 사제(私第)로 바뀌었다.

1228년 12월 국왕의 의대가 백악 가궐에 봉안되었다. 동진의 군사적 움직임을 비보하려는 것이었는데, 국왕의 직접 순행이 가능하지 못한 상황에서 이루어졌다. 3년 후부터 몽고의 구략이 시작되자 이마저도 가능하지 못했다. 백악 가궐이 있던 배주나 우소와 북소가 있던 정주나 협계가 몽고군의 침입 경로로 바뀌었다. 그런 가운데 천도가 이루어졌다.

천도 후 국도(國都)로서 강도가 최소한 정비되면서 연기업이 다시 수면으로 올라왔다. 그 대상지는 강도를 중심으로 옛 서울인 개경과 남경이었다. 하지만 여전히 개경과 남경으로 국왕의

순행은 불가능했다. 최
우 정권이 가로막기도 했
겠지만, 더 큰 이유는 전
국을 횡행하며 출육(出陸)
을 요구하던 몽고군 때문
이었다. 서경은 몽고군의
배후지였기 때문에 가당
치도 못했다. 상경인 개
경은 언젠가 돌아가야 할
곳이어서 당연히 대상이
었겠지만, 남경은 재해석
되어야 했다. 서경이 제
외된 데 따른 것이다.

▲ 고려 태조 초상: 북한에서 그린 것으로, 태조 왕건의
능인 현릉의 전시실에 있다고 한다.

1234년(고종 21) 7월에
왕실의 근거지였던 부소산에서 갈라진 좌소인 아사달(阿思達)로
배주의 백악산이 아닌 옛날 양주 땅인 남경이 새롭게 비정되었
다. 국운이 중국 주나라와 같이 800년 연장될 수 있다는 도참설
에 따른 것이다. 방법은 국왕을 대신해서 어의를 봉안하는 것이
었다. 3~6월은 남경 궁궐, 7~10월은 개경 강안전, 11월~2월은
남경 궁궐로 반복적인 것이었다. 또 태조어진(太祖神御)이 11~2
월에 개경 수창궁, 3~6월 남경 가궐에 봉안되었다. 고종의 어의
와 태조의 초상을 개경과 남경에 교차로 봉안하여 강도에서 나

갈 수 없는 국왕과 봉은사 태조진의 기능을 대신하게 했다. 결국 이때의 조치는 도참에서 왕실의 출발인 부소산에서 갈라진 좌소와 단군전승에서 고조선의 도읍인 아사달이 결합한 사실을 보여준다.

1259년(고종 46)의 연기업

예상했던 것보다 길어지는 임시수도에서의 국가 운영은 쉽지 않았다. 몽고와의 전투와 협상은 계속되었다. 1249년 최우의 사망으로 정권은 최의에게 세습되었다. 최씨 왕정이나 다름없었다. 1251년 몽고는 사신을 보내 국왕의 입조, 개경으로의 환도를 요구하는 황제 조서를 전달했다. 사실 국왕의 친조(親朝)는 10여 년 전부터 꾸준히 요구되었다. 유사 이래 없었던 것이어서 실현 가능성이 없어 보였다. 하지만 이번에는 달랐다. 고려에서는 태자의 입조가 대안으로 제시되었고, 수년간의 공방 끝에 1257년 몽고의 철군 조건으로 태자의 입조가 결정되었다. 그런데 변수가 생겼다. 1258년 3월 대사성 류경과 별장 김인준(김준으로 개명)이 최의를 제거했다.

90여 년의 무신집권이 형식적이나마 끊어지고 왕정복고가 이루어졌다. 고종은 즉위하는 것처럼 백관의 축하를 받았고, 이를 본 사람들은 감격의 눈물을 흘렸다. 또 고종은 출육과 입조의 조건을 협상하기 위해 승천부로 건너가 몽고 사령관이 보낸 사절을 접견했다. 강화로 천도하면서 떠나왔던 1.5km의 승천부를 건너는 데 26년이 걸렸다. 몽고는 당초 출육 조건으로 내세웠던 국왕과 태자의 입조를 태자로 국한했다. 양쪽 모두 의미 있는 진전이었다. 그렇지만 최종 협상 장소를 두고 신경전이 펼쳐졌다. 자국의 영토였음에도 안전보장 없이 태자를 몽고 진영에 들여보낼 수 없는 노릇이었다. 몽고군 역시 출육을 압박하려고 개경에 진을 치고, 주변에서 민간을 약탈했다. 태자의 몽고 입조 역시 문제였다.

1259년 2월에 새로운 집정자인 김준과 고종은 이런 상황을 타개할 방책을 모색했다. 바로 풍수에 능했던 백승현을 통해 전개한 연기업이었다. 백승현에 대한 자료는 확인되지 않는다. 연기업의 설행을 위해 정6품의 낭장에 임명되었다. 혈구사를 중심으로 도참을 행하던 술사였을 것으로 추측된다. 10대를 강화에서 보냈던 고종이 일찍부터 인연을 가졌을 수 있으며, 김준의 요청으로 관직에 나왔을 수도 있다.

이때의 연기업은 마리산 남쪽에서의 이궁 창신, 삼랑성·신니동에 가궐 창건과 혈구사에서의 법화경 설법이었다. 고종은 중서문하성과 추밀원의 관리들을 한자리에 모이게 하고, 유신을 대표로 교서랑이었던 경유와 사천대의 책임자였던 안방열 등에게 그 이해득실을 따지게 했다. 하지만 백승현의 거침없는 궤변을 감당하기에 역부족이었다. 경유는 그 말을 믿을 수 없지

▲ 고려 고종 홍릉: 46년을 재위한 고종은 28년을 강도에서 지냈다. 어린 시절 강화에서의 생활 14년을 포함하면, 그의 삶 대부분을 강화에서 보냈다고 해도 과언이 아니다.

만, 일단 시험해 볼 수밖에 없다는 의견을 냈다. 마리산이궁의 경우에는 백승현이 아니라 왕업이 연장될 것이라는 경유의 건의로 지어졌다고 하지만, 사실과 다르다. 연기업을 추진하려는 김준과 고종의 압력이 있었음이 눈에 선하다. 경유가 말한 연기업이란 다름 아닌 3개월 후 예정된 태자의 몽고 입조에 대한 장도의 기원이었다.

상황이 악화되었다. 고종이 병으로 위독해졌다. 태자의 입조를 연기하고 후사를 이을 준비를 해야 하는 것이 마땅했다. 김준이 정권을 전단하고 있었기 때문에 왕위가 다른 용손에게 넘어갈 수도 있었다. 그런데도 입조는 강행되었다. 고려의 사직이 태자에게 걸려 있었다. 더군다나 5월로 예정되어 있던 입조 시기가 몽고의 압력으로 1개월 당겨졌다. 4월 말 태자가 몽고로 떠났다. 삼랑성과 신니동에 가궐을 지으라는 왕명이 있었다. 혈구사에서 법화경도 설법되었다.

이때 고종은 문수보살의 현몽과 재현을 동시에 체험했다고 한다. 태자의 장도와 국왕의 쾌유가 함께 기원되었다. 그러나 고종이 6월 말 승하했다. 연기업이 아무런 효과를 보지 못하고 중단되는듯했다.

백승현이 연기업의 대상으로 삼은 지역은 마리산과 삼랑성·신니동·혈구사였다. 고종 때의 연기업에서는 마리산에서의 초제가 확인되지 않는다. 연기업을 위해 마리산 남쪽에 이궁(별궁)을 창건했다는 사실만 확인된다. 대신 태자가 몽고로 떠난 지 보름이 지나 궁궐에서 고종이 직접 삼계초(三界醮)를 설행했다. 연기업에 마리산참성이 포함되어 있었는데, 그 장소가 궁궐에서의 삼계초로 바뀐 것으로 추측된다. 이들 지역은 명종 초 개경을 중심으로 이루어졌던 삼소와 비교된다. 마리산을 중심으로 세 곳이 좌소·우소·북소로 상정되었을 것이다. 본토에서 전개할 수 없었던 연기업이 강화에서 변형되어 전개된 것이다. 그리고 그것은 마리·신지·혈구라는 강화의 역사문화전통을 배경으로 하고 있었다.

1264년(원종 5)의 연기업

　　고종이 승하한 후 태자인 왕전은 바로 즉위하지 못했다. 몽고에 입조해 있었기 때문이다. 그의 아들인 태손 왕심(후에 충렬왕)이 대행할 수밖에 없었다. 1260년 2월 말 태자는 몽고에서 곧 황제에 오를 쿠빌라이(세조)를 접견한 후 귀국길에 올라 20일 만에 개경에 도착했다. 그리고 1개월 후인 4월 21일에 즉위했다. 이후에도 개경으로 환도하지 못하고 계속 강도에 머물렀다. 그러던 중 1264년(원종 5) 5월 상순에 국왕의 입조에 대한 몽고황제의 조서가 도착했다. 이런저런 핑계로 거부할 수도 없었다.

　　몽고의 국왕 친조 요구는 정복지에 대한 복속을 확인하는 전통적인 방법 중 하나였다. 고려와 몽고의 화친 관계가 수립된 1219년(고종 6)부터 지속적으로 요구되던 것이다. 쿠빌라이의 집권 이후 이에 대한 요구가 뜸했던 것은 대칸 자리를 두고 쿠빌라이와 아릭부케 세력의 팽팽한 권력투쟁 때문이었다. 하지만 1264년 초부터 상황이 달라졌다. 아릭부케에게 쿠빌라이가 확실하게 우세를 점하면서 몽고의 전통적인 복속국에 대한 지배정책이 시행되었다. 고려도 예외가 아니었고, 친조에 대한 조서는 그 시작에 불과했다. 1259년 4월 태자로 입조하여 우여곡절 끝에 쿠빌라이를 만났던 왕전은 1260년에 그 지원으로 즉위할 수 있었다. 이때 쿠빌라이는 귀국하는 고려 태자에게 국왕으로서의 친조를 요구했고, 왕전 역시 이를 약속한 바 있었다.

1264년 5월 친조에 대한 조서는 바로 그것이었다. "그간에 전쟁 때문에 그러지 못했으나, 이제 서북지역의 왕들이 귀부하여 제후가 천자를 알현하는 예를 다시 시행하려고 한다"는 내용에서 확인된다. 그리고 8월에 원종의 몽고 입조가 이루어졌는데, 그것은 7월 아릭부케의 투항이 이루어진 직후였다.

당장 연기업이 실행되어야 했다. 그렇지만 다른 것을 찾을 수 없었다. 백승현의 연기업이 재주목된 이유였다. 이때 연기업의 효험으로 "대국(大國)인 몽고가 고려에 조공을 바칠 것이기 때문에 국왕이 입조하지 않아도 된다"고 했다. 고려에서도 아릭부케와 쿠빌라이의 권력투쟁을 예의주시하고 있었다는 사실을 방증한다. 그 결과가 쿠빌라이의 승리로 마무리되자 원종의 입조는 즉각 실행되었다. 지난 45년간 몽고의 요구가 실현되는 순간이기도 했다.

백승현은 김준을 통해 연기업을 건의했다. 원종에게 직접 하지 못한 것은 앞서의 연기업이 고종의 승하로 귀결되었기 때문이다. 원종이 거리두기를 하고 있었던 것으로 짐작된다. 김준을 통해 건의된 연기업은 "마리산참성에서 친히 초제를 지내고, 삼랑성과 신니동에 가궐을 지어 직접 대불정오성도량을 개설하면, 8월이 되기 전에 반드시 감응이 있어 친히 조회하지 않아도 되고, 삼한이 변해 진단이 되어(三韓變爲震旦) 큰 나라가 조공을 바치러 올 것"이라는 내용이었다. 원종은 최측근에서 시종하던 내시대장군 조문주, 국립대학의 교수격인 국자감좨주 김구, 장군 송송례 등에게 명해 가궐을 짓게 했다.

하지만 반대도 있었다. 예부의 정4품직인 시랑 김궤는 상서성의 정2품직인 우복야 박송비에게 이를 막아달라고 요청했다가 김준에게 죽을 뻔했다. 그가 반대한 이유는 "혈구는 원래 흉산인데, 대일왕(비로자나)이 사는 곳이라는 백승현의 말만 믿고 혈구사를 짓고 어의와 허리띠를 안치했다가 고종이 승하했다. 그런데 또 연기업을 명분으로 가궐을 짓고 혈구사에서 대일왕 도량을 개설해야 된다고 하니 막아야 한다는 것"이었다.

백승현은 또 중국 주나라 강왕의 휘인 '쇠(釗)'로 국왕의 수결을 새긴 도장인 어압(御押)을 바꾸면 중흥할 수 있다고도 했다. 이 도참도 수용되었다. 그런데 휘가 쇠였던 고구려의 고국원왕이 백제와의 전투에서 비명횡사한 사실이 기억되면서 폐기되었다. 여기에서 고구려의 기억이 소환된 것은 뒤에서 이야기할 신니=신지=수지로 이어지는 사례에서처럼 강화에서의 고구려 역사문화전통이 배경이 된 것으로 이해된다.

참성단에서 재천이 이루어진 것은 1264년(원종 5) 6월이었다.
일부 유신의 반대가 있었지만, 집정자 김준과 국왕의 뜻을 꺾을 수 없었다.
참성초제가 이전부터 설행되고 있었다면, 이때 유신의 반대는 거의 없었을 것이다.
전성에서의 재천을 잇는 참성에서의 초제가 국가제사에서 운영되기 시작한 때는 이때였다.

4장
—

고려 국왕이 지낸
참성초(塹城醮)는?

1. 원종의 친초(親醮)와 단군

전성초에서 마리산참성초로

전성과 참성은 제천단이었다는 점에서 성격이 같다. 두 곳 모두 국가제사에서 운영되며 국왕이 직접 제천을 했거나 관련이 있다. 궁궐을 벗어난 곳에 마련된 초제 장소로 유일했다는 데도 공통점이 있다. 그렇지만 제천단의 사용 시기에서는 차이가 있다. 전성에서는 고려 전기에, 참성에서는 후기에 초제가 지내졌다. 그 사이에는 몽고의 침입과 강화로의 천도라는 역사적인 배경이 있다. 전성과 참성에서의 제천이 병행된 것이 아니라 참성에서의 제천이 시행되면서 전성에서의 제천이 폐지되었다는 뜻이다.

그 시기는 강화 천도 직후이기보다 강도에서의 피난 상황이 예상보다 장기화되면서 조치되었을 것으로 짐작된다. 남경과 개경에 국왕의 어의와 태조어진을 4개월 단위로 교차해가며 봉안했던 1234년(고종 21) 7월 이후였을 것이다. 물론 국가제사의 중요대상이었던 세조와 태조의 재궁, 조진(祖眞)인 봉은사의 왕건상 등은 천도와 동시에 옮겨왔다. 하지만 역대 왕릉을 비롯한 국가제사의 상당 부분은 본토에 남겨졌다. 이에 대한 제사를 설행할 겨를도 없었지만, 필요한 경우에는 관료를 파견하여 실행했을 것이다. 전성제천단에서의 초제 또한 마찬가지였을 것이다.

그렇다면 전성에서의 제천이 마리산참성으로 이전된 때는 언제일까? 1234년 7월 이후였다는 것은 분명하지만, 확인되지 않는다. 그런데 마리산 남쪽에 이궁이 창건되는 때가 1259년(고종 46) 2월이다. 홍왕이궁이 그곳이라고 전해진다. 화도면 홍왕리 55번지 일원에 위치해 있다. 국립강화문화재연구소에서 그 일부를 발굴조사한 결과, 건물지 3기와 석축 시설 4기, 담장 2기, 배수로 등이 확인되었다. 이 중에 남서쪽 건물지에서 13세기를 중심으로 하는 유물이 발굴되어 이궁과 관련한 시설물로 추측되었다. 하지만 일부만 조사되어 전체 성격을 파악하지 못했고, 알려진 것보다 넓은 범위에서 유적이 분포하고 있다는 사실이 확인되었다.

이때 이궁 창건이 참성에서 제천을 염두에 둔 백승현의 연기업에 따른 것이었지만, 제천은 이루어지지 못했다. 고종의 발병과 죽음 때문이었다. 제천이 다시 시도된 것은 1264년(원종 5) 6월이었다. 일부 유신의 반대가 확인되지만, 집정자 김준과 국왕의 뜻을 꺾을 수 없었다. 참성초제가 이전부터 설행되고 있었다면, 이때 유신의 반대는 거의 없었을 것이다. 이런 점에서 전성에서의 제천을 잇는 참성에서의 제천이 이루어진 때는 1264년 6월이 분명하다. 참성초제가 국가제사에서 운영되기 시작한 시기는 이때였다.

1329년(충숙왕 16) 5월에도 전성초제가 지내졌다. 충숙왕은 원나라에 빼앗겼던 국왕인(國王印)을 1325년에 돌려받고 귀국하면서 국정쇄신을 선언한 바 있다. 이듬해에 발표한 교서에서는 원구(圜丘)와 기자사당 제사의 중요성을 지적하고 복구시켰다. 쇄신 이전의 일이지만, 1313년(충숙왕 즉위) 5월과 1321년 5월에 기우를 위해 원구제를 지낸 적이 있다. 이런 분위기에서 전성초제가 일시적으로 복구되었을 수 있다. 그렇지만 이 초제의 목적은 국왕의 불예(不豫)를 가시려는 것이었다. 앞서의 조치와 거리가 있다. 1329년의 전성초제는 고려 전기의 국가제사를 복구한 것이라기보다 특별한 목적에서 일시적으로 마련된 제사였을 것이다.

또 시기가 밝혀져 있지 못하지만 우대언이었던 경사만은 행향사로 참성초제를 설행한 사실이 있다. 그가 왕명의 출납을 담당하는 대언으로 있을 때가 1321~1324년이고, 참성초제를 다녀온 직후 죽었다는 사실을 감안할 때 1324년 봄이었을 것이다. 1264년 이후 참성초제는 국가제사에서 지속되고 있었다. 《고려사》에서 진성제천단을 "옛날에 제천단이었다"고 기록한 이유이다.

강도에서의 초제 설행

《고려사》에서는 고종 때(1213~1259) 설행된 초제를 12
회로 기록했다. 강화 천도 이전과 이후 각 6회씩이다. 천도 이전
에는 정전인 선경전에서 3회, 천왕당과 수문전, 그리고 장소가
밝혀져 있지 않은 경우가 1회씩이다. 대상은 삼계 2회, 태일·삼
청·원진과 밝히지 않은 것이 1회씩이었다. 친초는 4회였고, 목
적은 병첩과 지진을 기양하는 것이 1회씩으로 밝혀져 있다.

강도에서의 초제는 천도한 지 20여 년이 지난 1251년(고종 38)
부터 확인된다. 천도 직후에는 장소 미비 등이 이유가 되었겠지
만, 오랫동안 설행되지 않
았다는 것은 일견 이해되
지 않는다. 기록의 미비일
것이다. 6회의 기록 중 3회
는 내전에서, 3회는 장소가
밝혀져 있지 않다. 대상은
삼계 3회, 북두 2회, 밝혀져
있지 않은 것이 1회이다.

원종 때(1260~1274)는 14
회가 기록되었는데, 강도
와 환도 후 개경에서가 각
각 7회씩이다. 강도에서는
내전 4회, 신격전과 마리산

▲ 도교신상(고려, 국립중앙박물관): 신(神)의 이름은 자
세히 알 수 없지만, 고려시대에 초제에서 모셔졌던
신상(神像)이다.

참성, 그리고 장소가 밝혀지지 않은 것이 1회씩이다. 대상은 삼계 4회, 태일 1회, 2회는 밝히고 있지 않다. 강도에서는 내전에서 삼계초제를 중심으로 이루어지고 있었음을 알 수 있다. 초제의 형식은 친초가 5회였다. 목적에 대해서는 1266년(원종 7) 10월 신격전에서 열린 초제가 별의 정상적이지 못한 움직임을 가시기 위해 국왕이 직접 개최한 소재도량과 동시에 지내졌다고 하여 유일하게 밝혀져 있다.

1270년(원종 11) 5월 개경 환도 후에는 본궐 5회, 내전 2회가 설행되었고, 대상은 삼계 2회, 태일·삼청 각 1회, 십일요 3회였다. 강도에서와 달리 본궐에서 십일요와 삼계를 중심으로 초제가 설행되었다. 형식은 친초가 4회였고, 목적은 대부분 밝혀져 있지 않다. 1274년(원종 15) 5월 본궐에서 열린 십일요초가 기우를 위한 것이었다고 유일하게 밝혀져 있다.

1232년부터 1270년까지 39년의 강도에서 설행된 초제는 총 13회였다. 고종 때 6회, 원종 때 7회이다. 형식은 친초로 밝혀진 것이 11회로 단연 우세하고, 나머지 2회 중에서도 친초일 것으로 추측되는 경우를 포함하면 강도에서의 13회는 거의 모두 국왕이 직접 초주가 되어 설행했다. 그 대상은 삼계가 7회, 북두가 2회, 태일이 1회, 밝히지 않은 경우가 3회였다. 역시 삼계초가 단연 우세하였다. 장소로는 내전이 7회, 신격전과 마리산참성이 1회, 미상이 4회였다. 이로 미루어 강도에서는 내전에서 국왕이 직접 주관하는 삼계초가 주로 설행된 사실을 확인할 수 있다. 궁궐을 벗어난 경우는 원종 때 마리산참성에서의 친초가 유일했다.

1264년 삼랑성·신니동 가궐의 창건과 혈구사

1264년 5월 8일 고려 국왕에게 입조하라는 몽고황제 쿠빌라이의 조서가 도착했다. 속국의 제후를 입조시켜 군신 관계의 결속을 다지려는 북방왕조의 전형적인 외교정책이었다. 태자 신분으로 몽고에 입조하여 쿠빌라이를 만난 적이 있던 원종은 그곳에서 부왕의 승하 소식을 접했고, 쿠빌라이의 지원으로 왕위에 오를 수 있었다. 그런 원종의 입장에서는 거절할 수 없었다. 또 이때는 몽고의 전쟁 위협에서 어느 정도 벗어나 있었지만, 환도의 문제는 언제든지 불씨가 될 수 있었다.

고려에서는 일주일만인 16일에 서늘해질 때까지 연기해달라는 표문을 보냈다. 그리고 바로 내전에서 소재도량을 열었다. 5월 25일이었다. 그 사이에 어떤 연기업을 쓸 것인가에 대해 많은 고민이 있었을 것이다. 백승현의 것 말고 마땅한 것이 없었다. 그렇지만 앞서의 실행에서 고종의 승하라는 결과를 가져와 부정적으로 생각될 수밖에 없었다. 앞서 김궤의 반대는 이를 의미했다. 강도를 벗어나 본토인 개경 또는 남경 등에서 길지를 찾는 것도 어려웠다. 대안이 없었다. 강도를 중심으로 한 연기업은 백승현의 것이 유일했다.

그것은 이러했다. "마리산참성에서 친히 초제를 지내고 또 삼랑성과 신니동에 가궐을 만들어 친히 대불정오성도량을 열면, 8월이 되기 전에 반드시 응답이 있어 원나라의 친조를 중지시킬 수 있을 것이다. 그리고 삼한이 변해 진단(震旦)이 되어 큰 나라가 와서 조공할 것이다". 고종 말에 제시했던 "혈구사에 행차하여 법화경을 설법하게 하고 삼랑성에 궁궐을 만들어 영험함을 시험해 보라"는 것과 차이가 있다. 백승현은 또 "도참에 희룡(姬龍)의 후예가 중흥한다는 말이 있으니 마땅히 주나라 강왕의 휘인 '쇠'자로 어압(御押)을 고치라"고 했다.

연기업은 즉각 시행되었다. 29일 국왕이 장봉궁으로 거처를 옮겼다. 다음날에는 처음으로 삼랑성가궐에서 4개월의 일정으로 대불정오성도량이 개최되었다. 6월 2일 국왕은 태조의 기일을 맞아 봉은사에서 제사하면서 연기업을 보고했을 것이다. 3일에는 삼랑성가궐의 대불정오성도량에 행차했고, 4일 후인 7일에 묘지사에 행차했다가 마리산참성에서 직접 초제를 지냈다. 또 다음날에는 신니동가궐로 옮겨가 대불정오성도량을 열었고, 9일에는 혈구사에서 대일왕도량을 개최했다. 또 12일에 다시 혈구사에 가서 향을 바쳤으며, 13일 장봉궁에서 참형과 교수형을 제외한 죄수를 사면하는 것으로 마무리했다. 연기업은 보름 동안 실행되었다.

백승현의 연기업은 마리산을 중심으로 삼랑성과 혈구사·신니동에서 전개되었다. 그런데 고종 말에 실시하려다가 중단된 연기업과 차이가 있었다. 먼저 두 시기의 연기업에서 마리산참성초제가 정점에 있었다는 것은 공통적이었다. 그런데 고종 때에는 마리산참성이 확인되지 않는다. 참성에서의 친초가 연기업 범위에 들어있지 않았던 것이 아니다. 마리산 남쪽에 이궁이 창건되었다는 점을 주목할 필요가 있다. 마리산이궁은 참성초제를 위한 재계공간으로 창건되었을 것인데, 이곳이 홍왕이궁일 것이다. 다만 주저되는 것은 이궁의 위치이다.《고려사》에서는 마리산 남쪽이라고 했는데, 현재 홍왕이궁터는 북서쪽이다. 어째든 고종 말에도 참성에서의 친초가 계획되어 있었지만 이루어지지 못하고, 궁궐에서의 삼계초로 대체되었다.

두 번째는 3곳의 가궐 중에 고종 말에는 혈구사가, 원종 때에는 삼랑성이 중심이 되어 법회가 개설되고 있었다는 점이다. 고종 때는 혈구사에서의 대일왕도량을 중심으로 삼랑성과 신니동 가궐에서의 대불정오성도량이 보조하는 형식이었다. 반면에 원종 때는 삼랑성가궐에서의 대불정오성도량이 중심이 되고 신니동가궐과 혈구사에서 대불정오성도량·대일왕도량이 보조했다. 모두 밀교계통의 법회였다.

이에 대해서는 다음과 같은 추측이 가능하다. 백승현의 연기업은 원래 혈구사에서의 대일왕도량을 중심으로 하고, 삼랑성과 신니동 가궐에서의 대불정오성도량이 대일왕도량을 지지하는 형식이었을 것이다. 혈구사는 앞서 이야기한 것처럼 고종과

▲ 삼랑성가궐 터: 1264년 5~6월 추진된 연기업은 삼랑성가궐에서 대불정오성도량을 중심으로 전개되었다.

도 밀접한 관계를 가진 사찰이었다. 그런데 삼랑성과 신니동 가궐을 짓는 과정에서 고종이 승하했다. 연기업을 본격적으로 전개하지도 못했다.

원종 때 연기업은 변화가 필요했다. 그것은 다름 아닌 삼랑성가궐에서 대불정오성도량을 중심으로 하고, 신니동가궐에서의 대불정오성도량과 혈구사에서의 대일왕도량이 삼랑성가궐의 법회를 지지하는 것이었다. 그래서 고종 때처럼 대일왕도량을 중심으로 전개되는 것이 아니라 대일왕도량과 대불정오성도량의 관계가 어정쩡하게 펼쳐지게 되었다.

특히 삼랑성가궐에서 대불정오성도량을 4개월 동안 설행한 것은 국왕이 강도를 출발해서 몽고 입조를 마치고 귀국하는 모든 여정의 무사 귀환을 기원하는 조치로 풀이된다. 실제 원종은 8월 12일 몽고로 출발하여 원행(遠行)을 마친 후 12월 22일 강화로 돌아왔다. 4개월에 걸친 여정이었다. 3곳의 가궐과 마리산 이궁의 규모는 확인되지 않는다. 삼소 중에 하나였던 북소 기달산의 가궐이 108칸이었음을 참고할 수 있다. 하지만 고종 말 가궐과 이궁의 창건은 급하게 이루어지다가 중단된 바 있고, 원종 때도 보름만에 연기업이 실행되고 있다는 사실에서 가궐이 본격적으로 창건되었다고 생각되지 않는다. 각 곳에 있던 기존의 건물을 보수하는 수준이었을 것이다.

국왕 원종의 마리산참성 친초

1264년 6월 7일 국왕은 마리산참성에서 직접 초제를 지냈다. 헌관은 이장용 또는 김준이 맡았을 것이다. 물론 다른 재추도 당연히 참석했을 것이다. 1029년(현종 20) 9월 현종이 염주에 행차했을 때 설행했을 것으로 추측되는 전성제천단에서의 친초부터 230여 년만의 일이었다. 또《고려사》기록만으로 보면, 궁궐 이외에 장소에서 설행한 초제로 1129년(인종 7) 3월 행향사를 파견해서 지낸 전성초부터는 130여 년만의 일이다.

▲ 삼랑성가궐과 마리산: 삼랑성가궐에서 법회에 참석하여 분향한 원종은 배를 타고 마리산 남쪽의 묘지사로 이동하여 재계한 후 참성단에 올랐다.

이때 원종의 일정을 조금 더 자세하게 이야기하기로 하자. 6월 3일 국왕은 삼랑성가궐에 갔다. 대불정오성도량에 참석하기 위해서였다. 사흘 전에는 삼랑성가궐에서 4개월의 일정으로 대불정오성도량을 열도록 했다. 5월 30일이었다. 태조의 기일에 맞춰 6월 2일 봉은사에서 제사를 지낸 것을 참고하면, 오성도량을 개최하라는 명을 내리고 바로 참석한 것이다. 그리고 7일 묘지사로 옮겨갔다. 삼랑성가궐에서 묘지사로 가기까지 3일의 공백이 있는데, 이때 어떤 일이 있었는지 자세히 알 수 없다. 기록의 흐름대로 읽으면, 하루 정도 삼랑성가궐에 머물며 오성도량에 참석했다가 거기서 배를 타고 묘지사로 왔을 가능성이 있다. 《고려사》에서는 국왕이 묘지사로 옮긴 때를 6월 7일로 기록하고 있으나, 이틀 전인 5일일 가능성도 있다. 국왕의 행차는 아무리 급한 상황일지라도 자유롭지 못하고, 관료들이 함께하는 복잡한 과정에서 이루어졌기 때문에 느리게 진행될 수밖에 없었다. 묘지사에 도착한 국왕은 이곳에서 하루 정도 재계하며 다음날 있을 마리산참성초제를 준비했을 것이다. 묘지사는 국왕의 마리산 행차에 재실의 역할을 했을 것이다. 고종이나 원종이나 본섬에서 배를 타고 마리산이 있던 고가도에 도착하면 쉴 곳이 필요했다. 그 출발이 혈구사든지, 삼랑성이든지 마찬가지였다. 더욱이 초제를 위한 이틀의 정재(正齋)는 아니라도 잠시의 재계를 위한 공간이 마련되어야 했다. 고종 말에 창건된 마리산이궁도 그런 시설이었을 것이다. 그런데 고종의 승하로 마리산이궁은 기피될 필요가 있었다. 원종이 마리산참성 친초에 앞서 들렀던 묘지사는 마리산이궁을 대체한 그런 재계 공간이었다.

국왕이 도착하기 며칠 전부터 도관에서는 책임자가 관원을 데리고 현지에 나와 초제를 준비했을 것이다. 재계는 어디에서 어떻게 해야 할지, 참성단에서의 초제는 어떻게 준비해야 할지 등이 그들의 임무였다. 특히 묘지사에서 참성단까지의 길은 경사가 급하고 암반으로 이루어져 험했다. 때문에 안전을 확보하는 것이 중요했다. 국왕은 오로지 걸어서 산을 오르기보다 견여를 함께 이용했을 것이기 때문에 더욱 그러했다.

초제는 늦은 밤부터 새벽녘까지 별을 제사하는 것이기 때문에, 이때에도 그랬을 것이다. 그렇다면 국왕은 7일 오후 또는 저녁 무렵에 마리산을 올랐을 것이다. 여름 더위가 한창일 때 마리산을 오르는 일은 지금도 쉽지 않다. 초제를 마친 8일 새벽의 하산도 그랬을 것이다. 그 험한 여정에서 원종은 무슨 생각을 했을까? 그것을 세세하게 가늠하기 어렵지만, 그의 어깨에는 위태롭기만 한 고려의 운명이 걸려 있었다.

초제를 마친 국왕은 묘지사로 돌아와 잠시 숨을 돌렸을 것이다. 그리고 신니동가궐로 출발하여 그곳에서 대불정오성도량을 열었다. 또 9일에는 혈구사로 가서 대일왕도량을 열었다. 이로써 국왕은 삼랑성→마리산참성→신니동→혈구사에서의 초제와 법회를 마쳤다. 그리고 궁궐로 돌아가 12일 행향(行香)하고, 13일 사면령을 통해 연기업을 완성했다. 고종 말년에 시작된 연기업은 이렇게 마무리되었다. 2개월 후인 8월 12일 국왕은 몽고로 떠났고, 큰 나라가 고려에 조공하는 일도 일어나지 않았다.

삼한이 변해 진단(震旦)이 될 것

백승현의 연기업에 대한 기대는 몽고에 입조하지 않아도 되고 삼한이 변해 진단이 되어 큰 나라가 조공을 바치러 온다는 것이다. 대국은 바로 몽고다. 1128년(인종 6) 묘청의 서경 임원궁 창건에는 천하를 아울러 금나라가 항복하고 36개 나라가 모두 신하가 될 것이라는 예언이 있었다. 여기서 36개의 나라란 온 세계를 가리킨다. 또 1158년(의종 12) 배주의 중흥궐 창건도 북로(北虜, 金)를 아우르는데 있었고, 1234년(고종 21) 남경가궐 창건은 몽고군의 침구를 가시고 국운을 800년 연장하는데 있었다. 연기업의 대상과 목적이 북방왕조의 압박에서 벗어나는 것이라는 점에서 공통적이다.

고려가 사대했던 나라들이 연기업의 시행으로 모두 고려에 사대하게 될 것이라는 기대를 담았다. 출발부터 현실적이지 못했지만, 매번 연기업은 시행되었다. 금과 몽고의 압박이 그만큼 강했다는 반증이다. 그런데 백승현의 연기업에는 다른 데 없었던 역사인식의 전환이 이루어질 것이라는 기대도 담았다. '삼한변위진단(三韓變爲震旦)'이 바로 그것이다. 여기서 삼한이란 역사적으로 고려 역사의 상한으로 인식되었던 삼국을, 지역적으로도 고구려·백제·신라의 영역을 가리키며, 고려를 의미하고 있다. 삼한에 대응하고 있는 진단은 삼한보다 확장된 개념이라는 데 이의가 없다.

진단은 본래 중국을 지칭하는 진(秦), 지나에서 유래했다. 인도에서 중국, 동방을 지칭했던 것으로 알려져 있다. 현화사 승통이었던 김덕겸의 묘지명이나 보조국사 지눌의 비명에서처럼 고려 중기의 우리측 자료에서도 간혹 확인된다. 또 진단은 우리 자체를 지칭하기도 했다. 발해의 처음 이름이 진국(振國, 震國) 또는 진단이었고, 궁예가 고려에서 바꾼 국호인 마진은 마하진단

(摩訶震旦)을 줄인 것이었다. 고려 전기부터 진단이 고려를 지칭했던 사례도 확인된다. 985년(성종 4) 송나라에서 보낸 조서에서는 고려가 중국의 진위(震位)에 위치했다고 했고, 고려 스스로도 진역(震域)으로 불렀다. 1065년(문종 19) 송나라에서 고려에 보낸 책문에서도 진역은 고려를 가리켰다. 이때 진위·진역은 중국의 동방이라는 지리적인 위치를 의미했다.

오행론을 중심으로 하는 역사관으로도 설명이 가능하다. 고려건국설화에 밝혀져 있듯이 왕실은 백두산에서 출발하는 수모목간(水母木幹)의 지맥을 가지고 있었다고 믿어졌다. 고려는 금덕(金德)의 신라를 이은 수덕(水德)의 왕조였지만, 개경의 부족한 땅기운을 북돋기 위해 목덕(木德)의 도움을 받거나 향후 이를 지향했다. 《도선밀기》라는 책에서 목멱양으로 비정된 남경 건설과 순행, 십팔자참을 이용한 이자겸과 이의민의 반란이 대표적이다. 사실 목덕과 관련한 십팔자·목자(木子) 종류의 도참설은 일찍부터 중국에서 유래하여 동아시아 각국에 퍼졌다. 중국에서는 동한~양진(兩晉) 때를 거쳐 수나라 말 당나라 초에 크게 유행했다. 당나라 건국과 베트남 리꽁우언의 리왕조 건국과 관련한 참설도 있었다.

오행에서 목덕의 방위는 동쪽이다. 요나라에서 고려 선종을 애도하는 제문과 헌종 즉위에 대한 문서에서 고려는 동방의 청제(靑帝)를 뜻하는 목신(木神)과 관련해서 설명되고 있다. 이자겸과 부인 최씨는 조선국공·조선국대부인에 책봉되었는데, 조선은 중국에서 일찍부터 해가 뜨는 곳이라 하여 동쪽을 지칭했다. 이와 관련해서 후대에 저술된《제왕운기》에서 단군의 출생을 나무신(木神)인 박달나무신(檀樹神)과 연결시키고 있다는 점은 시사적이다.

이로 미루어 백승현이 전개하고 있던 '삼한변위진단'은 삼한을 통일한 수덕왕조인 고려가 부족한 땅기운을 목덕으로 보완하려고 만들어냈던 고려 전기 이래의 도참설에 대한 변형에 지나지 않는다. 그것은 이후 역사인식으로 확대되었는데, 단군을 중심으로 하는《삼국유사》와《제왕운기》에서 고조선의 서술이 그것이었다. 왕건의 아버지인 왕륭이 궁예에게 말한 바와 같이 고려 건국의 뜻이 조선·숙신·변한의 영역을 아우르는데 있었기 때문이다. 하지만 그것은 백승현의 연기업이 있은 지 20여 년을 기다린 후에야 가능했다.

국왕 원종은 단군(檀君)일까?

《고려사》에서 전성과 참성의 성격은 분명하다. 하늘에 제사하는 제천단이었다는 사실은 같다. 모두 초례라는 도교 의례로 설행되었다. 그런데 전성은 '옛날 제천단'이었고, 참성은 '단군제천단'이었다.《고려사》가 편찬된 1450년대의 시점에서 두 제천단의 기능을 단적으로 드러내고 있다. 고적과 사단(祠

壇)이다. 그런데 참성은 전성과 달리 '단군'이란 역사성이 더해져 있다. 단군이 제천하던 제단이란 뜻이다.

1380년대 권근이 지은 참성단 초제 청사에서는 그 유래가 단군에서 비롯되었다고 했다. 단군제천처로서의 언급이 《고려사》나 《세종실록》 지리지의 기록보다 앞서 있다. 또 그는 제천의 유래가 성조(聖祖)인 태조부터 내려오는 것으로, 참성초제는 그것을 이은 것이라고 했다. 결국 제천은 단군에서 고려 태조를 거쳐 지금 마니산에서의 초제까지 이어져 왔다는 것이다. 그 전통에 전성에서의 제천이 포함되는 것은 물론이다.

《삼국유사》에서 단군은 '단군(檀君)'이 아니라 '단군(壇君)'으로 기록되어 있다. 《고기》라는 책을 인용하고 있는 단군신화는 물론이고, 환웅이 지상으로 내려와 신시(神市)를 연 곳도 '신단수(神檀樹)'가 아니라 '신단수(神壇樹)'였다. 부여의 부루와 고구려의 주몽을 단군의 아들로 기록한 자료의 이름도 《단군기(壇君記)》였다. 모두 '단(壇)'을 염두에 둔 것이다.

단군(壇君)은 제사를 주관하는 사람, 제사장을 뜻한다. 참성단을 단군이 제천하던 곳이라는 '단군제천처'에서 단군 또한 마찬가지일 수 있다. 일찍이 최남선은 "단군(壇君)은 신(神)으로부터 나오는 정치·종교적 권위를 바탕으로 하는 신정제도·정교일치의 모습을 반영한 것"이라고 했다. 그는 단군왕검을 '당굴-알감', 혹은 그와 비슷한 말뜻에 대응하는 천신인 주상을 뜻한다고 했다.

▲ 고려 원종의 소릉(개성특급시 룡흥리 내동): 원종은 39년의 강도(江都) 시대를 끝내고 1270년 개경으로 환도했지만, 이후 고려는 실질적인 원의 제후국이 되어 원 간섭기에 들어선다.

흉노어에서 천자를 뜻하는 '탱리고도(撐犁孤屠)', 몽고어에서 하늘·무당을 뜻하는 '등격리(騰格里, 텅거리)'와 비슷한 것이 조선어의 '당굴'이라고 했다. '알감'이란 존장·신령을 뜻하는 '알'과 '장자'·'대인'을 뜻하는 '감'을 합친 존장자라는 뜻이라고 했다. 단군왕검을 천자·무군·주술적 주권자·사령적 군주로서 종교적인 사회의 군장이라고 파악한 것이다.《삼국유사》에서 단군·신단수 등에서는 천신족의 지배세력이 신시를 중심으로 천신이나 조상신에 대한 제사와 축제, 제단에서의 제의를 통해 사회통합기능을 수행했던 신정 형태의 고조선사회를 엿볼 수 있다고도 한다.

그러면 마리산참성에서 초제를 주관했던 원종을 이와 비교할 수 있을까? 초기 국가단계의 사회에서 왕은 정교가 분리되지 않은 존재였다. 고대국가로 접어들면서 전문적인 종교직능자가 생겨 정치와 종교가 분리되어가지만, 이들의 완전한 분리는 가능하지 못했다. 중세사회인 고려시대에도 왕실의 각종 종교적 행사를 주관했던 국왕의 모습에서 사령적인 군주를 떠올릴 수 있다. 특히 초제가 하늘을 대상으로 한 것이고, 친초란 국왕이 직접 하늘에 제사하는 행위였다. 여기서 국왕은 종교적인 직능을 겸비한 존재였다. 야단(野壇)이었던 마리산참성에서 새벽녘에 초제를 주관했을 국왕 원종은 이런 점에서 단군(壇君)과 비교될 수 있지 않을까.

2. 신니동(神泥洞)을 찾아서

신니동가궐의 창건

신니동은 고종 말 원종 초에 강화에 지어졌던 임시궁궐인 가궐이 있던 곳 중 한 곳이다. 1259년(고종 46) 4월 고종은 삼랑성과 신니동에 가궐을 짓도록 명했다. 5년 후인 1264년(원종 5) 6월 원종은 이곳에 행차하여 대불정오성도량이라는 밀교 계통의 법회를 열었다. 불정(佛頂)이란 부처님의 몸 중에 제일 중요하게 여겨지는 정수리에 있는 육계(肉髻)를 가리킨다. 이와 관련된 〈불정존승다라니경〉 등을 암송하며 하늘의 오성(五星)에게 복을 비는 행사를 대불정오성도량이라고 한다.

신니동에 가궐을 짓도록 건의하고 이를 주도한 사람은 백승현이었다. 그는 앞에서 이야기한 것처럼 연기업의 실행을 고종과 원종에게 건의했다. 그것은 개경으로의 환도와 국왕의 입조를 압박했던 몽고에 무기력했던 현실에서 숨통을 터주는 것이었다. 혈구사에 행차하거나 국왕의 옷과 허리띠를 옮겨놓고 대비로자나불을 모시는 대일왕도량과《법화경》법회를 열고, 삼랑성과 신니동에는 가궐을 지어 대불정오성도량을 개최하며, 마리산참성에서 직접 초제를 지내는 것이었다. 그렇게 하면 3

개월 안에 응답이 있어 몽고에 입조하지 않아도 되고, 몽고가 오히려 고려에 조공을 바칠 것이라고 하였다. 그 뒤에는 무인집정자 김준이 있었다.

혈구사는 혈구산 동쪽 정상 부근인 강화 선원면 선행리에 있는데, 위아래로 2단의 축대가 남아 있다. 삼랑성가궐은 길상면 온수리에 있는 삼랑성 안에 자리를 잡은 전등사 경내에 있다. 역시 그 터가 남아 있다. 혈구사나 삼랑성가궐의 위치에 대해서는 다른 의견이 없다.

하지만 신니동가궐의 위치에 대해서는 다시 살펴볼 부분이 있다. 대체로 선원면 지산리에 있는 선원사터 또는 그 안에 있던 부속건물로 추측하고 있다. 그곳이 신지동으로 불린다는 것이 주요 근거이다. 또 신지(神智)는 12세기 초인 숙종 때 남경 건설의 이론을 제공했던 도참 관련 자료 중 하나였던 《신지비사》의 작자로 알려진 신지(神誌)라는 선인으로 추정되기도 했다.

이와 달리 필자는 마니산의 '마니'와 신니동의 '신니'에 착안하여 신니동가궐이 창건되기 2개월 전인 1259년 2월에 지어진 마리산이궁과 신니동가궐이 같은 곳일 것이라는 견해를 밝힌 바 있다. 마리산이궁과 신니동가궐의 건립시기가 2개월 밖에 차이가 나지 않는다는 문제가 있기는 하다. 그러나 이 역시 백승현의 제안에 따라 건립되었다. 그의 도참설은 혈구산·삼랑산·마리산을 잇는 일정한 지역 범위에서 제안되었다고 추측되기 때문에 신니동가궐도 그 안에서 찾아야 한다는 생각에서였다. 또 이궁은 별궁과 비슷한 개념으로 고려 전기 이후 지속적으로 사용되었지만, 가궐은 고종 말 원종 초에 국한해서 확인된다. 이궁이 창건된 후 비교적 오랫동안 운영된 것에 비해 가궐은 임시적으로 운영되어 기존 건물을 수리 또는 보완해서 사용되었을 것으로 추측된다.

그런데 982년(성종 1) 최승로가 성종에게 올린 28조에 달하는 장문의 건의에서 강화의 신지(新池)·혈구·마리산에 설치되어 있던 어량이 불교의 방생소로 운영되고 있다는 폐단이 지적된 바 있다. 여기에서의 '신지'가 신니동의 '신니'와 관련이 있을 수 있다고 추측된다. 고대부터 고려 전기까지 강화의 역사문화적인 환경 아래 두 곳이 같은 곳을 가리킬 가능성에 대해 이야기하려고 한다.

고구려의 혈구, 신라의 해구와 혈구진

강화는 고구려 때 혈구였다. 갑비고차였다고도 한다. 그 뜻을 자세히 알 수 없지만, '갑비'는 '혈'에, '고차'는 '구'에 대응된다는 해석도 있다. 이곳에는 혈구군이 설치되어 고구려의 서남해에 위치하며 백제 또는 신라와 접경을 이루고 있었다. 섬이었기 때문에 혈구도라고도 불렸다. '혈구'라는 이름은 이곳을 둘러싼 해안지형이 울퉁불퉁한데서 비롯된 것으로 추측된다.

혈구군은 3개의 현을 관할했는데, 동음나현(또는 休陰), 고목근현(또는 達乙斬), 수지현(首知縣 또는 新知)이었다. 이곳은 고구려 때부터 혈구군을 중심으로 3개 현이 속해있던 체제였다. 신라가 통일한 이후에도 혈구의 이름은 그대로 유지되었다. 하지만 그 위상은 군에서 현으로 강등된 것으로 여겨진다. 혈구현이라는 이름이 확인된다. 고구려 지방제도에서의 혈구군이 신라 지방제도에서 혈구현으로 바뀐 것이다. 신라는 757년(경덕왕 16)에 당나라 제도를 본 따 전국의 지방행정제도를 개편했다. 이때 혈구현은 해구군으로 바뀌어 군으로 다시 승격했는데, 대체로 "바다로 들어서는 입구"라는 뜻이다. 그러면서 고구려 때 혈구군에 속해 있던 3개 현도 관할하게 되었다. 고구려의 동음내현이었던 호음현(하음현), 고목근현이었던 교동현, 수지현이었던 수진현(守鎭縣, 진강현)이 그곳이었다.

그렇지만 해구의 옛 이름이었던 혈구는 여전히 사용되곤 하였다. 844년(문성왕 6) 8월 해구군에 군사시설인 진이 설치되었는데, 그 이름은 혈구진이었다. 이곳을 관할하는 장관은 진두(鎭頭)였는데, 아찬 계홍이 임명되었다. 아찬은 신라의 관등체계에서 6두품이 받을 수 있는 최고 관등인 6등급이었다. 서해안을 중심으로 중국과의 교역에서 안정성을 확보하고, 이 일대에서 활동하던 지방세력을 견제하려는 목적이었을 것이다. 특히 829년 당시 서해안의 주요 교역로였던 당성진에 8등급이었던 사찬이 파견되었던 것과 비교하여 783년에 패강진(大谷鎭)의 군주로 파견된 체신과 같은 등급인 아찬을 혈구진에 파견하고 있음이 주목된다. 혹 신라의 대중국 교역의 중심지가 9세기 전반의 당성에서 중반에 혈구로 바뀐 상황을 반영하는 것은 아닐지 모르겠다.

왕건 세력과 혈구성(穴口城)

그런데 9세기 중엽 무렵 혈구진 일대는 예성강을 중심으로 해상세력으로 성장하고 있던 왕건 집안을 중심으로 재편되고 있었다. 의종 때 김관의라는 사람이 지은 《편년통록》에는 고려건국설화를 담고 있다. 이 책이 현재 전해지지 않지만, 거기에서 인용한 《고려사》의 〈고려세계〉에 그런 사실을 전하고 있다. 서해용왕의 맏딸 저민의와 결혼한 작제건이 옻칠한 배에 일곱 가지 보물과 돼지를 싣고 바다를 건너 순식간에 해안에 닿아보니 창릉굴 앞 강가였다. 배주의 호족인 류상희 등이 그 말을 듣고는 "작제건이 서해용녀를 처로 삼고 돌아왔으니 참으로 큰 경사"라고 치하하면서 개주·정주·염주·배주와 강화현·교동현·하음현의 백성들을 데리고 와서 영안성을 쌓고 궁실을 지어 주었다고 한다.

이 이야기는 왕건의 할아버지인 작제건에 대한 것이다. 여기에서 그는 당나라 숙종의 아들로 등장한다. 당 숙종은 황제에 오르기 전에 산천을 유람하면서 753년(경덕왕 12) 봄에 바다를 건너 신라로 와서 예성강의 서쪽 포구에 도착했다고 한다. 충선왕 때 민지가《벽암록》등을 인용하여 지은《편년강목》에는 9세기 전반인 당 선종으로 밝히고 있다. 송악산에 올랐다가 보육의 집에 묵게 된 그는 보육의 둘째 딸 진의와 관계하고 돌아갔는데, 진의는 후에 작제건을 낳았다. 작제건은 16세 때에 아버지를 찾기 위해 상선을 타고 중국으로 가던 중에 치성광여래로 변신한 늙은 여우 때문에 괴로워하던 서해용왕이 도와달라고 요청하자 화살로 여우를 쏘아 죽였다. 서해용왕은 고마움의 표시로 자신의 맏딸인 저민의를 작제건과 혼인시켜 그들은 함께 예성강으로 돌아왔다.

여기에서 보이는 서해용왕은 예성강·임진강·한강이 합류하는 서해안 일대에서 중국과의 교역을 관장하던 해상세력을 상징하는 것으로 여겨진다. 그 서해용왕의 맏딸 저민의와 작제건의 결혼은 이 일대의 세력이 작제건 일가에게 들어왔다는 사실을 보여준다. 특히 개주·정주·염주·백주와 함께 혈구진에 속해 있던 해구현·교동현·하음현의 백성들이 작제건이 살 영안성을 쌓고 궁실을 짓는데 동원되었다. 이것은 9세기 중엽부터 예성강 일대는 물론 혈구진이 신라의 군사적인 통제권과 달리 실제로는 작제건 세력의 영향력 아래에 있었음을 의미한다.

896년 궁예는 철원에 도읍을 정하고 내외 관직을 설치하며 자신의 세력을 국가체제로 정비했다. 여러 지역의 호족들도 복속했는데, 영안성을 중심으로 활동하던 작제건의 아들인 왕릉도 포함되어 있었다. 궁예는 다음해인 897년(효공왕 1)에 한강 하류지역으로 세력을 확장했다.《삼국사기》에서는 궁예가 혈구성을 공격하여 깨뜨렸다고 했다. 그 범위에 김포 일대의 공암성·검포성 등도 포함되어 있었다. 궁예가 신라 변경의 군진이었던 혈구진을 공략한 것으로, 배후에 예성강 일대의 호족이었던 왕릉과 왕건의 역할이 있었던 것으로 짐작된다. 부소갑(扶蘇岬 후에 開州)을 중심으로 정주·염주·백주 등 서해안 일대의 대호족으로 성장한 왕건 세력은 그 범위를 한강 하류 일대까지 확장했다. 그러나 9세기 말까지는 혈구진을 중심으로 하는 신라의 변경체제도 일정하게 작동하고 있었다. 그런데 897년 왕건을 앞세운 궁예가 혈구성을 공격하여 빼앗음으로써 신라의 혈구진은 무너지고, 그 일대는 궁예의 세력 범위로 흡수된 것으로 보인다.

고구려의 혈구군, 신라의 해구군과 혈구진에 속해있던 강화는 고구려 때부터 1군 3현 체제로 운영되었고, 9세기 중반 이후에는 신라의 군진체제에 속해 있었다. 고구려 때는 혈구군과 여기에 속한 동음나현·고목근현·수지(신지)현이 있었고, 신라 때는 해구군과 여기에 속한 호음현·교동현·수진현이 있었다. 여기에서 고구려 때 혈구군에 속해 있던 수지현의 다른 이름이 신지였다는 사실은 유의할만하다. 한편 후대에 참성단이 축조되었던 마리산참성은 이른 시기부터 군사요새로서 기능했을 것으로 추측된다. 5세기 초 고구려 군대의 남하에도 이곳은 뱃길로 이용되었기 때문이다. 하지만 이에 대한 증거는 발견되지 않는다.

고려 전기의 갑곶

고려가 건국되면서 이곳은 강화현으로 재편되었다. 그 시기를《고려사》에서는 '고려 초'라고 밝히고 있는데, 대략 궁예가 집권하던 시기부터 고려가 후삼국을 통일한 936년(태조 19) 사이라고 짐작된다. 궁예가 혈구성을 공략했던 897년 직후일 가능성도 없지 않지만, 확실하지 못하다. 강화의 '강'은 어느 특정의 강을 가리키기보다 이곳이 예성강·임진강·한강이 합류하는 곳이라는 점에서 3개의 강을 아우르고 있다고 보이며, '화'는 섬의 지형과 해안이 일정하지 못하고 들쭉날쭉한 모양을 하고 있었기 때문에 붙여진 것으로 추측된다.

강화는 고려 건국 이전부터 왕실과 밀접한 관련이 있었다. 일단 도읍이었던 개경과 지척이었다. 왕경을 지지하는 개성부의 직할이었던 정주의 승천포와 1.5km 정도의 물길을 사이에 두고 있다. 강화는 고려의 경기에 포함되지 않았지만, 개경과 1일 생활권이었다. 특히 서남해에서 뱃길로 개경에 가기 위해서는 반드시 강화를 거쳐야 했다. 이 때문에 강화는 대내외적인 측면에서 개경의 관문이었다. 또 고구려와 신라의 지방제도를 계승하여 고려에서도 강화현은 하음현·진강현·교동현을 관할했다.

강화가《고려사》에 처음 보이는 때는 1067년(문종 21)이다. 정월 대보름을 갓 지낸 19일 고려 최대의 사찰인 흥왕사가 2,800여 칸의 규모로 완공되었다. 무려 12년의 대역사였다. 문종의 적극적인 추진으로 그곳에 있던 덕수현을 양천으로 옮기면서까지 추진되었다. 북쪽 변경의 북계와 동계에서도 철을 공납받아 건축에 사용하여 백성들의 피로가 말이 아니었다. 왕족들의 경제를 관리하던 경창원에 딸린 토지까지 흥왕사로 돌려 재상들이 모인 국정 최고의 정무기관인 중서문하성의 항의까지 있었다. 그런 흥왕사가 완공된 것이다.

이를 축하하기 위해 5일 동안의 연등대회를 열었다. 문종은 칙령을 내려 궁궐에서부터 흥왕사까지의 길을 온갖 색깔의 실·종이·천 조각으로 장식하여 비늘이 잇닿은 것처럼 즐비하게 이어지게 했다. 만국기를 매단 모습이었을 것이다. 또 국왕이 지나는 길 좌우를 대낮같이 비추게 했는데, 여기에는 산 모양의 등롱과 나무에 꽂은 등불이 사용되었다. 준비에는 안서도호부·개성부·광주·수주(수원)·양주·동주(철원)·수주(부천)·장단과 함께 강화현의 백성과 재물이 동원되었다. 중앙인 개경과 지방인 강화의 관계가 고려 초 이후 지속적으로 이어졌음을 보여주는 사례이다.

강화라는 지명이 사용되기 전에는 갑곶이라는 지명이 확인된다. 태조 사후에 혜종과 정종·광종 세력 간에 벌어진 권력다툼에서 밀려나 강화에 유배되었다가 죽임을 당한 박술희와 왕규의 일에서이다. 이들은 태조의 고명대신으로, 박술희는 세력이 없던 7세의 어린 왕무를 정윤(正胤)으로 삼으려는 태조의 뜻을 받들었다. 943년(태조 26) 4월에는 태조에게 훈요를 넘겨받고 태자를 옹립하여 보좌해달라는 유명을 받들었다. 왕규도 태조를 도운 건국공신으로 두 딸을 태조의 비로 보낸 바 있다. 또 다른 딸인 후광주원부인은 태자와 혼인시켰다. 5월에는 왕무를 옹립하라는 태조의 유조(遺詔)를 받들어 혜종의 후원자 역할을 했다.

그런 그들이 945년(혜종 2) 이후에 왕위에 오른 정종·광종 세력과의 권력다툼에서 패배하여 갑곶으로 유배되었다. 박술희는 그해 9월 왕규에게, 왕규는 그 직후 정종 세력에게 죽임을 당했다. 박술희·왕규가 유배되었던 갑곶은 현재와 같은 강화의 특정 지명이 아니라 넓은 범위에서 강화를 가리키는 것으로 짐작된다. 그것이 '갑비고차'의 또 다른 표현이기 때문이다. 개경과 강화를 이어주는 교통로는 뱃길이 유일했지만, 지근거리였다. 강화에서 일어나는 일들은 즉시 개경까지 전달될 수 있었다. 이런 이유에서인지 몰라도 강화는 고려 초부터 권력다툼에서 밀려난 호족의 유배지로 이용되었다. 왕실의 직접적인 통치 지역은 아니었지만, 통제가 가능한 가시권에 있었기 때문이다.

신지현(진강현)의 호족 사간 견환(堅奐)과
승려 산인 월지(越志)

신라 말 형성된 선종의 하나인 사자산문의 실질적인 개창자는 절중이라는 승려였다. 그의 비문은 그가 죽은 지 20여 년 후인 924년에 신라 말 삼최(三崔) 중에 한 사람으로 알려진 최언위가 지은 것으로 유명하다. 또 탑비는 20년 후인 944년(혜종 1) 6월에 강원도 영월의 흥녕사에 건립되었다. 왕규가 처형되기 바로 직전이다. 〈흥녕사징효대사탑비〉가 그것이다.

이 비석의 건립에는 많은 호족이 시주자인 단월로 참가했는데, 70여 명의 명단이 뒷면에 새겨져 있다. 그중에는 태조의 15·16비인 광주원부인·소광주원부인의 아버지인 좌승 왕규를 비롯하여 3대와 4대 국왕으로 즉위한 왕요(정종)와 왕소(광종) 등《고려사》에서 확인되는 인물만 해도 상당하다. 태조의 23비인 월화원부인의 아버지인 정광 영장, 8비인 정목부인의 아버지인 대승 왕경, 3비인 신명순성왕후의 아버지인 류긍달로 추정되는 소판 긍달, 후백제와 마지막 결전인 일리천 전투에 참전했던 좌승 왕렴과 원보 관헌, 명주 호족 김순식의 아들로 서북 지방의 안정을 위해 안정진 등을 설치하고 왕규·박수문 등과 함께 태조 사후에 태자를 부탁받았던 해찬 염상, 신라 경순왕의 입조에 대한 실무를 맡았던 한헌옹으로 추정되는 원윤 헌옹 등이 그들이다.

명주·원주·죽주·공주·제주 등의 호족도 단월로 참여했는데, 그들과 함께 신지현(新知縣)의 호족으로 짐작되는 사간 견환과 승려인 산인 월지가 확인된다. 여기서 신지현은 고구려 때 혈구군에 속해 있던 수지현의 다른 이름이 '신지(新知)'였다는 사실에서 신라의 수진현, 즉 고려의 진강현이었음이 틀림없다. 신지현의 호족이었던 견환은 다른 자료에서 확인되지 않는데, 신라식 관등체계에서 8등급인 사찬을 가리키는 사간으로 기록되어 있다. 물론 고려 초에 신라식 관등이 가지는 의미가 크지 않았겠지만, 혈구진의 장관인 진두가 6등급이었던 아찬이었던 것과 비교할 수 있다. 신지현은 혈구진에 속한 군현이었기 때문이다. 또 견환의 출신 지역으로 신라나 고려의 이름이 아니라 고구려 때의 것이 사용되고 있는 것도 주목할 부분이다. 고구려 지역 이름에 신라식 관등체계가 사용되고 있는 것이 확인된다. 고려 초까지만 하더라도 강화에서는 고구려와 신라적인 요소들이 섞여서 작용하고 있었음을 보여준다.

월지도 견환과 마찬가지로 신지현 출신으로 기록되어 있다. 그도 다른 기록에서 확인되지 않는다. 다만 산인(山人)이었다고 밝혀져 있는데, 산인이란 승려를 가리킨다. 〈징효대사탑비〉의 단월로 신지현의 불교 세력도 함께 참여했다는 것을 뜻한다.

이 탑비의 건립에 신지현(진강현)의 호족과 불교 세력이 참여한 배경에 대해서는 자세하게 알 수 없다. 다만 왕요와 왕소 등 왕실 세력이 직접 참여하고 있는 국가적인 행사에 신지현이 포함되고 있다는 점에서 그 관계의 일부분을 짐작할 수 있다.

▲ 영월 흥녕사 징효대사탑비(944년, 보물): 이 비의
건립에는 강화의 호족인 견환과 승려인 월지 세력
이 참여하였다.

정주 호족이 대표가 되어 작제건을 위해 영안성을 쌓을 때, 강화에서는 해구군을 포함하여 교동현·호음현(하음현)의 호족들이 참여했다. 이때 해구군에 속해 있던 수지현(신지현)의 호족은 확인되지 않는다. 이와 비교하여 944년 있었던 〈징효대사탑비〉의 건립에는 강화를 포함한 3개 군현이 제외되고, 오직 신지현만 참여했음이 확인된다. 영안성과 〈징효대사탑비〉의 건립은 약 100여 년 사이를 두고 있었던 일이다. 그 사이에 이 지역의 호족 세력 판도가 변화한 모습을 보여주는 것은 아닐까.

왕실의 어량(魚梁), 신지·혈구·마리산

고려 초부터 강화 일대는 왕실의 어량으로 사용되었다. 개경과 가깝다는 지리적인 여건이 우선 고려되었기 때문이다. 호족 세력과 권력다툼에서 우위를 차지하기 위해 광종은 참소를 믿고 사람을 많이 죽였기 때문에 스스로 죄악을 씻고자 공덕재회를 널리 베풀고, 방생하는 곳을 많이 설치했으며, 근처 사원에 나아가 불경을 강연하게 했다고 한다. 이때 광종이 설치한 방생소와 불경을 강연한 사원은 강화에도 있었다. 이 사실은 982년(성종 1) 6월 최승로가 올린 시무 28조에서 확인된다.

두 번째 항목에서는 광종 때부터 시작된 불교의 공덕재를 지나치게 지내는데서 발생하는 폐해를 지적하며, 이를 중지할 것을 건의했다. 여기에서는 그 하나로 "신지(新池)·혈구·마리산 등의 어량을 방생하는 장소로 삼았고, 1년에 4번씩 사자를 보내 그곳의 사원에서 불경을 개설하게 했다"는 것이 지적되었다. 혈구가 강화의 옛 이름이었음은 앞에서 살펴본 바와 같고, 마리산은 다름 아닌 강화현의 진산(마니산)을 말한다. 그렇다면 신지는 어디일까? 이와 관련해서는 〈징효대사탑비〉에서 확인되는 신지현, 고구려의 수지현, 즉 고려의 진강현을 가리키는 것이 틀림없다. 강화는 개경과 가깝다는 지리적인 이점을 가지고 있어 일찍부터 강화 전역에 왕실의 해(수)산업과 관련한 신지·혈구·마리산의 어량소 3곳을 운영했던 것으로 보인다.

광종은 또 강화의 사찰에 계절마다 사신을 보내 각종 불법도량을 열었다고 한다. 역시 물고기를 방생한 후 공덕을 빌기 위한 불교행사였다고 짐작된다. 그 사찰들이 어느 곳인지 밝혀져 있지 않다. 《동국여지승람》에서는 강화의 사찰로 전등사 등을

▲ 혈구사 터 석축: 고종은 강화에서 살던 어린 시절에 혈구사에서 문수보살의 현신을 체험한 바 있고, 승하하기 직전에도 우부승선 정세신(鄭世臣)을 혈구사로 보내 간접 체험을 했다고 한다.

비롯하여 마니산·고려산·진강산·송악산 등에 있는 사찰들을 소개했다. 하지만 이들의 대부분은 강화로 천도한 13세기 중엽 이후에 세워진 사찰들이어서 광종이 열었던 불법도량과 거리가 있다. 그런 가운데 13세기 초·중반 고종이 어린 시절부터 관련을 맺고 있었고, 원종이 대일경을 중심으로 대일왕도량을 열었던 혈구사가 그 범위에 포함될 수 있을지 모르겠다.

강화 어량에서 수확되던 해(수)산물

송나라 사신단으로 1123년(인종 1) 개경에서 1개월을 머물렀던 서긍은 귀국보고서인 《선화봉사고려도경》에서 자신이 목격한 고려의 어업에 대해 설명한 바 있다. 고기잡이는 썰물 때 섬에 배를 대고 하는데, 성긴 천으로 만든 그물을 사용하기 때문에 물고기를 많이 잡지 못했다고 한다. 굴·대합 같은 것들은 연안에 지천이어서 물이 빠진 후에 주워도 끝이 없다고도 했다. 주로 잡히는 어종은 미꾸라지·전복·조개·진주조개·왕새우·대합·붉은게·굴·거북이다리·미역·다시마 등으로 귀천을 가리지 않고 잘 먹었다고 한다. 어량에서 잡히는 이런 해산물들은 왕실이나 귀족들의 수요를 맞추기 위해 우선 어량세(魚梁稅)로 납부하고, 나머지가 그곳 백성들의 생계가 되었다. 가난한 백성들이 해산물을 많이 먹는다는 서긍의 설명은 이것을 말한다.

100여 년이 지난 후 최자가 지은 《삼도부》에서는 강화의 해안과 언덕에 강상(江商)·해고(海賈) 같은 해(수)산물을 다루는 상인, 물고기를 잡는 어부, 소금을 만드는 염부의 집들이 올망졸망 모여 있다고 했다. 해안을 따라 즐비하게 늘어서 해(수)산물과 관련한 생업에 종사하는 백성의 삶이 담겨 있다. 강화로 천도한 후의 모습이어서 상황은 전기와 많이 달라졌겠지만, 해안을 따라 즐비하게 들어선 어촌의 모습을 상상하는 것은 어렵지 않다. 여기에서 강화 백성은 어량을 중심으로 생활해 갔을 것이다. 그는 또 강화 연안에서 잡히는 물고기로 미꾸리·암치·방어·가물치·날치·모래무치·메기·잉어·오징어·장어·전어·상어 등을 들었다. 서긍이 조개와 해초류를 중심으로 서해안의 해(수)산물을 설명하고 있는 반면에, 최자는 민물과 바닷물에서 잡히는 어류를 중심으로 강화의 해(수)산물을 소개했다. 강화가 예성강과 임진강·한강이 합류하여 서해와 만나는 해구, 강문이었기 때문이다.

《세종실록》지리지에서는 강화에 2곳의 어량이 있고, 홍어·숭어·민어·쌀새우·대합·미네굴·굴이 난다고 했다.《동국여지승람》에서는 강화의 해산물로 홍어·쌀새우·조개·미네굴·굴·낙지·소라·부레·숭어·보리새우·맛조개·해파리·참조기·게·청게 등을 소개했다.《삼도부》·《세종실록》지리지·《동국여지승람》에서 어종이 차이가 있지만, 이들은 고려시대부터 신지·혈구·마리산에서 잡혔던 해(수)산물이었을 것이다.

강화의 어량과 왕실의 길지(吉地)

강화에는 왕실이나 조정에서 필요한 해(수)산물을 생산·공급하는 어량소가 설치되어 있었다. 광종 이전부터 운영되었을 신지·혈구·마리산의 어량소는 왕실에 직속되어 국가에서 운영상황을 파악하고 있었을 것이다. 이곳 어량을 폐쇄하고 방생소로 운영했다는 사실에서 그 성격을 짐작할 수 있다. 견환 같은 호족과 월지 같은 불교 세력들 역시 어량 운영을 중심으로 활동했을 것이다. 여기에 소속된 백성이 잡은 해(수)산물은 왕실 또는 소속기관에 직납되었을 것이다.

강화의 어량이 방생소로 운영되고 있다는 사실이 최승로에게 지적된 후, 이곳 어량 3곳은 다시 광록시(光祿寺, 문종 이후 司宰寺)에 소속되어 어량소로 운영되었을 것이다. 그런데 어량소의 이름이나 위치가 기록에서 보이지 않는다. 《세종실록》지리지에는 2곳의 어량이 있었다는 사실만 확인될 뿐이다. 고려시대 소(所)와 마찬가지로 특수행정구역이었던 향(鄕)의 경우에는 진강현 서쪽 5리에 해령향이 확인되는 것과 차이가 있다. 고려 전기까지 신지·혈구·마리산에서 운영되었던 어량은 이후 2곳으로 축소된 것으로 보인다. 그 시기가 언제인지 알 수 없지만, 그 배경에는 천도로 도읍이 된 강도의 행정체계가 크게 변화했던 것과 무관하지 않을 것이다.

그런데 3곳의 어량은 고종·원종 때 몽고와의 관계에서 도참설에 기반하여 강도에서 왕업을 연장할 수 있는 길지인 혈구사·신니동가궐·삼랑성가궐·마리산참성과 관련하여 주목된다. 혈구사=혈구, 마리산참성=마리산은 두말 할 것 없지만, 신니동은 신지(新池)를 가리킨다고 보이기 때문이다. 특히 진강현이 고구려 때 수지현이었고 신지가 또 다른 이름이었다고 할 때, 신니(神泥)=신지(新池)=신지(新知)=수지(首知)는 고려시대의 진

▲ 진강산: 신지현(진강현)의 진산이었을 것으로 짐작되는데, 신니동가궐은 이 주변에 있었을 것이다.

▲ 고려 후기 강화도 지형(○ 혈구사, 신니동, 삼랑성, 마리산참성):『신편 강화사』(2003)에서 재인용

강현을 가리키는 것이 분명하다. 신니동가궐의 입지를 선원사 또는 마리산 이궁이 아닌 신지현(진강현)에서 찾아야 한다는 것을 뜻한다.

이런 측면에서 진강현의 고구려 때 군현명이 수지현이었고, 신지현으로도 불렸다는《삼국사기》의 기록은 의미가 있다. 1259년(고종 46)부터 1264년(원종 5)까지 강화에서 도참설에 기대어 왕실의 연기지(延基地)로 비정되었던 길지에는 고구려부터 고려 전기까지 이어져 온 강화의 역사문화전통이 배경이 되고 있었다. 신니동가궐의 위치는 신지현이었던 진강현, 현재 진강산이 펼쳐져 있는 양도면 일대에서 새로 찾아야 한다.

원종이 마리산참성에서 초제를 지낼 때, 일연과 이승휴는 강도(江都)에서
백승현의 현란한 연기업을 지켜보고 있었다. 삼랑성·신니동·혈구사에서 개최되는
대불정오성도량·대일왕도량과 마리산참성에서 국왕이 설행하는 초제도
들어서 알았거나, 혹 그중에 일부는 참여했을지 모르겠다.

5장
—

강도(江都)에서
일연과 이승휴는
무엇을 했나?

1. 연기업을 둘러싼 공방

1264년 국왕 입조(入朝)에 대한 공방

1264년 5월 8일 고려 국왕에게 입조하라는 몽고황제의 조서가 도착하자 이를 두고 재상회의에서 격론이 벌어졌다. 이에 앞서 1263년 12월 20일에 정기인사가 있었는데, 이때 이장용은 수태부 판병부사 태자태부, 류경은 수태보 참지정사 태자태보, 김준은 수태위 참지정사 판어사대사 태자소사, 김전은 수사도 지문하성사 태자소부, 박송비는 수사공 좌복야 태자소보로 임명되었다. 이들이 재상회의의 멤버였다.

이장용(1201~1272)은 고려 최대의 문벌 중 하나인 인주이씨로 1218년(고종 5)경 과거에 급제했다. 몽고와 3차 전쟁 중에는 강화(講和)를 위한 외교문서를 작성했다. 그의 외교적인 안목은 이런 과정에서 형성되었다. 무인집정자였던 최의를 사위로 두었지만, 김준의 집권에도 무사했다. 1261년(원종 2) 몽고에 입조하는 태자 왕심을 모시고 하북성의 카이펑에 가서 쿠빌라이를 알현하고 몽고 관료와 현안에 대해 논의한 바 있다.

류경(1211~1289)도 과거 출신으로 최항 집권기에 신임을 받아 오랫동안 정방에 있었다. 김준과 함께 최씨무인정권의 마지막 집권자였던 최의를 무너뜨리고 형식적이나마 왕정복고를 이끌었다. 이때부터 정방을 국왕의 거소인 편전에 두어 인사권을 장악하고 국무를 결재했다. 말년에 병으로 고생했던 고종이 1259년 6월 그의 집으로 옮겼다가 거기에서 죽었다. 고종의 고명대신으로 태자(원종)가 바로 즉위하지 못하는 상황에서 태손(후에 충렬왕)이 나랏일을 맡도록 국정을 관리하였다. 3차례의 과거를 주관했고, 천거를 통해서도 인재를 선발하기도 했다. 1264년에는 부인의 상중이었던 것으로 짐작된다.

　김준(?~1268)은 최우에게 발탁되었다가 최항이 집권하면서 별감이 되었다. 1258년 류경·박송비와 함께 최의를 제거하고 정권을 잡았다. 고종이 승하했는데 몽고에 입조해 있던 태자가 당장 왕위를 잇는 것이 어려워지자 둘째 아들인 안경공 왕창을 즉위시키려다 실패했다. 이후 류경과의 경쟁에서 우위에 올라 정권을 전단하며 국왕 입조에 대한 몽고의 요구를 거부하기 위해 연기업을 실행했다. 국왕의 입조가 결정되자 7월 말에 《인왕반야경》의 신역본과 구역본을 각각 102부씩 인쇄하고, 법보의 위엄을 장식할 사자 모양의 고좌(高座) 백개를 만들어 채색의 그림으로 장식하게 하여 인왕법회의 개최를 준비했다. 《인왕반야경》에는 외적의 위기에 처했을 때 하루에 2번씩 도량을 열면 효험을 볼 수 있다고 기록되어 있다고 한다. 8월 초에는 교정도감이 되어 국정을 오로지 할 수 있었고, 12일 원종이 몽고로 떠나면서 돌아올 때까지의 국정을 총괄하는 감국(監國)의 명을 받았다.

1262년 12월부터 몽고는 향후 남송과 일본 원정 등을 준비하기 위해 고려에 이른바 6사(六事)를 요구했다. 인질 파견, 호적작성, 우역(역참) 설치, 병력 동원, 군량 수송, 군비 비축이 그것이다. 하지만 이에 대한 고려의 대응이 미진했고, 당초 고려에서 요청했던 3년간의 개경복구공사 후 환도도 기간이 지나 몽고로서는 더 이상 고려를 믿지 못했다. 이것은 쿠빌라이가 직접 챙겼던 사안이었다. 다급해진 김준 정권은 1263년 4월 몽고에 그간의 사정을 설명하고 그것들을 조속히 챙기겠다는 표문을 보냈다. 이런 상황에서 1264년 5월 국왕의 입조라는 조서가 접수된 것이다.

몽고의 입장에서 정복한 나라의 복속을 확인하는 방법으로 해당국 군주의 입조는 가장 적극적인 조치이기도 했다. 이것은 고려에만 해당하는 사안이 아니었다. 이를 수용하지 않는 것은 불복을 뜻했기 때문에 군사 행동이 뒤따랐다. 몽고가 1219년 강동성에서 고려와

▲ 쿠빌라이 카안 초상: 쿠빌라이(세조)는 몽고 역사에서 시조인 징기츠칸과 함께 추숭되는 황제이다. 그는 딸을 충렬왕의 왕비로 삼게 하여 고려가 원나라와의 관계에서 부마국이 되도록 했다.

처음 접촉한 이후 계속 국왕과 무인집정자, 때론 태자까지 입조를 요구한 것은 이런 배경을 가지고 있었다.

그렇지만 고려에서는 입조하면 안 된다는 것이 중론이었다. 입조했다가 변고가 생기면 안 된다는 김준의 말은 이를 대변한다. 태자로서의 입조와 국왕으로서의 그것은 달랐다. 그런데 유독 이장용만은 입조해야 한다고 했다. "국왕이 입조해서 황제를 뵈면 화친이 이루어질 것이지만, 그렇지 않으면 틈이 생길 것이다. 필경 아무 일도 없을 것이지만, 변고가 생기면 내 처자식을 죽여도 좋다". 이장용의 말이다. 그리고 그는 3년만에 원종을 모시고 몽고행을 했다. 원종으로서는 4년만이었다. 이장용이 앞서 카이펑에서 알현했던 쿠빌라이 및 막료와의 만남에서 그 분위기를 어느 정도 알고 있었기 때문에 가능했을 것이다.

연기업에 대한 관료들의 입장

몽고의 국왕 입조 요구를 논의한 재상회의에서 백승현의 연기업에 대한 찬반 논의가 있었다. 그렇다면 재상들의 입장은 어떠했을까? 일단 연기업은 김준을 통해 국왕에게 전달되었다. 이로 미루어 그는 적극 찬성했을 것이다. 사실 이 연기업은 국왕의 입조를 저지하기 위한 대안으로 김준이 앞서 실패했던 연기업을 재활용하여 추진한 측면이 있다.

이장용의 경우에는 입장이 확인되지 않지만, 입조를 지지하고 있었기 때문에 반대했을 것이 분명하다. 그런데 국왕의 입조를 이장용만 찬성했다는《고려사》의 기록을 참고할 때, 대부분의 재상은 김준의 의견을 좇거나 입장을 유보했던 것으로 짐작된다. 국왕은 내시대장군 조문주와 국자감의 교수였던 좨주 김구, 장군 송송례 등에게 명해 가궐을 짓게 했다. 따라서 이들은 연기업에 찬성했거나 최소한 유보적인 입장을 지녔던 것으로 짐작된다. 이장용 또한 연기업에 반대했지만, 국왕이 중심이 되어 실행하는 데는 마지못해 참여했을 것이다.

조문주(?~1269)는 1258년 최의를 제거할 때 단위부대의 지휘관인 지유로 참여한 공으로 장군에 발탁되었다. 최의의 제거와 출륙 계획을 몽고에 알리기 위해 장군 박희실, 산원 박천식과 함께 몽고에 다녀온 바도 있었다. 1259년 3월에는 태자 입조에 대한 몽고의 요구를 연기하려고 박희실과 다시 사신으로 갔다가 돌아왔고, 1260년 3월에는 급사중으로 태손이 지휘한 환도 계획에 참여하여 출배도감의 일원이 된 바 있다. 송송례(1207~1289)는 백승현의 연기업과 관련한 기록에 장군으로 처음 확인되는 인물로 그 이전의 이력은 확인되지 않는다.

김구(1211~1278)는 강화로 천도하던 1232년에 김인경과 김태서가 지공거와 동지공거가 되어 실시한 과거에서 2등으로 급제했다. 당시 그의 문장은 유명세를 떨쳐 문한으로 이규보를 이을 인물로 최자 다음으로 꼽혔다. 1236년(고종 23) 제주판관으로 나

▲ 김구 묘지명(1278년): 고종 말 원종 초에 몽고와의 외교문서를 전적으로 담당했던 김구는 이장용과 류경의 천거로 이부시랑이 되었다.

갔는데, 이때 최자는 제주부사로 있었다. 1240년 서장관으로 몽고에 다녀오면서《북정록》이라는 기행문을 남겼다. 이후 왕명의 출납을 담당하던 합문지후, 국학의 직강 등을 지내다가 최항이 집권하면서 관직에서 물러나 부령으로 낙향하여 10여 년을 보냈다.

1257년(고종 44) 윤4월 최항이 죽자 한림원의 지제고로 복직되었고, 1259년 태자가 몽고에 입조하자 자신이 쓴 표문을 가지고 몽고에 다녀왔다. 고종 말 원종 초 몽고와의 외교문서는 거의 그의 손에서 나왔다. 1263년 12월 이장용과 류경의 천거로 종4품에 해당하는 이부시랑이 되었고, 며칠 후에는 정4품의 우간의대부가 되었다. 사실 우간의대부는 국왕에 대한 간쟁을 담당하는 직책이었기 때문에 승려의 손자였던 그가 임명되기 어려운 관직이었다. 그의 재능 때문이기도 했지만, 그 배경에 이장용과 류경의 영향력을 생각할 수 있다. 연기업의 찬반 논쟁이 있던 1264년에는 국자좨주로 있었다.

가궐 창건의 왕명을 수행했던 세 사람 중에 이력이 확인되지 않는 송송례를 제외한 두 사람은 한두 차례 몽고에 다녀온 경험이 있었다. 그들은 비교적 몽고의 사정을 잘 파악하고 있었고, 양국와의 관계에서 고려가 어떻게 처신해야 할지도 알고 있었을 것이다. 이런 자신들에게 도참에 기댄 연기업 실행의 명이 내려진 것에 대해 한편에서 부정적으로 생각했을지 모르겠다. 그렇지만 국왕의 명이기 때문에 거부할 수도 없었을 것이다.

이와 비교하여 예부시랑 김궤는 적극 반대하고 나섰다. 그에 대해서도 잘 알려지지 않았다. 1269년(원종 10) 12월 인사에서 김구가 우복야로 임명될 때 좌간의대부에 임명되었고, 1272년 6월 판비서성사로 있으면서 동서학당을 설치할 때 별감을 맡았다는 사실이 확인될 뿐이다. 다만 그가 당시 국가의 전장제도를 총괄하던 예부의 정4품인 시랑이었음을 고려할 때, 유학을 바탕으로 한 문신관료였다고 짐작된다. 그런 그에게 외교적인 일을 도참에 기댄 연기업으로 해소하려는 시도는 이치에 맞지 않았을 것이다. 그가 표명한 반대의견의 정도를 가늠할 수 없지만, 김준이 그 이야기를 듣고 베어 죽이려 했다가 그만두었다는 것으로 미루어 상당히 셌을 것으로 짐작된다.

김궤의 의견은 우복야 박송비(?~1278)를 통해 재상회의에 전달되었을 것이다. 박송비는 1258년 류경·김준이 최의 정권을 제거할 때 장군으로 참여한 공으로 대장군에 오르고, 위사공신이 되었다. 1259년에는 지금의 경상북도 영덕인 예주가 그의 고향이라고 해서 덕원소도호부로, 다시 예주목으로 승격되었다.

1262년(원종 3) 동지추밀원사 우산기상시가 되었다가 1263년 12월 인사에서 좌복야가 되어 이장용·류경·김준 등과 함께 재상회의에 참여했다. 그런데 그는 국왕이 몽고로 떠나기 전날인 8월 11일 파직되고, 그 자리에 이응소라는 사람이 임명되었다. 김준이 연기업에 반대했다는 이유로 밀어낸 것으로 추측된다.

국왕의 몽고 입조를 기양하기 위한 연기업에 반대한 관료로 이장용·김궤·박송비 등이 확인된다. 그렇지만 이들의 관계를 추측할 단서도 확인되지 않는다. 오히려 예부시랑 김궤가 그 참설이 궤변이라고 항변하고 있는 대상이 다른 사람도 아닌 박송비라는 점을 언뜻 이해할 수 없다. 그는 김준과 가까웠던 인물이라고 추측되기 때문이다. 또 가궐 창건을 책임졌던 조문주와 김구 역시 사신으로 몽고에 다녀온 경험이 있었다는 점에서 그들이 기꺼이 왕명을 수행했는지도 의문이다. 그들은 몽고의 힘을 몸소 체험했기 때문에 국왕의 입조가 이루어지지 않을 경우, 그 결과에 대해서도 예측이 어느 정도 가능했기 때문이다.

이런 측면에서 당시 상황을 이해할 수 있는 단서가 이승휴의 《동안거사집》에서 확인된다. 이를 통해 당시의 상황을 조금 더 자세하게 이야기해보기로 한다.

〈경원(慶源) 이시중이 어가를 모시고 삼랑성(杉郞城)을 돌아보며 임강선령(臨江仙令)을 지어 중흥의 조짐을 경하했다. 내가(이승휴) 삼가 그 시운(詩韻)에 따라 한 수를 지어 바친다.〉

산과 물 돌고 돌아 별천지
이루니

번창할 터전이라는 속세
의 말 또한 전해 온다네.

용이 날고 봉황 춤추는 것
모두 망연하다고 하지만

중간중간의 온갖 봉우리
모여 들었네.

한줄기 강물 활처럼 밖으
로 뻗쳐

온 세상의 물결 참으로 맑
네.

맑고 맑아 한 점의 티끌조
차 없으니

참으로 순임금 시대의 중
천(中天)이로세.

구슬을 꿴 듯한 별들이 상
서(祥瑞)로 보답하니

중흥의 사업으로 기업(基
業) 늘어났다네.

【이때 오성(五星)이 구슬을 꿴듯했기 때문에 이런 말을
했다.】《동안거사집》행록권2)

이 시는 연기업을 설행할 당시인 1264년 6월 초의 사정을 전
해주고 있다. 이때 삼랑성→마리산참성→신니동→혈구사 일정
으로 이루어진 연기업에서 삼랑성은 첫 번째 일정으로 6월 3일
의 일이었다. 시중이었던 이장용은 국왕을 모시고 삼랑성가궐
에서 대불정오성도량을 개최했다. 오성(五星)이 구슬을 꿴 듯 나
타나 상서로 보답했다는 이승휴의 인급은 이를 의미한다. 그것
은 천하의 통일, 큰 나라가 고려에 조공할 것이라는 참설의 징
조를 뜻했다. 삼랑성가궐에서의 법회 개최는 연기업의 시작이
자 3곳의 가궐에서 설행되는 법회의 중심이었다.

국왕이 주최하는 행사였던 만큼 시중을 비롯한 재추 등 많은
관료가 참여했을 것이다. 이때 이장용은 〈임강선령〉을 지어 중

▲ 삼랑성 성곽(사적) : 삼랑성은 단군이 세 아들(三郎)에게 쌓게 했다고 한다. 성안에 가궐을 지었다.

흥의 조짐을 축하했다. 임강선은 본래 당나라의 교방곡으로 물의 신선(水仙)을 대상으로 읊었기 때문에 붙여졌다고 한다. 송나라에서 전래되었다. 1116년(예종 11) 4월 예종이 서경에 행차하여 영명사에서 〈임강선〉 3편을 지어 신료들에게 보여주었다. 《고려사》악지에 그 가사가 전해지는데, 예종이 지은 것인지 알수 없다. 이장용이 지은 시는 전해지지 않는다. 국왕 입조를 홀로 주장했던 그는 연기업에 반대했을 것이다. 그런데도 국왕을 모시고 대불정오성도량에 참여하고, 중흥의 조짐을 축하하는 시를 지은 것은 그가 문무백관을 대표하는 지위에 있었기 때문이었다.

이승휴가 이때 참여했는지 확인되지 않지만, 말석에 참여했을 가능성이 있다. 그도 고려의 관료였고, 은문이었던 이장용이 이번 행사에 참여하고 있었기 때문이었다. 연기업에 거는 기대도 있었을 것이다. 뒤에 이야기하겠지만, 도참에 부정적인 인식이 있던 그에게 이번 연기업은 불가피한 것으로 여겨졌을 것이다.

강도에서의 일연과 이승휴

　　원종이 마리산참성에서 초제를 지낼 때, 이승휴는 물론《삼국유사》를 저술한 일연은 강도에서 백승현의 현란한 연기업을 지켜보고 있었다. 삼랑성·신니동·혈구사에서 개최되는 대불정오성도량·대일왕도량과 마리산참성에서 국왕이 설행하는 초제도 들어서 알았거나, 혹 그중에 일부는 참여했을지 모르겠다. 물론《삼국유사》와《제왕운기》의 저술은 연기업이 있은 지 20여 년이 지난 후에 이루어졌다. 그렇지만 연기업이 가진 일정한 분위기는 두 책의 상고사 서술과도 관련이 있다고 추측된다.

　　그들은 연기업을 어떻게 생각했을까? 그들이 이에 대해 어떤 입장이었는지 확인되지 않는다. 예부시랑이었던 김궤처럼 목숨을 내놓고 부당함을 논변했을까? 교서랑이었던 경유처럼 궤변인줄 알면서도 권력에 굴복해 마지못해 시행해야 한다고 했을까? 김준의 권력에 아부하며 적극 따랐을까? 그들은 국왕

▲ 인각사 보각국사탑비(보물): 일연의 탑비(塔碑)이지만, 파손이 심해 일부만 남아 있다. 비문은 충숙왕 때《편년강목》이라는 역사책을 저술한 민지(閔 漬)가 지었다.

이 절해고도였던 마리산 정상에서 초제를 지내는 것에서 무엇을 기대했을까? 정말로 초제가 효험을 보여 삼한이 진단으로 변하고, 몽고가 고려에 조공할 것이기 때문에 국왕이 입조하지 않아도 된다고 믿었던 것일까?

일연은 1259년(고종 46) 대선사의 승계를 제수했다. 이때 그는 개경과 강도를 벗어나 전란을 피해 포산·남해 등에서 수행에 전념했다. 그의 비명인 〈인각사보각국사비〉에서는 1261년(원종 2) 국왕의 부름을 받고 강도로 와서 선월사(禪月社)에서 설법하면서 지눌의 법을 이었다고 했다. 선월사가 어디인지 확인되지 않는다. 현재 선원면의 선원사로 추정하기도 한다. 《동국여지승람》에는 개경 송악산의 소격전 옆에 선월사(仙月寺)가 있었다고 한다. 그 위치를 소격전과 관련해서 기록하고 있는 것으로 미루어 선월사도 초제와 관련한 사찰로 추측된다. 강도의 도시 시설이 개경을 그대로 본떴다고 할 때, 강도 선월사의 기능 또한 개경의 선월사와 비교할 수 있다. 이때부터 그는 강도에 머물렀는데, 아쉽게도 그 움직임은 확인되지 않는다. 이후 일연은 수차례에 걸쳐 남쪽으로 돌아갈 것을 요청하여 가을에 오어사로 옮겨갈 수 있었다. 원종이 몽고로 떠난 때가 8월 12일이었는데, 그가 강도를 출발한 것은 그 이전이었을 것이다.

강화로 천도하던 1232년, 이승휴는 9세였다. 그는 이때 독서를 시작했는데, 개경에서 강화로 천도하는 과정에서 발생했던 여러 가지 혼란상을 직접 보았을 것이다. 11세 때인 1234년에는 당시 명유로 이름을 떨쳤던 신서에게 《좌전》과 《주역》을 배웠고, 명문사립학교였던 문헌공도에서 수학했다. 하지만 14세 때인 1237년에 아버지가 사망하자 이후 강도에서의 생활을 정리하고 어머니의 고향인 삼척으로 낙향해야 했다. 그가 강도에 다시 발을 디딘 것은 29세 때인 1252년(고종 39)의 일이다. 그의 문재를 탐냈던 최자가 고시관을 맡았던 과거에 급제하면서이다. 그렇지만 어머니를 뵈려고 잠깐 삼척으로 귀향한 일이 그의 발목을 잡았다. 몽고군의 구략으로 길이 막혔기 때문이다. 좌주였던 최자도 사망하여 그의 뒷배가 되어주지 못했다.

이승휴가 세 번째로 강도에 들어선 때는 40세 때인 1263년 (원종 4) 겨울이었다. 과거 급제 후 12년만이다. 안집사로 삼척에 왔던 이심의 권유와 추천에 따른 것이었다. 강도에서 그는 이장용·류경·유천우·원부·허공·박항 등에게 시를 지어 보내 관직을 청탁했다. 다음해인 1264년에 마침내 이장용과 류경의 천거로 하위직인 경흥부서기에 임명되었다가 내직인 도병마녹사로 옮겼다.

그를 추천한 사람이 이장용과 류경이었다는 것은 처지가 좀 달랐지만 김구와 비교할 수 있다. 두 사람에 의해 김구는 비교적 고위직인 이부시랑에 천거되어 이후 정치 현안에 적극 참여했고, 이승휴는 첫 관직이었다. 그렇지만 그들은 유학을 바탕으로 했다는 점에서 이장용·류경과 같았다. 류경은 이장용·김구처럼 몽고에 사신으로 다녀온 경험이 없었지만, 당시 몽고와의 현안을 외교적으로 접근하려는 태도로 국정을 참여하고 있었을 것이다. 적대적인 입장에서 몽고에 접근했던 김준과 달랐다. 이런 점에서 이승휴는 연기업에 대해 자신을 천거한 이장용·류경과 같은 입장이었거나, 소극적으로 대처했을 것으로 여겨진다. 이후 그가 2차례에 걸쳐 몽고에 사신으로 가서 대도(大都)의 광경을 보고 긍정하고 있었다는 사실에서도 유추할 수 있다.

일연과 이승휴는 연기업이 전개되었을 때 강도에 있었다. 일연은 1261년부터였고, 1264년 8월 국왕이 몽고로 입조하기 직전에 강도를 떠나 오어사로 옮겨갔다. 이승휴는 1263년 겨울에 강도에 다시 들어와 이장용·류경 등에게 자신을 추천하는 시를 지어 보내 관직을 구하려 했고, 1264년에 그들의 천거로 마침내 말직이나마 관직에 나갈 수 있었다. 일연과 비교해서 이승휴의 환경이 열악해 보이지만 그 역시 조정의 움직임을 상세하게 파악하고, 자신이 어떻게 처신해야 할지를 고민하고 대처해갔을 것이다.

일연과 이승휴는 서로 알고 있었을까?

일연(1206~1289)과 이승휴(1224~1300)는 18년차이다. 일연이 이승휴보다 열여덟 살이 많다. 둘은 나이보다 불자와 유자라는 차이 때문에 교류가 없었을 것이라고 추측되곤 했다. 두 사람은 충렬왕 때 《삼국유사》와 《제왕운기》를 저술했지만, 교류가 없었기 때문에 고조선에서 출발하는 고려의 상고사 체계에 대해서도 서로 교섭하지 못했을 것이라고 한다. 《삼국유사》에는 불교를 중심으로 한 신이사관이,《제왕운기》에는 유교사관이 배경이 되었다고 이해되고 있다. 과연 그들은 서로 알지 못하고, 만나지 못했을까?

이승휴는 언제인지 밝히지 않았지만, 일연과 이장용, 류경이 시를 지으면서 놀던 때에 그들을 수행한 바 있다. 이후 그는 이때의 시회(詩會)에서 그들이 지은 시에 자신도 차운한 바 있었다.

그 사실을 《동안거사집》에 남겼다.

> 〈이시중·류평장 두 영감(令公)께서 창화한 시를 차운하
> 며 아울러 서문을 쓴다〉
>
> 선문(禪門)의 시인(韻士)인 견명(見明)이 그 발자취를 구
> 름에 두고 말소리를 빗속에 섞어 남쪽 지방에서 산 지
> 20여 년이었다. 왕께서 불러들여 지금은 불화사(佛華寺)에
> 머물고 있다. 경원군 이시중과 시령군 류평장께서 말고삐
> 를 나란히 하여 선사께 도를 배웠는데, 류공이 먼저 부르
> 면 이공이 화답하고 명공(明公)이 함께 좇아 놀았다. 이간
> 의[휘 松縉]와 김대사성[휘 坵]가 번갈아 시를 지어 모두를
> 두루마리 하나로 만드니 강도의 시중에서(洛下) 이리저리
> 돌아다니며 많은 사람에게 읊어졌다. (이)승휴가 엎드려
> 생각건대 이같은 성대한 일에 천하고 용렬한 재주를 헤아
> 릴 수 없음에도 불구하고 삼가 약간의 시를 지어 두 정승
> 께 봉헌한다.
>
> 《동안거사집》행록권2)

이승휴가 쓴 서문에서 선문(禪門)의 시인으로 불린 견명(見明)
은 다름 아닌 일연이다. 견명은 일연의 첫 번째 법명이었다. 불
화사가 현재 어디인지는 확인되지 않지만, 강도 안에 있었던 사
찰이었던 것은 분명하다. 경원군 이시중은 이장용, 시령군 류평
장은 류경, 이간의는 이송진, 김대사성은 김구를 가리킨다. 그
러니 이때의 시회에는 모두 다섯 명이 참여한 것이다. 이로 미

루어 일연은 이미 남쪽 지역에서 선문의 시인으로 이름을 떨치고 있었다는 것을 알 수 있다. 선승으로서 그의 명성도 뛰어나 이장용과 류경은 일연에게 불도(佛道)를 묻기도 했다.

그리고 이때 지은 시는 두루마리 한 축으로 만들어져 사람들이 베껴 서로 읊었다고 한다. 이승휴는 이런 사실을 알고 나중에 자신이 지은 시를 이장용과 류경에게 봉헌했다. 이와 관련해서는 모두 6수의 시가 전하는데, 4수는 시회와 관련한 내용으로 이장용과 류경에게 바친 것이고, 나머지 2수는 국왕의 지우를 얻기 바라는 자신의 심정을 읊은 것이다. 앞의 4수 중에 첫 번째 시의 유승(遊僧)과 세 번째 시에서의 명사(明師)는 견명, 즉 일연을 가리킨다. 특히 세 번째 시에서는 "견명 스님은 여산(廬山)처럼 멀리 계신 것도 아닌데 나도 모르게 개울을 지나며 이별의 시를 지었네"라고 읊었다. 여산은 중국 강서성 구강현에 있는 산으로 광산(匡山) 또는 광려(匡廬)라고도 불렸다. 동진의 승려 혜원이 백련사를 개창한 곳이자 이백·구양수 등이 이곳을 배경으로 지은 시도 유명했다. 이승휴가 일연을 여산에 비유한 것은 이런 배경을 염두에 둔 것이다. 이승휴에게 일연은 자신을 천거해준 이장용·류경과 같이 존경과 선망의 대상이었다.

그런데 이때가 언제인지 궁금해진다. 일연과 함께했던 4명의 관직을 통해 어느 정도 접근이 가능하다. 이장용의 관직은 시중으로 밝혀져 있는데, 그가 문하시중을 맡았던 때는 1268년 정월부터 사망하는 1272년 정월까지 만 4년이다. 또 류경이 평장사로 있었던 때는 1269년 4월부터 1270년 5월 이전까지 약 1년이다. 이송진이 간의대부에 임명된 때는 1262년 12월이고 1269년에 국자좨주로 옮긴 것으로 나타난다. 김구는 1269년 4월 대사성에 임명되었고, 12월에 좌복야가 되었으니 약 8개월이다. 네 명의 관직이 공통적으로 맞는 시기는 1269년(원종 10) 4월부터 12월 이전까지이다. 또 일연은 1264년 가을 강도를 떠나 오어사로 옮겨갔다가 1268년에는 어디인지 알 수 없지만 운해사에서 고승대덕 100여 명을 모아놓고 개최한 대장낙성회향법회를 주관한 사실이 있다. 이후 그는 상경하여 불화사를 중심으로 강도에 머물고 있었다.

그들은 1269년 여름부터 가을 어간에 시회를 통해 교류했고, 이승휴는 이미 일연의 명성에 대해 충분하게 알고 있었다. 시회에서 이장용과 류경을 수행하면서 일연을 만났을 것이다. 그렇지만 두 사람이 교유했던 흔적은 확인되지 않는다. 다만 이승휴는 자신의 은문이었던 이장용·류경과 교유했던 일연을 충분히 알고 있었고, 불교계에서 그의 위상과 동향도 파악하고 있었을 것이다.

2. 《삼국유사》와 《제왕운기》에서 참성단을 싣지 않은 까닭

일연과 이승휴는 도참을 어떻게 생각했을까?

《삼국유사》 기이편은 고려의 역사에서 신이(神異)한 사적을 정리한 것이다. 일연은 그 서문에서 삼국 시조가 모두 하늘을 배경으로 신이한 데서 나온 것은 괴이한 것이 아니라고 했다. 그에 따르면, 그것은 대업을 이루기 위해 그들이 범인과 다르다는 하늘에서 내린 부명(符命)이나 도록(圖籙) 같은 상서로운 증표였다. 그는 각 나라의 건국 과정에서 하늘과 연계되는 시조의 신이사적은 신성(神聖)하다는 것을 담보해주는 것이라고 이해했다. 단군의 고조선 건국도 마찬가지였다.

이런 이해는 이승휴도 마찬가지였다. 그는 《제왕운기》에서 고려 건국 이전 왕실의 세계를 읊으면서 지리산천왕인 성모(聖母)가 도선에게 송악이 명당이라는 사실을 알려주게 하여 왕업의 터전을 닦을 수 있었다고 했다. 또 태조가 전국을 군현으로 나누어 백성들이 살만한 곳을 정한 것도, 교종과 선종의 사찰을 창건할 곳을 정한 것도 모두 도선의 풍수지리설을 따른 것이라고 했다. 그들은 도참의 순기능에 대해 긍정하고 있었다.

그러면서도 그들은 도참의 역기능을 경계했다. 일연은 고구려의 평양성이 본래 초승달의 지세를 가진 곳이었는데, 보장왕이 도사들의 주문에 따라 성을 수리하면서 보름달의 지세로 바뀌었다고 했다. 그런데도 도참에서 이를 용이 사는 길지(龍堰堵)라거나, 천년동안 잘 지켜질 길지라고 했다고 비판했다. 1120년(예종 15) 송나라에 사신으로 갔다가 왕자지가 가지고 돌아온 부처님의 어금니와 머리뼈에 대해서도 다음과 같이 해석했다. "송나라 휘종 때 도교가 일어나 불교를 억압하면서 승려들이 나라를 멸망시킬 것이라는 도참설을 퍼뜨리자 이를 작은 배에 실어 인연이 있는 곳에 닿게 했는데 그곳이 고려"라는 것이다. 불교와 관련한 고려의 인연을 강조하면서도 송나라에서 도참의 폐단을 지적했다.

이승휴는 충렬왕 때 파직되어 삼척에 은거하며 스스로의 경계를 위해 지은 〈시골에 살면서 스스로를 경계하는 글〉에서 국가 안위, 조정 득실과 함께 도참의 잡언을 입에 올리지 말 것을 첫 번째로 꼽았다. 그가 도참을 쓸모없는 말이라고 했지만, 이를 액면 그대로 받아들일 수 없다. 그 또한 태조 이래 시행된 도참과 관련한 각종 연기비보책에 대해 소상하게 알고 있었고, 그 중요성에 대해서도 인지하고 있었다. 그가 경계한 것은 그 폐단이었다. 인종 때 이자겸과 묘청 난을 언급하지 않고, 이자겸에게 핍박받았다고만 언급한 것은 그런 이유에서였다.

일연과 이승휴는 고려사회에서 도참의 순기능을 이해하고

있었으면서도 그 운영에서 발생하는 역기능을 경계했다. 일연은《삼국유사》에서 단군과 관련한 전승지를 연기업이 실행된 장소와 연계하여 비정했다. 또 이승휴는《제왕운기》에서 오행적 역사관에 따라 목덕(木德)을 지향하던 움직임을 반영하여 구월산의 단군전승을 수록했다. 고려사회에서 도참의 효용성을 일정하게 인정한 결과였다.

《삼국유사》와《제왕운기》에서 참성단은 왜 배제되었나?

일연과 이승휴는 모두 참성단의 존재를 알고 있었다. 그들은 마리산참성에서 국왕이 친히 초제를 설행할 때 강도에 머물거나 관직에 있었다. 국왕의 참성초에 대해 일연이 어떻게 생각했는지는 알 수 없다. 당시 왕실의 초청으로 강도에 있던 그는 국왕을 지근에서 만나기도 했을 것이다. 일연 정도면 국왕이나 무인집정자 김준, 또는 이장용과 류경 등에게 이에 대해 한마디 했을 법도 한데 자료적인 상황은 그렇지 못하다. 이승휴는 은문이었던 이장용이 국왕을 모시고 삼랑성가궐에서 대불정오성도량을 개최하며 연기업에 참여하고 있던 사실에 대해 중흥의 조짐을 보였다고 찬양했다. 그러면서도 그들은 자신들이 저술한 책에서 참성단과 삼랑성에 대한 단군 이야기는 배제했다. 이제는 그 까닭에 대해 이야기하기로 한다.

두 자료에서는 강화의 단군전승에 대해 철저하게 외면했다. 1264년 6월을 전후한 시기에 일연과 이승휴의 강화에서의 활동을 고려하면 이해하기 어렵다. 그들은 참성단에서의 원종을 단군과 연결시키거나, 삼랑성에서의 삼랑을 단군의 아들과 연결시키지 않았다. 여기에는 그들이 강도에서 활동했던 1264년 전후와 《삼국유사》·《제왕운기》를 저술했던 1280년대의 시대 분위기와 관련이 있을 법하다.

1264년에는 강도 전역을 대상으로 중흥을 위한 연기업이 전개되고 있었기 때문에 도참을 경계했던 그들이라도 이를 전면적으로 부정하지 못했다. 오히려 이승휴는 이에 일정하게 동조하는 입장을 보이기도 했다. 그러나 1280년대는 달랐다. 앞서의 연기업에서 고려에 조공을 바칠 것이라던 대국(大國)의 부마국이 되어 있었다. 원나라는 고려의 역대 사적은 물론 원나라에 귀부한 기록과 국왕이 입조한 구체적인 기록까지 바치라면서 고려를 철저하게 압박하고 있었다. 1278년이었다.

동아시아에서 송·요·금나라와 함께 황제를 칭하며 다원적 천하관을 경영했던 고려로서는 신하로 복속한 날짜와 국왕의 입조 날짜까지 낱낱이 적어내라는 원나라의 요구에 따를 수밖에 없었고, 그 요구에 맞는 당대사(當代史)를 편찬해서 원나라에 보냈다. 《천추금경록》·《고금록》 등 1280년대 이후 편찬된 고려의 역사책들은 그 결과물이었다. 이 책들은 현재 전해지지 않아

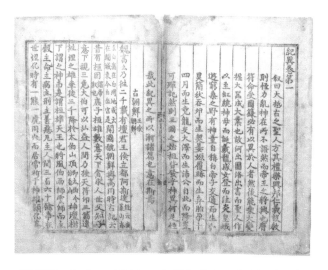

▲《삼국유사》(조선 초기, 국보): 단군의 고조선 건국을 실은 〈고조선〉이라는 항목에 '왕검조선(王儉朝鮮)'이라고 밝혀 놓았다.

그 내용을 자세히 알 수 없지만,《고금록》의 '고금(古今)'은 고려가 몽고에 복속되기 이전과 이후를 의미하는 것으로 짐작된다. 그 과정에서 원나라에 함몰될지 모른다는 위기의식이 생겨났고, 그것은 고려의 역사문화가 원나라와 다르고 오랜 역사가 있다는 사실을 자각하도록 했다.

고조선과 단군은 여기에 꼭 들어맞았다. 중국 역사의 출발인 요임금과 같은 때에 고려에도 독립된 천하와 문화를 가진 역사가 있었다는 사실을 드러내는 것은 이제껏 경험하지 못했던 난국을 헤쳐갈 힘이 될 수 있었다. 원나라 중심의 천하 질서를 인정하면서도 고려의 독립성 유지를 위해서는 역사적 주체의식이 절실했다. 일연과 이승휴가 원나라의 부마국 체제에서도 고려 역사의 상한으로 고조선을 주목해서 자국의 역사문화적인 독자성을 설명하려는 이중적인 현실인식을 가졌던 것은 이런 측면에서 이해할 수 있다.

그렇지만 그들이 참성단과 삼랑성의 단군전승을 수용하는 데는 일정한 한계가 있었다. 강화는 원나라와의 관계에서 부정적으로 인식될 수밖에 없었다. 원나라 입장에서는 40여 년 배몽(背蒙)의 중심지였기 때문이다. 특히 1276년(충렬왕 2)과 1278년에는 고려 왕실이 다시 강화로 들어가려고 한다는 투서가 원나라 조정에 들어가 수군(船兵)이 폐지된 상황에서 그곳의 단군전승을 수록대상으로 삼는 것은 아무래도 어려웠다.《삼국유사》와《제왕운기》가 원나라의 역사편찬기관인 국사원(國史院)에 보내진 역사책들과 다른 성격이었다고 하더라도 마찬가지였다.

또 참성단과 삼랑성은 국왕의 입조를 명한 몽고황제의 조서를 거부하고, 도참을 기반으로 해서 이를 막으려는 기양책(祈禳策)이 전개된 중심지였다. 이승휴는 당시 이를 찬양하기도 했지만, 아무런 결과를 얻지 못했기 때문에 이후 연기업에 대한 생각이 바뀌었을 것이다. 또《제왕운기》의 저술은 그때로부터 20여 년이 지나 고려가 원나라에 복속된 시기에 이루어졌기 때문에 세계제국 원나라의 힘과 문화를 피부로 여실히 느꼈던 그에게 참성단과 삼랑성의 단군전승을 싣는다는 것은 마땅치 않았다. 이런 점들은 일연에게도 마찬가지였을 것이다. 일연과 이승휴가《삼국유사》와《제왕운기》에서 강화의 단군전승을 제외시킨 것은 이런 이유에서였다. 그들이 이곳의 전승에 대해 몰랐던 것도, 이해하지 못했던 것도 아니었다.

단군의 할아버지인 환인의 정체

《삼국유사》에서는 단군의 할아버지인 환인의 성격을 제석(帝釋)으로 풀이했다. 천신인 천제(天帝), 천제석(天帝釋)을 말한다. 원래 제석은 고대 인도의 신 인드라(Indra)를 수용한 것으로, 중국에서 석제환인다라(釋帝桓因陀羅)·석가제바인다라(釋迦提婆

▲ 제석천(고려 말, 부석사 조사당 벽화): (천)제석을 모신 법회를 제석도량이라고 하는데, 내외의 제석원(帝釋院) 이외에 중화전·명인전·내전·본궐 등 궁궐에서도 열렸다.

因陀羅)로 음역되었다. 석제환인 또는 제석천으로 줄여서 부른다.

고려시대에는 왕실이나 민간에서 천제석신앙이 유행했다. 고려 초부터 왕실에서는 (내)제석원과 외제석원을 창건하여 천제석도량을 열었다. 제석원 외에 궁궐 곳곳에서도 열렸다. 왕실사찰이었던 건성사에도 제석을 모신 제석전(帝釋殿)이 있었다. 민간에서도 천제석 신앙은 만연했다. 점쟁이였던 영의는 1157년(의종 11)에 국왕의 장수를 위해 천제석을 모시라는 점괘를 냈다. 그 조치로 천제석의 화상을 그려 전국 각처의 사찰에 나누어주고, 축성법회를 열게 했다. 천제석 신상(神像)은 왕실사찰이었던 안화사에서도 모셔져 연성법회가 열렸다. 이규보의 시 등에서도 확인되듯이 개경의 무당들은 스스로 천제석의 화신이라고 했다. 공민왕 때 제주(제천)의 무당도 천제석이라며 신기를 떨쳐 개경까지 진출했다가 신돈의 무리로 몰려 죽임을 당했다. 《삼국유사》에서 제석 환인은 그런 존재였다.

《제왕운기》에서 환인은 상제였다. 상제는 원구제에서도, 초제에서도 모셔졌다. 1102년(숙종 7) 5월의 사례 등이 확인된다. 호천상제로도 불렸다. 또 각종 초제에 모셔지는 신들은 상제로 호칭되었다. 초제와 천제석도량은 일정한 관련 속에서 열리기도 했다. 1101년 4월 국왕은 기우를 위해 태일초를 연 후 외제석원으로 행차했다. 그곳은 제석을 모신 곳으로, 천제석도량을 열었을 것이다. 1169년(의종 23) 정월에도 봉원전에서 이십칠위신을 초제한 후 수문전에서 7일동안 천제석도량을 열었다. 제석신앙과 초제가 무관하지 않았다.

불교사찰인 외제석원에는 천황을 모신 천황당이 있었다. 천황당은 도교의 도관이었다. 1227년(고종 14) 국왕은 외제석원에 행차해서 재상들에게 병첩을 기원하는 초례를 천황당에서 열도록 했다. 국왕은 외제석원에서 천제석도량을, 재상들은 천황당에서 초제를 열었을 것으로 여겨진다. 당연한 이야기이지만, 천황은 상제로 호칭되었다. 이규보가 동경초토병마가 되어 경주에서의 반란을 토벌하러 가면서 천황에게 올린 초제문 등에서 확인된다. 천제석신앙과 초제의 교섭이 있었다는 사실을 의미한다. 《제왕운기》〈전조선기〉의 원시(原詩)에서 단군을 제석의 손자라고 한 것은 이런 이유에서였다.

그렇지만 원종 때 외제석원의 행차나 천제석도량을 개최한 사실이 확인되지 않는다. 충렬왕 때도 마찬가지다. 초제에서 모신 상제의 존재를 확인시켜주는 초제문 또는 청사도 남아 있지 못하다. 개최되지 않았다기보다 기록의 누락으로 여겨진다.

삼한변위진단과 고조선

앞서 이야기한 것처럼 백승헌이 펼친 연기업의 핵심은 "삼한이 진단으로 변한다"는 것이었다. 그것은 후대의 자료이지만, 권근이 지은 조선 태조 이성계의 신도비문인 〈건원릉

신도비명〉에서도 확인된다. 여기서는 조선 건국을 수 천 년 전인 단군 때부터 전해지고 있었다는 진단지설(震旦(震檀)之說)로 설명했다. 9번 변해 진단이 되었다는 '구변진단지설(九變震檀(震旦)之說)'이 그것이다. '진단(震旦)'이 '진단(震檀)'으로 바뀐 것은 이성계가 조선을 건국한 후 이름을 '단(旦)'으로 바꾸어 '단'자를 피하기(避諱) 위해서였다. 이것은 역시 앞서 이야기한 '십팔자참'의 변형인 '목자득국(木子得國)' 또는 '건목득자(建木得子)'와 결합되어 조선의 건국을 예언한 도참으로 이용되었다.

일연이나 이승휴도 '삼한변위진단'에서 (고)조선을 이해하고 있었을까? 즉 진단이 (고)조선을 가리키는 것으로 이해했는가에 대한 궁금증이다. 1264년 5~6월 국왕이 중심이 되어 신료들이 참여했을 연기업에 대해 그들은 대체로 기대했을 것이다. 도참의 과도한 측면을 경계했을지라도 국왕의 몽고 입조를 막기 위한 연기업에 동조하지 않을 수 없었을 것이다. 일단 그들은 '삼한변위진단'에 대한 중흥의 조짐을 긍정했으리라.

그렇지만 20여 년이 지난 후《삼국유사》와《제왕운기》를 저술할 때, 그들은 그 연기업을 부정적으로 인식하지 않을 수 없었다. 고려에 조공할 것이라던 몽고가 사대의 대상을 넘어 무인집정으로 100여 년에 가까운 허수아비 왕정을 끝내고 복고를 이루어준, 즉 고려라는 나라를 재건해 준 재조지은(再造之恩)의 대상이 되었다. 재조지은에 대한 이해는 고려의 자료에서 확인되지 않지만, 원나라 자료에서 확인된다. 선왕(원종) 때 전개했던 연기업은 황제의 명을 거역했던 것으로 이해되었고, 그 행위도 불손한 것으로 치부되었을 것이다.

1282년(충렬왕 8) 10월 일연은 내전에서 국왕을 만났다. 1269년 4월 이전에 왕명으로 강도의 불화사에서 주석하다가 1274년 초에 대구의 인흥사로 옮겨간 후 4번째 상경하여 충렬왕을 만난 것이다. 이후 일연은 왕명으로 태조의 집터에 지은 광명사에 주석했다. 2개월 후인 12월에는 국왕과 왕비인 제국대장공주가 일연을 만나기 위해 광명사를 찾았다. 그리고 3개월 후인 1283년 3월 일연은 국존(國尊)이 되었다.

1269년 봄가을 어간에 이장용·류경이 일연과 함께 한 시회를 먼발치에서 본 이승휴는 1270년과 1273년 국정의 현안을 비판했다가 파직되는 등의 어려움을 겪었다. 하지만 원종의 배려로 한 차례, 원종의 죽음을 알리려 한 차례, 두 차례에 걸쳐 몽고로 가는 사신단으로 사행을 다녀왔다. 충렬왕 초에는 감찰어사·우정언으로 시정득실을 논하는 상소를 한 바 있다. 1280년에는 지금의 감찰관과 비교되는 전중시사로 국정을 비판하다가 파면되어 1298년 5월 충선왕 때 좌간의대부로 복직할 때까지 삼척에서 은거했다. 《제왕운기》는 이때 저술되었다.

일연과 이승휴는 1264년 즈음에 서로가 이미 알고 있었다. 이승휴는 18년 연배였던 일연을 자신의 은문과 교유하는 존경의 대상으로 여겼다. 그들은 이때 '삼한변위진단'의 시대적인 움직임을 공유하고 있었다. 충렬왕 때인 1280년대에는 서로가 엇갈려 만나지 못한 것으로 확인된다. 그렇지만 그들은 국왕을 중심으로 이루어지고 있던 서로의 움직임에 대해 알고 있었을 것이다. 이때는 고려가 원나라의 속국으로 전락해 국왕권조차 원나라에 영향을 받고 있었다. 도참에 기대었지만, 연기업을 실행했던 1264년의 분위기가 부정될 수밖에 없었다. 그런 가운데 그들은 그 속에서 함몰되어가던 고려의 정체성을 부여잡았다. 고려의 상고사로서 고조선은 그런 과정에서 재조명되었다. 그들은 황제와 부마라는 가족관계로 맺어진 원나라와 고려의 관계를 인정하는 가운데서도 고려의 정체성을 역사에서 찾았다. 이런 점에서 '삼한변위진단'은 일연과 이승휴에게 여전히 유효한 개념이었다.

이색의 마니산 여정은 마니산에서의 2박 3일을 포함하여 닷새였다.
그간에 유신으로 초제를 주관해야 하는 불편함도 있었고, 이를 통해 태평세월을
기원하는 자신의 간절함이 하늘에 전해진 듯한 만족도 느꼈다.
그에게 닷새의 마니산 여행은 복잡다단한 일정이었다.

6장

고려 후기에
지낸 참성초는?

1. 이색의 마니산기행

참성초제의 행향사

1264년 6월 이후 참성초제는 고려의 국가제사에서 매년 봄가을로 행향사가 파견되어 설행되었다. 이때 지낸 초제는 이미 이야기한 것처럼 삼계초였을 것이다. 기우초제도 지내졌을 것인데, 확인되지 않는다. 그 내용을 확인할 수 있는 자료는 거의 없다. 단편적인 조각들을 모아 그 대강을 이야기하려고 한다.

성명	시기
한종유(韓宗愈, 1287~1354)	1324년(충숙왕 11) 봄(?)
경사만(慶斯萬, ?~1380)	1324년(충숙왕 11) 가을(?)
김광철(金光轍, 1289~1349)	1344년(충목왕 즉위)
이색(李穡, 1328~1396)	1358년(공민왕 7) 가을
이강(李岡, 1333~1368)	1363년(공민왕 12) 봄
알 수 없음	1379년(우왕 5) 봄
알 수 없음	1384년(우왕 10)
이방원(李芳遠, 1367~1422)	1390년(공양왕 2) 가을

고려 후기에 지낸 참성초제는 8건이 확인된다. 이 중에 행향사의 이름이 확인되는 것은 6건이다. 1324년(충숙왕 11)의 한종유와 경사만, 1344년(충목왕 즉위)의 김광철, 1358년(공민왕 7) 가을의 이색, 1363년(공민왕 12) 봄의 이강, 1390년(공양왕 2) 가을의 이방원 등이다. 우왕 때인 1379년(우왕 5) 봄과 1384년은 확인되지 않는다. 1384년의 경우에는 권근이 참성초청사(塹城醮靑詞)를 지었는데, 그렇다고 그가 행향사로 초제를 지냈다고 단정할 수 없다.

조선 순조 때 김려라는 사람이 야사(野史)를 집대성한《한고관외사》라는 책에는 〈마니산 재궁 시판에서 한종유의 시〉라는 설명이 있다. 여기에서 그는 재궁에 보관되어 있던 시를 새긴 널빤지인 시판 몇 개를 소개하고 있다.

> 마니산 재궁의 시판 한종유의 시: 이 행은 전적으로 믿을 만하다. 앞의 것과 짝하는 것이 없는데 바로 만나는 '중흥(中興) 제1년'은 곧 태정 갑자년으로 충선왕이 국새를 돌려받은 해이다. 김광철의 시에서 말하고 있는 이 행 또한 앞의 것과 짝하는 것이 없는데 바로 만나는 '신등(新登) 제1년'은 곧 지정 갑신년으로 충목왕이 즉위한 해이다. 이강의 시에서의 이 행도 앞서의 것과 서로 어울리는 것이 없는데 "누가 환도 제1년을 맞을 것인가"는 곧 지정 계묘년으로 공민왕이 구략을 피했다가 도읍으로 돌아온 해이다. 모두 시로 시사(時事)의 변동을 말한 것이다
>
> 《《한고관외사》권8, 〈마니산재궁시판 한종유시〉》

여기에서 말하고 있는 시판 3개는 한종유·김광철·이강의 시를 새긴 것이다. 이로 미루어 이들은 참성초제의 행향사로 마니산에 왔고, 그 감회를 시로 남겼음을 알 수 있다. 재실에서는 이 시들을 널빤지에 새겨 걸어두었다. 여기서 한종유의 시에서 말한 '중흥 제1년'은 태정 갑자년으로, 김려는 충선왕이 원나라로부터 국새를 돌려받은 해라고 했다. 하지만 태정 갑자년은 1324년으로 충숙왕 11년이다. 충선왕은 충숙왕의 오기이다.

북경에서 원나라 황제 인종의 사망으로 권력 쟁탈에 휩싸인 상왕인 충선왕이 새로 황제에 오른 영종 세력에게 밀려 1320년(충숙왕 7) 12월에 티베트로 유배되었다. 다음해 1월에는 충숙왕에게 입조하라는 명이 내려지고 국새를 빼앗겼다. 충숙왕은 이후 심왕인 왕고와의 갈등 속에 대도(大都)인 베이징에 머물 수밖에 없었다. 1323년 9월 원나라에서 진종이 즉위하고 충선왕이 베이징으로 소환되면서 1324년 정월 충숙왕에게도 환국의 명이 내려지고 국새를 돌려받았다. 충선왕이 국새를 돌려받은 해라는 것은 이 사실을 말한다. 이때 충선왕의 복권이 이루어졌다. 한종유가 이때를 '중흥 제1년'이라고 한 것은 충선왕의 복귀와 심왕 왕고와의 권력투쟁에서 승리한 충숙왕이 국새를 돌려받아 쇄신의 국정을 펼칠 것이라는 기대를 담은 것이라 하겠다. 행향사인 그의 관직은 대언이었다.

김광철의 시에서 언급된 '신등 제1년'은 지정 갑신년인 1344년으로 충목왕 즉위년이다. 충목왕은 부친인 충혜왕이 폐정을 일삼다가 폐위되자 8세에 즉위했다. 그가 즉위하기 전에 원나라에서는 고려의 신료들에게 폐정을 개혁하고 백성을 따뜻하게 돌보라는 지시를 내렸는데, 김광철은 이런 기대를 담아 참성초제를 지낸 것이라고 하겠다. 또 이강이 시에서 말한 '환도 제1년'은 지정 계묘년인 1363년으로 공민왕 12년이다. 이때는 김려가 밝히고 있는 것처럼 1361년 10월 10만의 홍건적이 침입하자 공민왕은 개경을 버리고 복주(안동)까지 피난했다가 이듬해 2월 개경으로 환도했다. 이강 역시 홍건적 침입을 겪고 난 후 국정의 쇄신 분위기를 참성초제에 담아냈다고 짐작된다.

경사만은 우대언일 때 참성초제 행향사를 맡았었는데, 1324년 4월 우대언으로 임명되고 있는 것으로 볼 때 그해 가을 초제의 행향사를 맡았을 가능성이 높다. 이때 그는 하늘에서 "경대언은 불행하게도 수명이 짧을 것"이라는 소리를 2번이나 듣고 돌아와 얼마 후에 죽었다고 한다. 그렇다면 같은 해에 행향사를 맡았던 한종유의 경우는 봄 초제였을 것으로 추측된다.

이색은 1358년(공민왕 7) 가을 초제에 행향사를 맡았는데, 이에 대해서는 곧 자세하게 이야기할 예정이다. 우왕 때에도 2차례의 참성초제 설행 사실이 확인되는데, 1379년(우왕 5) 3월의 초제에 파견된 행향사가 누구였는지 확인되지 않는다. 1378년 11월에 박진록이 우대언으로 재직하고 있음을 고려할 때, 가능성이 있다. 1384년의 초제는 권근이 지은 참성초청사를 근거로 추측한 경우이다. 권근은 이해 11월에 대언으로 있었다. 그런데 권근이 청사를 지은 것이지 행향사를 맡은 것이 아니기 때문에 그가 지은 청사는 그 전후일 가능성도 있다. 이방원의 경우에는 1390년(공양왕 2) 윤4월 우부대언을 제수한 것으로 미루어 이 해의 가을 초제에 행향사로 마니산에 다녀왔을 가능성이 있다. 그가 재실에서 지은 시에서 계절은 가을로 확인되며, 국왕의 장수를 빌고 있다.

14세기 확인되는 참성초제의 사례는 충숙왕 때 2회, 충목왕 때 1회, 공민왕과 우왕 때 각각 2회, 공양왕 때 1회였다. 시기는 봄과 가을 모두 확인되는 것으로 미루어 8회 모두 정기초제였을 것이다. 국왕을 대신해서 초제를 주관했던 행향사들은 유교적인 소양을 가진 유신이었고, 그들의 관직은 대부분 대언이었다.

참성초제가 국가제사였던 만큼 제수 등 그 준비에 필요한 경비를 조달하기 위한 제도적인 조치도 마련되어 있었다. 마니산 참성제전(摩尼山塹城祭田)이 그것이다. 그 운영실태에 대해서는 알 수 없다. 참성초제를 주관했던 복원궁에 속한 토지였을 것으로 추측된다. 다만 고려 말에는 강화와 교동의 공적인 토지 대부분이 세력가에게 겸병·탈점되어 거기에서 나오는 소출이 공적으로 사용되지 못하던 상황이었다. 특히 왜구가 빈번하게 침입하면서 강화·교동 지역의 경계를 맡았던 군부대의 운영경비도 마찬가지였다. 이에 도통사였던 최영은 강화·교동의 공전(公田)에서 나오는 소출을 모두 군부사에서 거두어 경비로 사용하도록 할 것을 건의하여 국왕의 허락을 받았다. 그런데 이때 마니산참성제전은 군부사의 수렴 대상에서 제외되었다. 참성초제의 정상적인 운영을 위해서였다. 참성초제를 위한 공적기반이 마련되어 있었다는 사실을 보여준다.

이색의 마니산기행

이색의 시집인《목은시고》에는 약 6천 수에 가까운 시가 실려 있다. 실로 방대하지 않을 수 없다. 이 시들은 지은 시기에 따라 정리되어 있어 삶의 궤적을 쫓아갈 수 있다는 점에서 그를 중심으로 한 시대적인 상황을 읽을 수 있는 자료이다. 거기에는〈마니산기행〉이라는 시가 실려 있는데, 1358년(공민왕7) 가을에 참성초제의 행향사로 다녀온 감정을 읊고 있다. 3일의 마니산 여정을 14수의 시로 정리하고 있는데, 이를 통해 그의 마니산 여행을 쫓기로 한다.

참성초제의 행향사로 정해진 이색은 마니산으로 가기 위해 개경을 출발했다. 이때는 원나라가 쇠퇴하며 중원의 양쯔강 남쪽인 장쑤성과 저장성에서 군벌들이 세력을 얻어 고려와의 교섭을 탐색하고 있었다. 7월에도 강절행성승상 장사성은 공민왕에게 예물을 바치며 교류를 요청했고, 강절해도만호 정문빈도 토산물을 보내왔다. 이에 이색은 국왕을 대신하여 정문빈에게 감사의 글을 썼다. 이런 와중에 그가 마니산으로 출발한 것이다.

그는 마니산으로 출발하기 전에 장단의 흥왕사를 들렀다. 문종 때 왕실의 중흥을 위해 10여 년의 공사 끝에 완공되어 이후 왕실사찰로 역할을 했던 그곳에서 유자로서 비술(祕術)을 담당할 수밖에 없던 심정을 읊었다. 그리고 마니산 재실로 곧장 들어갔다. 개경에서 마니산까지의 여정은 개경→장단 흥왕사→통진→갑곶→선원사→마니산이었다. 개경을 출발해 정주의 제포에서 강화까지의 뱃길을 이용하지 않았다. 아마도 흥왕사를 거쳐 마니산에 갔

▲ 이색 초상(목은영당, 1654년): 이색은 유신(儒臣)으로 참성초제를 담당하면서 여러 갈등이 있었다. 하지만 마니산 정상에서 초제를 지낸 후의 심정은 깨달음을 얻는 순간이었다고 한다.

기 때문에 통진을 거쳐 가는 길이 손쉬웠을 것이기 때문이다.

마니산 재실에서 정재하던 그는 5수의 시를 지었다. 〈재궁에서 차운하다〉의 2수와 〈악부 접련화(蝶戀花)를 차운하여 앙산정에서 읊다〉 3수이다. 향 피우고 정재(正齋)하면서 앞서 이곳을 다녀간 행향사의 심정을 가늠하기도 했다. 그리고 참성단이 쳐다보이는 앙산정에서 현재의 국가 상황을 터놓고 의논할만한 사람이 없음을 아쉬워하기도 했다. 아마도 관직에서 물러나 통진

에 머물던 스승 이제현을 생각했던 듯하다. 정재 이틀째 오후에 마니산에 오른 그는 늦은 밤에 참성초를 지내고, 그 감정을 2수의 시로 남겼다. 참성단에서 바라본 고려의 산하는 장대하기 그지없었다. 쏟아지는 별에 고려의 태평세월을 빌었던 그는 그곳에서 신선과 교섭한듯했다.

새벽녘에 초제를 마친 후 재궁으로 돌아왔다. 하늘과 지상세계를 구분해주는 낭떠러지를 내려오면서 느꼈던 위험을 관솔불로 밝혀준 사람들에게 고마움으로 표하기도 했다. 그리고 재실에서 잠시 휴식을 취한 후 이른 아침에 그곳을 출발해서 전등사로 향했다. 늙은 스님의 안내로 전등사를 둘러본 그는 그곳에서 충렬왕 때 천문에 능해 충정을 다했던 오윤부와 원종 때 연기업의 중심이었으나 쓸쓸함만 남은 삼랑성을 회고했다. 전등사를 출발하여 선원사를 지나면서 선배인 행촌 이암을 회고한 후, 갑곶을 건너 통진현을 거쳐 개경으로 돌아왔다.

마니산에서의 2박 3일을 포함하여 이색의 마니산 여정은 닷새였다. 그간에 그는 유신으로 초제를 주관해야 하는 불편함도 있었고, 이를 통해서 태평세월을 기원하는 자신의 간절함이 하늘에 전해진 듯한 만족도 느꼈다. 삼랑성에서는 앞서의 연기업이 부질없는 것이었음을 재차 느끼기도 했다. 그에게 닷새의 마니산 여행은 복잡다단한 일정이었다.

공민왕은 1356년(공민왕 5)에 반원정책을 전개했다. 원나라가 쇠퇴하는 조짐을 이용한 것이지만, 그것은 80여 년에 걸친 원나라의 속박에서 벗어나 고려사회를 그 이전으로 바꾸어 정상적인 국가로 돌아가려는 시도였다. 당연히 그 모델은 태조와 문종이었다. 원의 과거에 급제하여 벼슬을 제수했던 이색은 원에서의 생활을 정리하고 귀국하여 공민왕의 개혁정치를 뒷받침했다.

그의 자국사 인식은 조선씨에서 출발하는 것이었다. 그는 고려의 정치·법제를 정리한《주관육익》이라는 책의 서문을 쓴 바 있다. 여기서 "고려 역사의 출발이 중국 요임금 무진년에 시작되어 삼국을 거쳐 고려에 이르렀고, 태조의 수명(受命) 이후 400여 년이 되었다"고 밝혔다. 명나라 사신으로 고려에 왔다가 돌아가는 설사를 송별하는 시에서는 "조선씨가 나라를 세운 것은 실로 요임금 무진년의 일이었는데, 대대로 중국과 교류를 했지만 중국에서 일찍이 신하로 대한 일이 없었다. 그래서 주나라 무왕이 은나라 태사 기자를 조선에 봉할 적에도 신하로 삼지 않았던 것"이라고 했다. 단군은 물론 중국과 고려의 관계를 수직적으로 규정하는 대표 아이콘이었던 기자가 중국에 신하였던 사실이 없다는 '기자불신설(箕子不臣說)'까지 이야기했다. 명나라 사신에게 전한 단군과 기자에 대한 역사적 사실은 명의 태조에게도 전해졌을 것이다. 조선 건국 후 명 태조 고황제와 사신으

로 갔던 권근 사이에서 단군과 기자를 주제로 한 시가 오고 간
것은 이런 배경에서 가능했다.

　이색의 이런 역사인식은 고려와 원을 오가던 20대 후반에 이
미 형성되어 있었다. 27세였던 1354년, 그는 원나라의 회시에
합격한 후 고려로 돌아오면서 현재 중국의 단둥 지역인 파사부
에 이르러 고려의 역사를 회고했다. 이곳에서 압록강만 건너면
고려였다. "인수지역(仁壽之域)으로 군자의 나라였던 고려는 요
임금 무진년에 처음 나라를 열었고, 하나라·상나라 때부터 중
국에 신하로 복종하지 않다가 기자가 조선에 봉해진 후부터 교
화가 시작되었다." 여기서 그는 압록강을 사이에 둔 지척의 원
나라와 고려는 그 풍속이 북방과 남방의 오랑캐인 호월(胡越)처
럼 멀어 파사부 사람들의 말소리조차 유별나게 들린다고 했다.

　그렇지만 이색은 조선씨의 실체인 단군에 대해서는 적극적
인 이해를 보이지 못했다. 그의 단군과 관련한 이해는 평양에
국한해서만 확인된다. 〈서경〉이라는 시에서 평양의 여러 영웅
중에서 단군이 으뜸이라고 했다. 수없이 요임금과 같은 무진년
에 조선씨의 건국 사실을 이야기하면서도, 그 실체가 단군이라
는 것에는 주저했다. 그렇다고 환인-환웅-단군으로 이어지는
3대의 단군신화를 몰랐던 것도 아니다. 그는 일상에서의 생활
을 읊은 〈잡흥〉이라는 시에서 "무진년에 동방의 첫 임금이 생겨
났을 때는 하늘과 통하여 신비하고 괴이한 일들이 삼분(三墳)을
이루었다"고 했다. 여기에서 '삼분'은 단군의 3대를 가리킨다.

그가 《삼국유사》의 《고기》와 《제왕운기》의 《단군본기》 중에서
어떤 신화를 이해했는지 알 수 없다. 그렇지만 3대의 단군신화
를 분명하게 이해하고 있었고, 그 시조는 천여 년을 지속하면서
이후의 국가들도 모두 거기에서 비롯되었다고 했다.

　이색은 고조선의 역사적인 사실을 이해하면서도 그 시조 단
군에 대해서는 소극적이었다. 그 이유에 대해서는 잘 알 수 없
다. 다만 그가 다른 곳에서 말한 "그때의 역사가 전하지 않는다"
는 것과 관련이 있는듯하다. 이 같은 이해는 〈마니산기행〉에서
도 그대로 반영되어 있다. 참성단이 가지는 '단군 제천'에 대해
애써 외면하고 "이 제단이 하늘에서 쌓은 게 아니라면 정녕 누
가 쌓았는지 알지 못하겠다"는 것이 그것이다. 과연 그에게 단
군이란 어떤 존재였을까?

1358년 가을 참성초의 목적과 의미

　공민왕은 즉위하자마자 변발과 호복(胡服)을 해제하
고 즉위교서에서 태조와 종묘의 중요성을 강조했다. 원의 연호
인 지정을 사용 중단하는 조치도 내렸다. 1356년(공민왕 5) 5월
에는 원의 제2황후였던 기황후의 오빠로 대표적인 부원세력인
기철을 제거했다. 7월에는 개혁에 대한 입장을 표명하고 쇄신
을 위한 직언을 구했다. 이때 이색도 정방 혁파 등 10여 건에 달

하는 건의를 했다. 다음해 9월에는 왜구가 개경의 홍천사까지 침구하여 충선왕 부부의 초상을 탈취했다. 이 소식을 듣자마자 이색은 궁궐로 들어가 공민왕을 위로했다. 1358년 봄에는 어머니가 계시는 고향 한산에 왜구가 침입했다는 소식에 휴가를 내고 다녀오는 길에 송악산을 바라보며 팔선궁(八仙宮)에 국가와 어머니의 안녕을 빌었다. 1359년 겨울에는 팔관회를 통해 국왕권이 재현되는 것을 기뻐했다. 홍건적의 침입 소식을 듣고는 임금과 신하가 한 몸 같고 백만 사람이 쇠처럼 견고히 합심해야 중흥을 이룰 수 있다는 소회를 읊었다. 1358년 가을 그의 마니산기행은 이런 상황에서 이루어졌다.

참성초제의 행향사로 마니산 재궁에서 재계하면서도 그는 여전히 초제 설행에 반신반의했다. 여기에서 지은 시에서 "어찌 참성에 제사하는 것으로 사람들에게 태평세월을 누리게 할 것인가?"라고 했다. 그러면서도 기대를 담았다. 그는 스승인 이제현(1287~1367)이 한 무제가 천제(天祭)를 지낸 사실을 읊은 〈접련화〉라는 시를 차운하여 앙산정에서 시를 지었다. 참성초제를 고려의 전통적인 제천에서 유래한 것으로 파악했다. 공민왕의 개혁정치에서 최선두에 서 있던 32세의 이색은 때론 그 책임이 버거웠을 것이다. "이 강산에 이토록 말할 사람 없는 게 한스럽다"는 토로는 그런 심정을 이야기한 것이리라.

초제를 위해 오른 참성단의 모습은 신선 세계를 방불케 하는 구름에 낀 나직한 별들, 메아리가 되어 들려오는 여러 소리들,

이런 것이었다. 새벽녘 참성단에서 바라본 고려 산하는 장대함, 그 자체였다. 탁 트여 온 천지가 하나로 아우러진 장관을 배경으로 제단에서 향 피우고 청사를 소지하며 그는 고려의 태평년을 바라는 것이 한갓 욕심에 지나지 않는다고 생각하기도 했다. "다만 신명의 보우에 보답함일 뿐이지 어찌 스스로 복을 구하겠는가?"라는 자조에서 그 심정이 헤아려진다.

이색은 하늘에서 쌓은 이곳에서 조선씨에서 연원하는 고려의 역사와 그 계통이 하늘과 연결되어 있다는 사실을 자각했을지 모른다. 아마 신명보우의 대상도 조선씨였을 것이다. 초례를 마친 후에는 하늘과의 만남으로 목적을 충분히 달성한 듯한 느낌이었다. 산을 내려오면서 지은 시에서 "얼음이 있는듯하여 기쁜 마음이지만 이를 말로 표현할 수 없음이 애석하기만하다"고 읊었다. 그리고 귀경하려고 새벽녘 재궁을 출발하면서 그 의미들을 다시 정리했다.

> 천단(天壇)에 밤기운 하도 맑아 청사 아뢰자마자 희로애락 다 잊었네.
>
> 돌아가는 안장엔 장생복 (長生福) 가득 실어 우리 님께 바쳐 태평성대 이룩케 하리.
>
> 《《목은시고》 권4, 〈마니산기행〉 [새벽녘 재궁을 출발하며]》

고려사회의 개혁을 이끌어야 했던 그의 심적 무게는 청사의 소지로 일순간 모두 가셨다. 이제는 이곳에서 받은 장생복을 태평년을 위해 절치부심하는 국왕에게 바쳐 중흥을 이루는 일뿐이라고 다짐했을 것이다.

초제에 대한 행향사의 부담은 상당했다. 고려 말에 정추는 기우초제의 행향사를 맡게 되었다. 이때 이색은 그에게 "기우제 이후 며칠이 지나도 효과가 없거나, 한나절이 채 지나지 않아 비가 내리는 정도에 따라 행향사의 정성을 따지게 되고 국가의 행과 불행을 논하게 된다"고 했다. 행향사가 가진 심적 부담을 헤아릴 수 있다.

2. 참성초의 구성

참성초는 어떤 성격의 초제였을까?

앞서 이야기한 것처럼 도교에서의 초제 종류는 매우 많다. 무수한 별들을 대상으로 하다 보니 많을 수밖에 없다. 그런데도 우주 전체를 대상으로 하면, 오히려 일부에 지나지 않을까. 지금이야 수많은 은하계가 있고, 그중에 지구가 속한 우리 은하계에서도 태양계에 속한 행성 등에 대해 그 위치를 과학적인 측면에서 이야기하지만, 당시는 그렇지 못했다. 물론 삼국시대 이전부터 고려, 조선시대에도 하늘을 관측하고 거기서 발생하는 천문현상을 나름 과학적으로 접근하기도 했다. 단지 지금과 비교하여 과학적인 기준이 달랐을 뿐이다.

마리산참성에서는 어떤 성격의 초제가 지내졌을까? 고려시대의 자료에서 이에 대한 정보는 확인되지 않는다. 이런 점에서 나중에 이야기하려는 1484년(성종 15) 가을에 참성초행향사로 마니산에 다녀온 최호원의 말을 주목할 필요가 있다. 그는 참성조례는 소격서에서 지내는 삼계초제의 예에 따라 지낸다고 했다. 조선 전기 참성초의 성격이 삼계초제라는 것으로, 이것은 고려시대의 유습을 이은 것이라고 할 것이다.

《고려사》에서 삼계를 초제한 사례는 비교적 많이 확인된다. 1102년(숙종 7) 2월과 1105년 1월 태자에게 명해 삼계백신(三界百神)과 삼계영지(三界靈祗)를(구정), 1106년(예종 1) 9월 삼계신지(三界神祗)를 친초(회경전), 1116년 윤1월과 4월 삼계(내전·장락전)를, 1149년(의종 3) 6월 누리떼를 기양하기 위해(선경전), 1151년 8월과 1152년 4월·7월(내전) 및 8월(신궐), 1220년(고종 7) 3월(선경전), 1224년 4월과 1251년(고종 38) 10월(내전), 1258년 4월·1259년 7월·1261년(원종 2) 3월, 1263년 4월과 1264년 3월 및 1265년 3월(내전), 1271년(원종 12) 5월·1273년 5월·1274년 10월(본궐), 1276년(충렬왕 2) 윤3월(강안전), 1280년 3월·1283년 3월(본궐), 1284년 3월·1285년 3월·1286년 3월·1287년 3월·1292년 4월·1295년 2월·1298년(충선왕 복위 3) 3월·1319년(충숙왕 6) 4월·1347년(충목왕 3) 3월·1348년 3월(강안전), 1351년(충정왕 3) 3월(광명사), 1379년(우왕 5) 3월·1392년(공양왕 4) 3월(정사색) 등이다. 이때의 삼계초는 '삼계대초(三界大醮)'로 추측된다.

특히 의종 때에는 삼계초제에 대한 폐단도 심했다. 국왕의 장수를 빌기 위해 내시들은 환관들과 결탁하여 전국 각지에서 그 비용을 징수하는데 혈안이 되어 있었다. 그것으로 관북궁 등 이궁을 짓고, 불찰을 지어 불화(佛畵)를 모시며 초제를 지냈다. 그런데도 비용이 모자라 백성들의 고혈을 짜내 별공까지 거두어 금은과 구리·놋쇠로 만든 그릇들이 산더미같이 쌓였다고 한다. 초제 비용을 관리했던 도재고(都齋庫)에서조차 이를 감당하지 못했다.

　강도 시기에 설행한 13회의 초제 중에서 삼계가 7회로 단연 우세했다는 것은 앞서 이야기했다. 삼계는 사실 우주만물의 모든 신을 가리킨다.《고려사》에서 확인되는 백신(百神)·삼계백신·삼계영지·삼계신지 모두 같은 의미이다. 삼계는 도교의 36천 중에서 욕계·색계·무색계 등 28천을 아우르고 있어 그 범위가 넓으며, 강도 시기뿐만 아니라 고려 전 기간에 걸쳐 태일과 함께 가장 많이 모셔진 초제의 대상이었다. 1264년 6월 원종의 친초부터 시작된 참성단 초제는 국왕이 태자는 물론 재추·관료들을 대동하고 설행한 삼계대초로 지내졌다.

참성초에서 모셔진 신들

　　고려 후기 참성초제에서는 어떤 신을 모셨는지 알려지지 않았다. 조선시대의 자료를 통해 역추적하는 방법이 있을 수 있다. 조선 전기에 소격서와 참성단에서 지냈던 삼계초가 고려 후기의 전례를 따랐을 것이기 때문이다.

　조선 전기에 소격서에서의 삼계대초는 매년 상원인 정월 대보름에 지내졌다. 1404년(태종 4) 3월과 1420년(세종 2) 정월에 설행된 사실이 확인된다. 1484년(성종 15) 참성초행향사를 맡았던 최호원에 보고에 따르면, 소격서에서 지내는 삼계대초는 내단과 외단에 351위의 신을 모시는데, 행향사는 내단(상단)과 외단 서쪽(중단), 헌관은 외단 동쪽(하단)에서 차·탕·술을 드렸다고 한다. 참성초에서는 삼계대초를 축소하여 내단에 상제 4위와 외단에 91위의 신을 모셨다고 한다. 모두 95위였다.

이들은 어떤 신들이었을까? 1516년(중종 11) 12월 소격서 혁파를 논의하는 자리에서 영의정부사 김응기(1455~1519)는 마니산에서 옥황상제를 제사하면서 노자를 배향하고, 28수를 모셨으며, 염라대왕에게도 제사했다고 한다. 내단에는 옥황상제와 노자, 외단에는 28수와 염라대왕 등이 모셔졌다. 또 1511년 기우초제를 위해 마니산에 다녀온 류숭조(1452~1512)도 참성단에서 옥황상제를 모셨다고 하고, 명찰(1640~1708)이라는 스님은 참성단을 읊은 시에서 "옥황상제가 천단(天壇)에서 푸른 바다에 달을 보낸다"고 했다. 이로 미루어 참성초제에서 모셔진 95위의 신 중에서 옥황상제가 단연 으뜸이었다는 것을 알 수 있다. 내단(상단)에서는 상제 4위를 모셨다고 하는데, 일찍이 도교의 사어(四御)인 호천금궐 지존옥황대제, 중천자미 북극대황대제, 구진상궁 남극천황대제, 승천효법 후토황지기로 추정된 바 있다. 최근에는 옥청원시천존, 상청태상도군, 태청태상노군과 함께 호천옥황상제가 제시되었다. 여기에서는 최근의 견해를 토대로 이야기를 하려고 한다.

여기서 다시 살펴볼 것은 상제 4위의 위계에 대한 것이다. 사어 중에 옥황상제는 사실 노자보다 하위의 신격이었다. 즉 도교

▲ 노자(김홍도 군선도 부분, 삼성문화재단, 1776년, 국보): 참성초에서 노자와 염라대왕은 중요하게 모셔지던 신들이었다. 노자는 내단(상단)에서 옥황상제 다음으로, 염라대왕은 외단에서 으뜸으로 모셔졌다.

▲ 염라대왕(조선 후기, 캐나다 로열온타리오 박물관)

에서 삼청사어의 신관(神觀)은 옥황상제의 위상이 점차 강화됨에 따라 송나라에서 마련된 것으로, 본래 옥황상제는 삼청의 하위에 위차되어 있었다. 하지만 민간에서는 사람들 가까이에서 생사화복을 주관하는 옥황상제를 지고신으로 여겼다. 또 명나라 이후 이런 경향이 보편화되었다고 한다. 참성초제에서 사어 중에 옥황상제가 삼청보다 위격이 높았다는 사실은 이 같은 영향일 것이다.

태상노군인 노자는 원시천존·태상도군과 함께 도교에서 최고의 신인 삼청 중의 하나이지만, 그들의 관계 역시 조금 복잡하다. 19세기의 실학자 이규경은 《오주연문장전산고》에서 삼청을 설명한 바 있다. 그는 도가에서 호천상제가 제일 상위이고 삼청은 이를 배향하는 것이었는데, 지금은 태상노군이 제일 상위이고 노자의 법신(法身)도 보신(報身)도 아닌 원시천존·태상도군이 노자를 배향하고 있는 형국이라고 했다. 또 원래 최상인 호천상제는 그 밑에 있게 되어 분수에 넘쳐 꼬이게 된 것이 심하다고 비판했다. 이런 점에서 참성초제에서 사어의 위격은 옥황상제가 으뜸이고, 삼청이 이를 지지하는 구조였다. 그리고 삼청 중에서도 원시천존과 태상도군이 태상노군의 법신과 보신의 역할을 하고 있었다. 이 때문에 조선 중종 때 영의정부사였던 김응기가 참성단 상단에서 옥황상제를 제사하면서 노자로 배향하고 있었고 말한 것이다.

외단에는 28수와 염라대왕을 포함하여 91위의 성관(星官)이 모셔졌다. 그렇지만 나머지 62위의 성관에 대해서는 밝혀져 있지 않다. 1152년(의종 6) 6월 국왕이 염병을 기양하기 위해 명인전에서 72위의 성관에게 초제하고, 또 천황대제·태일·16신에게도 초제한 사실이 있는데, 이들과 91위의 성관을 비교할 수 있다. 당나라 두광정의 초연법위(醮筵法位)가 95위 정도였음을 참고하고, 《대법》〈산단설초품〉의 초사진령(醮謝眞靈) 360위의 축약형인 160위의 신위를 토대로 그 구체적인 내용을 제시한 견해도 있다.

참성초의 구성원

참성초제의 구성원에 대해서도 밝혀져 있지 않다. 이 또한 조선 전기의 자료들을 중심으로 이야기하면 다음과 같다. 이 초제는 국왕을 대신하는 행사였다. 그래서 향과 축문은 중앙에서 내려왔다. 행향사도 국왕을 대신해서 향을 바치는 역할이었기 때문에 2~3품의 고위 관료가 담당하는 것이 관례였다. 행향사는 내단(상단)과 중단(외단의 서쪽) 제사를 담당했다. 이를 보조하는 헌관은 3~4품 관료가 그 역할을 맡았다. 하단(외단의 동쪽) 또는 중단과 하단 제사를 담당했다. 참성초제의 실무를 도맡았던 전사관도 1명 있었다. 조선시대에는 소격서에 참성초제를 전담하는 관원이 있어 그가 전사관으로 내려왔다. 이것으로 미루어 고려시대에도 복원궁에 참성초제를 담당하던 관리가 있었던 것으로 추측된다. 전사관은 초제가 열리기 40일 전에 재실로 내려와 제주를 담그는 등 초제 준비 일체를 담당했다. 이들이 참성초제에서 제일 중요한 직임이었다.

이외에 배단(拜壇)이라고도 불리는 집사 2명이 있었다. 이들은 전사관을 도와 초제를 준비하고, 초제 때에는 제수를 진설하고 행향사·헌관을 보조했다. 초제 후 경전을 송독하는 도사와 음악을 연주하는 악사도 초제에 참여했을 것이다. 이규경에 따르면, 2명의 도사가 경쇠를 24번 울린 다음에 도경(道經)을 외운다고 했는데, 도경은 《황정경》이었다. 《황정경》은 《예주경》 또는 황녕(黃寧)이라고도 불렸는데, 고려시대부터 임춘·이규보·

이색 등 많은 사람들에게 읽혔다.

기우초제에는 운마악(雲馬樂)이라는 음악이 별도로 연주되었기 때문에 이를 위한 악사들도 게스트로 참여했을 것이다. 그렇지만 제단의 설치와 제수의 진설, 제기의 운송 등에 보다 많은 사람의 품이 필요했을 것이다. 초제 전 재실에서 참성단까지 행향사와 헌관을 인도하던 견여꾼, 초제 후 재실까지의 길에 불을 비추던 사람들도 있었다. 이들 대부분은 강화현 백성이었을 것이다. 평소에 참성단을 관리하던 단지기도 있었다.

▲ 황정경(조선 후기, 국립중앙박물관):《황정경》은 고려시대부터 도교 행사에서 많이 송독(誦讀)되던 경전으로,《예주경》으로도 불렸다.

참성초제를 설행하면서 금기가 있었을 것은 당연하다. 하지만 그 내용은 확인되지 않는다. 다만 재실 밑에 연산군 때 설치한 것으로 짐작되는 금표(禁標)만 확인될 뿐이다. 1484년(성종 15) 정월에 소격서에서 검찰사목을 올린 적이 있는데, 그것을 참성초제에도 적용할 수 있을 것으로 생각된다. 그 내용을 참성초제에 맞게 정리해보면 다음과 같다. 첫째, 초제에 과일 등의 물건을 감찰과 관원이 마음을 써서 검사하지 않으면, 행향사가 적발하여 중하게 논죄한다. 둘째, 행향사는 공경하고 삼가는 사람을 골라서 차정한다. 셋째, 재실 앞에 금표를 세워 사람의 왕래

를 금하며, 밖에 있는 노비들은 재소(齋所)에 들어오지 못하도록
한다.

참성초의 제복과 제수

행향사와 헌관 등 제관들은 어떤 옷을 입었으며, 제수
는 어떤 음식들이었는지도 궁금증 중 하나이다. 그러나 역시 자
료가 없다. 단편적인 자료들을 통해 이야기하면, 제관들의 복식
은 제복이었던 것으로 확인된다. 참성초제를 주제로 읊은 시들
에서 복장과 관련해서 한결같이 등장하는 것이 패옥(佩玉)이다.
패옥은 제복에 딸린 장식이다. 또 이규경은 "초사(醮祀)에 참가
하는 헌관과 서원들은 모두 흰 옷과 검은 건을 쓰고 치재하며,
관을 쓰고 홀을 꽂고 예복을 입고 제사를 지낸다"고 했다. 제관
들이 정재할 때는 흰 옷에 검은 관을 쓰고 치재하며, 초제할 때
는 제복에 관을 쓰고 홀을 꽂고 제사를 지낸다는 뜻이다. 또 도
사들은 머리에 소요관을 쓰고 아롱진 검은 옷을 입었다고 한다.

행향사는 2~3품관, 헌관은 3~4품관이었음을 감안할 때, 제
관들은 그에 맞는 복장을 했을 것이다. 3품의 행향사인 경우에
권은 3량, 은으로 된 혁대, 약옥(藥玉)으로 된 패, 황색·녹색·적
색·자색의 4가지 빛깔의 실을 사용하여 반조화금(盤鵰花錦)을 짜
서 만들고 아래에는 청사망으로 맺은 수를 사용했다. 수의 고리

는 2개로, 은으로 만들었으며, 홀은 상아로 만든 것을 사용했다. 4품의 헌관 경우에 관은 2량이며, 혁대와 패는 향사와 같은 것을 사용했다. 수는 황색·녹색·적색의 3가지 빛깔의 실을 사용하여 연작화금(練鵲花錦)을 짜서 만들었고, 아래에는 역시 청사망으로 마무리를 했다. 수의 고리와 홀은 행향사의 것과 같았다.

제수에 대해서도 자세하게 밝혀져 있는 것은 없다. 차·탕·술을 올렸다거나, 소찬(素饌)을 사용했다는 사실에서 짐작할 뿐이다. 이규경도 여러 과일과 밥·떡·차·탕과 술을 올리고 분향백배했다고 했다. 떡의 경우에는 여러 종류의 떡을 올렸다는 사실이 최호원의 건의에서 확인된다.

이에 대해서는 1420년(세종 2) 정월 대보름에 있었던 종묘대향과 삼계대초의 제수 준비에 대한 논의를 참고할 수 있다. 같은 날 동시에 설행할 삼계대초에서는 소찬을 준비해야 하고, 종묘대향은 희생을 쓰기 때문에 재살(宰殺)을 해야 했다. 세종은 서로 방해가 있을 것을 염려하여 정초에게 물었는데, 그의 답은 이러했다. "하늘을 제사하는데 희생을 쓰는 것은 고금의 통례요, 소격전에서 소찬을 하는 것은 도가에서 전래된 바입니다. 행하는 곳이 다르니 서로 방해가 되지 않으리라고 짐작됩니다". 서로 다른 제사이기 때문에 상관이 없다는 것이었다. 초제에 소찬이 이루어졌음은 오래된 유습이었다.

제수를 어떤 제기에 담아 진설했는가도 궁금한 문제인데, 이에 대해서도 알려진 자료가 전혀 없다. 최호원이 제기를 바꾸어

▲ '태일전'이 새겨진 백자 상감 잔과 잔받침(조선 전기, 국립중앙박물관): 조선시대에 도교의 신(神) 중에서 병란·재앙 등을 관장하는 태일(太一)을 제사하면서 사용되던 제기이다.

야 한다는 것과 여러 종류의 떡을 하나의 제기에 담아 진설하는 것, 유교제사에서 기장 등을 담아 올리는 보궤(簠簋)를 쓸 것을 건의한 바 있다. 그러나 보궤는 유교제례에 쓰는 것이어서 수용되지 못했으며, 나머지 2건의 건의에서는 제기의 종류나 형태를 짐작하기 어렵다. 고려나 조선시대에 도교제사에 쓰인 도자기 형태의 제기들이 확인되지만, 이런 재질의 제기가 참성초제에 사용되었는지 알 수 없다. 운반이나 초제에서 생기는 문제들을 고려하면 유기로 된 제기가 사용되었을 가능성이 있다.

참성초는 어떻게 설행되었나?

참성초제가 어떤 제식(祭式)으로 지냈는지도 잘 알려
져 있지 못하다. 또 고려 후기부터 조선 전기까지 여러 차례 변
화의 모습이 확인되어 그 내용을 일률적으로 이야기하기도 어
렵다. 조선 성종 이후의 내용을 중심으로 고려시대의 과정을 정
리해보면 다음과 같다.

(1) 복원궁(소격서)에서 참성초제 설행 일자를 택일한다.

(2) 복원궁(소격서) 관원(전사관)을 초제 40일 전에 마리
산 재실에 파견하여 제사에 사용할 제주를 빚고, 강
화현(부)과 재실을 오가며 초제 준비를 한다.

(3) 행향사를 선임하고, 도착 날짜를 선문(先文)으로 강
화현(부)에 통보한다.

(4) 재계 하루 전에 강화에 도착한 행향사와 헌관을 강
화현감(부사)이 포구에 가서 맞는다. 이때 행향사는
향축(香祝)을 소지했을 것이다.

(5) 행향사가 강화현(부)에서 하루를 묵고, 다음날 마리
산 재실을 향해 출발한다.

(6) 전사관은 행향사·헌관 보다 며칠 먼저 재실의 전사
청에서 초제 준비를 한다.

(7) 행향사와 헌관은 재실의 상방과 중방에서 1일차 정
재를 시작한다.

(8) 전사관은 초제 거행을 위해 단 위에는 장막을 설치
한다.

(9) 상단과 하단에 모실 95위의 신상(위판)을 모실 준비를 한다.

(10) 행향사와 헌관은 각자의 거처에서 2일 동안《황정경》을 독송하며 정재하고, 끼니 때마다 전사관과 함께 만나 식사하면서 초제 준비를 의논한다.

(11) 정재 2일째 오후 행향사·헌관은 견여를 타고 참성단으로 향한다.

(12) 선발된 2명의 집사가 정결한 옷을 입고 배단(排壇)하며, 내단(상단)에 상제 4위, 외단(중단과 하단)에 성관 91위를 신상(위판)으로 모신다.

(13) 집사가 제기 하나에 담은 여러 종류의 떡과 차·탕·술 등을 내단·중단(외단 왼쪽. 서쪽)·하단(외단 오른쪽. 동쪽)에 각각 진설한다.

(14) 21~23시 사이에 초제를 시작한다.

(15) 행향사는 내단과 중단, 헌관은 하단 제사를 진행하는데, 중단 제사를 마치고 하단 제사를 진행한다.

(16) 삼헌 청사를 한다.

(17) 경쇠를 24번 울리고《황정경》을 송독한다. 기우초제의 경우 운마악을 연주한다.

(18) 초제를 마치고 청사를 소지한다.

(19) 23~1시 가량 초제를 마치고 사람들이 밝혀주는 불을 이용하여 재실로 내려온다.

(20) 새벽 1~3시 경에 행향사 처소에 모여 설행된 초제에 대한 평가를 한다.

(21) 재실에서 잠을 잔 후 다음날 아침 각자의 목적지로 돌아간다.

조선 전기의 참성초제 제식(祭式)은 고려와 많이 달랐다.
우선 여러 신상(神像)이 목판의 위패로 바뀌었고, 행향사는 내단(상단) 제사만,
헌관은 외단(중단과 하단) 제사를 맡게 되었다. 또 헌관은 중앙 관료가 아니라
강화부사가 맡는 것으로 바뀌었다. 도교의례에 유교의례가 접목되어
점차 유교화되는 과정을 거쳤다.

7장
—

조선 전기에
변화된
참성초는?

1. 조선 전기 참성초제의 운영

마리산과 조선단군

조선 전기에 편찬된《세종실록》지리지에서 마리산은 몇 가지 측면에서 관심을 끈다. 하나는 마리산이 강화도호부의 진산(鎭山)이었다는 사실이다. 진산이란 도읍이나 군현을 보호해주는 역할을 하는 산을 말한다. 고려 개경의 송악이나, 조선 한양의 백악(북악산)처럼 보통은 도시 중심의 배후를 받쳐주기 마련이다. 그런데 마리산은 강화도호부의 중심지와 멀리 떨어져 있었기 때문에 진산이 되기에 불리했다. 강화의 도심과 가까운 고려산이나 혈구산이 오히려 적합했음에도 불구하고, 남쪽 끝단의 작은 섬에 불과한 마리산을 진산으로 삼은 것은 일견 이해하기 어렵다.

이와 관련해서 고려와 조선에서 강화의 행정체계가 달랐다는 사실을 염두에 둘 필요가 있다. 고려시대에 강화현은 지금의 양도면 일대에 있던 진강현, 하음면 일대에 있던 하음현, 교동도로 이루어진 교동현을 속현으로 둔 주현(主縣)이었나. 고려시대에는 각 군현마다 진산이 있었을 것이지만, 조선시대에 들어와 강화현을 포함한 4개 군현은 강화도호부와 교동현으로 재편되었다. 강화현을 중심으로 진강현과 하음현이 강화도호부로 합쳐지면서 3개 군현을 아우르는 진산이 필요했다. 그러기 위해서는 3개 군현의 지리적인 위치는 물론 역사문화적인 정체성을 통합할 수 있는 위상을 가진 산이 필요했고, 그런 측면에서 고려시대부터 그 역할을 했던 마리산이 주목되었을 것이다.

다른 하나는 참성의 명칭이 참성단(塹星壇)으로 바뀌었다는 것이다. 본래 '참성(塹城)'이란 앞서 이야기한 것처럼 성곽 등 주요 시설물을 보호하기 위해 그 둘레를 감싸도록 설치한 도랑 같은 해자가 있는 성채 또는 성황을 뜻한다. 여기서는 강과 하천으로 이루어진 천연의 요새지인 '천참(天塹)' 정도의 의미로 짐작된다. 왕건의 아버지인 왕릉이 궁예에게 송악에 발어참성(勃禦塹城)을 쌓도록 요청한 사실이 있는데, 같은 용례로 보인다. 그런데 '참성단(塹星壇)'은 군사적인 목적보다 도교의례로서 별을 제사하는 초제의 제단이었다는 사실을 앞세운 것이다. 그러면서도 삼랑성의 위치를 '참성(塹城)'의 동쪽으로 설명하고 있어 '참성(塹城)'과 '참성(塹星)'이 함께 사용되고 있었다. 물론 여기서도 '참성의 동쪽'이란 강화도호부의 진산으로서 마리산의 동쪽이라는 뜻이다.

또 "단군이 하늘에 제사했던 곳"이라는 참성단의 유래와 관련한 사실이다. 《세종실록》 지리지와 거의 같은 시기에 편찬된 《고려사》 지리지에서 참성단은 '단군제천단'이라고 기록되었지만, 《세종실록》 지리지에서는 '조선단군 제천석단(朝鮮檀君祭天

石壇)'으로 기록되었다. 즉 뒤의 책에서 '조선단군'이라고 한 것은 조선왕조에서 국조(國祖)로 정비된 단군의 위상이 투영된 결과였다. 여기에서는 1430년(세종 12)에 2품 이상의 관원을 보내 초제를 지냈다고 했다. 원래 2품 이상의 관원을 행향사로 파견했다가 고려 후기 어느 때부터 3품관으로 낮춰졌는데 이를 다시 2품으로 올렸다는 의미이다. 고려의 참성초제가 조선에 이어져 국가제사의 예로 지내졌음을 설명한 것이다. 참성초제는 고려시대의 국가제사에서 토풍을 반영한 제사였던 잡사(雜祀)에서 조선시대의 유교의 오례의(五禮儀)를 반영한 소사(小祀)로 변경되었다.

▲ 평양 숭령전(단군사당, 일제강점기) : 단군사당은 조선의 역대왕조 시조   ▲ 숭령전 단군 제단
를 모신 사당 중에 하나로 1429년(세종 11)에 건립되었다. 고구려의
동명왕이 합사(合祀)되었다.

새로운 나라인 조선의 건국과 함께 명실상부하게 역대국가의 위상을 가지게 된 고조선과 그 시조로서의 단군은 재정비될 필요가 있었다. 그것은 물론 고려 후기 《삼국유사》와 《제왕운기》의 편찬이 계기가 되었다. 고조선의 역사적 사실을 첫머리

에 실은 조선왕조의 첫 역사서인《동국사략》(1403년)과《동국통감》(1458년)의 편찬, 1429년(세종 11) 조선 역대 국가의 시조를 모신 사당의 하나로서 고조선의 도읍이었던 평양에서의 단군사당 건립은 대표적인 조치였다. 참성초제에 2품 이상의 관료로 행향사를 파견한 것은 평양에 단군사당이 건립된 다음해에 이루어졌다. 참성단 제사의 정비 역시 고조선의 역사적 사실과 관련한 국가제사의 정비라는 관점에서 추진되었음을 뜻한다.《세종실록》지리지에서 단군의 명칭을 '조선단군'으로 기록하고 있는 것은 이런 사실을 반영한 것이다. '조선단군'은 단군이 조선 역대의 시조로서 '동방에서 처음 천명을 받은 임금', '동방 시조'의 뜻을 담고 있었다.

마니산에서 지낸 해괴제(解怪祭)

조선 전기에 마니산에서 지내졌던 제사로 참성초제 말고 해괴제가 확인된다. 말 그대로 해괴한 일을 풀어내는 제사라는 뜻이다. 해괴하고 괴이한 일이란 대체로 당시까지 까닭을 알지 못했던 자연재해를 가리키는 일이 많았다. 매년 수차례에 걸쳐 닥쳐오는 자연재해는 어떤 방법으로든 헤쳐가야 했다. 그렇지 않으면 죽음에 직면해야 했기 때문이다. 가뭄이 발생하면 기우제를, 홍수가 발생하면 기청제를 지냈다. 억울한 원혼이 원인이 되어 발생한다고 믿었던 전염병이 돌면 그 원혼을 달래기 위해 여제(厲祭)를 지냈다.

이런 것들 말고도 자연재해는 많았다. 메뚜기 등 곤충으로 인한 충해, 지신(地神)이나 해신(海神)이 노해 일어난다고 믿었던 지진과 해일, 유성 등과 같은 별의 괴변, 무지개 등도 거기에 속했다. 지금은 지구의 지각변동이나 천체운동과 관련한 과학적인 설명과 어느 정도의 대책 마련도 가능하다. 하지만 당시로서는 해결책도 없는 재난, 공포 그 자체였다. 물론 지금도 그런 경우는 많다.

따라서 국왕의 부도적인 정치를 하늘이 꾸중하는 것으로(天譴) 받아들이는 것은 당연했다. 국왕은 우선 음식의 가짓수를 줄이는 감선(減膳)을 하며 자책과 근신을 하고, 경범죄로 투옥된 범죄자를 석방하는 등의 조치를 했다. 여러 종류의 기양하는 제사도 지냈다. 불교에서의 소재도량, 도교에서의 재초 등이 거기에 속했다. 해괴제도 마찬가지였다. 그런데 해괴제의 경우에는 앞서의 소재도량이나 재초 등과 조금 달랐다. 이것은 해괴한 일의 조치를 하늘에 알리고, 재발을 방지하는 차원에서의 고제(告祭) 성격을 지니고 있기 때문이다.

고려시대에는 1023년(현종 14) 금주(김해)에서 지진이 나자 금주지사에게 명해 해괴제를 지냈다. 그렇지만 고려시대에 해괴제를 지냈다는 기록은 더 이상 확인되지 않는다. 충해에 대해 반야도량이나 신중도량, 하늘의 이변에 대한 초제를 개최한 사

▲ 참성단(1930년대, H. H. Underwood) : 지금은 계단과 데크가 마련되어 있어 오르기 수월하지만, 1930
년대만 하더라도 참성단을 오르는 길은 험하기만 했다.

례가 확인되는 것을 볼 때, 불교나 도교의례가 주로 열린 것으
로 생각된다.

　조선시대에 마니산을 대상으로 해괴제가 설행된 사실은 2차
례 확인된다. 1411년(태종 11) 10월과 1426년(세종 8) 3월이다. 앞
서 이야기한 것처럼 1411년 10월에는 참성 동쪽 가운데 봉우리
가 길이와 너비 각각 5척(1.5m) 정도의 규모로 무너져 내렸기 때
문이었다. 1426년 3월에도 동쪽 봉우리가 무너졌는데 종을 치
는 것처럼 소리가 10리 밖에서도 들렸다고 한다. 강화도호부에
서 이 소식을 조정에 알리면, 조정에서는 담당부서인 서운관에
조치를 명하는 것이 보통이었다. 그러면 서운관에서는 관리를
보내 피해 사실을 조사하고, 복구가 이루어진 후에 해괴제를 지

내며, 앞으로 이런 일이 발생하지 않도록 근신할 것과 신령의 도움이 있기를 빌었다.

1411년에는 서운관의 부정(副正)이었던 장득수라는 사람을 보내 피해 사실의 조사와 복구를 한 후, 책임자인 서운관정 애순이 참성에서 해괴제를 지냈다. 또 1426년에는 서운관주서 장후와 서운관정 박염이 가서 살피고 복구한 후, 서운관부정 김영유가 해괴제를 지냈다. 이때 해괴제에 서운관 책임자가 제관으로 파견되고 있는 것으로 미루어 참성단에서의 국가제사가 초제로 설행되었던 것과 달리 유교제사로 지내졌음을 추측할 수 있다.

마니산의 붕괴 사실은 고려 충렬왕 때와 조선 태종 때 한 차례씩 더 확인된다. 1293년(충렬왕 19) 4월에 마리산이 무너졌는데 그 소리가 천둥 치는 것과 같았다고 하며, 1409년 5월에도 길상산·진강산과 함께 마니산이 무너졌다고 한다. 이때에도 피해 사실을 조사한 후 복구하고 해괴제가 지내졌을 것이다. 하지만 기록에서 확인되지 않는다.

조선의 국가제사에서 마리(니)산참성초

참성초제는 조선왕조의 국가제사에 편성되어 운영되기 시작한 조선 초기부터 소격서가 혁파되어 중단되는 1517

년까지 매년 봄가을, 그리고 기우를 위해 부정기적으로 운영되었다. 행향사, 헌관과 전사관이 중앙에서 파견되었고, 초제를 보조했던 배단 2명도 소격서에 소속된 노비 2명으로 충당했다. 참성단이 강화에 있었지만, 초제는 중앙에서 관리되고 있었다. 이 시기에 설행된 초제는 10여 건 확인된다.

조선 전기에 참성단에서 봄가을로 설행되던 초제는 소격전에서의 삼계초제와 함께 국가의례에서 변하지 않은 기본이었다. 제사의 공식명칭은 '마리(니)산참성초'였다. '참성초'로도 불렸다. 기우를 위한 초제는 '마리(니)산기우참성초'라고 불렸다. 의례는 '참성초례(塹城醮禮)' 또는 '참성제례(塹城祭禮)'로, 제단은 '참성초단(塹城醮壇)'으로 불렸다. 제관은 참성초행향사라고 불렸다. 하지만 강화에서는 참성초제를 마니산초제, 제관과 집사들은 마니산제관·마니산향사·마니산초제향사·마니산집사·마니산전사관 등으로, 기우초제는 마니산기우제 등으로도 불렸다.

기록에서 확인되는 참성초제의 설행 시기는 대체로 15세기부터 16세기 초까지이다. 시기를 구체적으로 확인할 수 있는 사례는 5차례, 행향사 이름을 알 수 있는 사례는 7차례이다. 이 중에 중종 때 4차례의 초제 중에서 김응기가 3차례나 참성초행향사를 맡았던 것으로 확인되어 이채롭다. 또 1445년(세종 27) 5월의 기우초제를 제외하면, 봄가을의 정기 초제였다. 류숭조가 다녀온 참성초제는 구름을 불러오기 위해 펼쳤던 운마악을 언급하고 있어 기우초제였음을 확인할 수 있다.

시기	제관	
1417년(태종 17) 10월	행향사	원숙(元肅, ?~1425)
알 수 없음(봄)	알 수 없음(변계량 청사)	
1430년(세종 12) 가을(?)	알 수 없음	
1445년(세종 27) 5월	알 수 없음(기우초제)	
1472년(성종 3) 4월	알 수 없음	
1477~1482년 사이 가을	행향사	노공필(盧公弼, 1445~1516)
1484년(성종 15) 10월	행향사	최호원(崔灝元, 1431~?)
1511년(중종 16) 4~5월	행향사	류숭조(柳崇祖, 1452~1512, 기우초제)
알 수 없음	행향사	김응기(金應箕, 1457~1519)
알 수 없음	행향사	김응기(金應箕, 1457~1519)
알 수 없음	행향사	김응기(金應箕, 1457~1519)

15세기 전반에 참성단 제사는 2차례의 정비과정을 거치는 것으로 확인된다. 첫 번째는 1404년(태종 4) 국가제사에서 별 제사의 초례를 상세하게 정한 때였다. 이때 지예조사를 겸했던 김첨은 도교의 도관인 태청관을 수리하여 천황대제를 초제하려다 "소격전이 있는데 또 태청관을 수리할 필요는 없다"는 판사 권근 등의 반대에 부딪혔다. 그런데도 성수초례(星宿醮禮)가 상정되었는데, 참성초례도 대상이었을 것이다. 그리고 1417년 10월 대언이었던 원숙은 참성초제행향사로 마리산을 다녀온 듯하다. 그 사실이 확인되지 않지만, 다녀온 후 그는 국왕에게 참성에 금기가 없고 재궁도 제단과 멀리 떨어져 있어 불편하다고 건의했다. 그의 보고는 조정에서 의논되어 12월에 서원관정을 지

낸 이양달을 보내 금기와 재실을 옮길 위치를 살펴보도록 했다. 이때 금기가 정해졌는지, 재실은 옮겨졌는지 확인되지 않지만, 그해 가을 참성초제가 설행된 것은 분명하다.

《동문선》에는 변계량이 지은 마리산참성초례의 청사가 전한다. 이때의 초제가 언제 이루어졌는지 확인되지 않지만, 늦은 봄에 나라의 평온과 풍년으로 민생이 안정되기를 기원하고 있어 봄 초제의 청사였음을 알 수 있다. 그는 1415년 6월에 예문관제학으로 가뭄이 심해 대제학 정이오와 함께 비 오는 때를 점치기도 하고, 다음해 6월에도 왕명으로 비를 비는 제천문(祭天文)을 지은 바 있다. 이로 미루어 그가 지은 참성초청사는 1415~1416년 사이의 청사로 짐작된다. 이때 행향사나 헌관 등에 대해서는 알 수 없다.

두 번째는 참성초행향사가 3품관의 대언에서 2품 이상의 관료에게 맡겨지는 1428년(세종 10) 11월이다. 이때 영보도량·삼계대초·신살초와 함께 참성초의 행향사를 2품 이상에게 맡기라는 왕명이 내려졌다. 그렇지만 왕명은 1년을 건너뛰어 1430년의 참성초부터 적용되었는데,《세종실록》지리지에서 확인된다. 이후 세종 때 참성초제의 설행 사실을 전하는 기록은 확인되지 않는다. 1445년(세종 27) 5월에 전년 가을부터 지속된 가뭄에 송악·개성 덕적·삼성(三聖)·감악산과 함께 마리산에 향과 축문을 내려 기우제를 지내라는 예조와 의정부의 건의를 받아들였는데, 이때 기우참성초제가 지내졌다.

이후 참성초제를 설행한 사실은 성종 때 확인된다. 1472년 (성종 3) 경기 지역에 봄 가뭄이 심해지자 예조에서 행향사를 보내 마리산참성에 기우할 것을 건의하여 설행되었다. 또 노공필 (1445~1516)이 참성초행향사로 마니산에 다녀온 사실이 벗이었던 홍귀달의 시에서 확인된다.

> 바다에 솟은 우뚝한 산 그 푸름 역시 만 길이고 사방이 위태로운 제단 큰 바다를 내려 보네.
> 의관은 땅을 비추고 가을은 말이 나는 듯 패옥(佩玉)으로 구름을 따라 밤새워 별을 제사한다네.
> 신선이 이미 전한 것은 단정(丹鼎)의 비결(秘訣)이고 도인이 단지 외는 것은 예주경이라네.
> 유주(柳州)의 풍류는 거문고와 학을 즐기는 것 상대하여 고담(高談)하며 약간의 주병(酒瓶)을 기우리네.
>
> 《허백정집》권1, 시, 〈노희량(盧希亮)이 마니성단(摩尼星壇)에 초제
> 를 지내러 가다〉)

홍귀달은 어느 해 가을 마니산 성단(星壇)으로 초제를 지내러 떠나는 노공필을 전송하는 시를 지었다. 1430년부터 2품 이상의 관료가 맡았던 행향사의 직임이 1475년(성종 6) 12월부터 다시 3품관으로 조정되었다. 노공필이 참성단에 갔던 때는 그가 3품관이던 1477년 5월 예문관부제학부터 1482년 12월 도승지를 지낼 때까지의 사이로 짐작된다. 이 시에서 참성초제에 대한 몇 가지 사실을 확인할 수 있다. 제관들이 환패(環佩)를 차고

구름 자욱한 밤에 별을 제사했다는 사실에서 초제의 복식은 제복이었다는 것과 그곳에서는《예주경》이 암송되었다는 사실이다. 또 강희맹(1423~1483)이 지은 〈마니참성〉이라는 시도 전해진다. 속세와 등을 진 듯한 참성단에서의 한밤을 읊고 있다. 하지만 그가 행향사를 맡았다는 사실은 확인되지 않는다.

행향사로 낙점을 받으면, 대부분은 신병 등을 핑계하여 소임에서 물러나고자 했다. 성리학을 신봉하는 유교 관료로서 도교 의례로 설행되는 초제를 주관해야 한다는 불편함이 있었을 것이다. 1435년(세종 17)에 "각처의 행향사가 낙점을 받은 후에 혹 초상집을 다녀왔다거나, 병을 핑계하거나, 다른 일을 내세우는 것은 심히 옳지 못하니 지금부터 낙점을 받은 후에 사고가 있는 사람은 이유를 갖추어 직접 승정원에 알리게 하자"는 이조의 건의가 수용되고 있음에서 확인된다. 조선 전기의 참성초청사는 1건 확인되는데, 변계량의 〈마리산참성초례삼헌청사〉이다.

1484년(성종 15) 참성초제 개선책을 낸 최호원

최호원은 본관이 초계, 자는 혼연이다. 1453년(단종 1) 증광문과에서 정과로 급제했으나, 이후 천문·지리·풍수 등과 관련한 길을 걸어 순탄하지 않은 평생을 살았다. 1485년 정월 홍문관을 비롯한 유신들은 최호원이 도선의 비보술에 경도

되어 있다고 파직을 강력하게 주장했다. 그는 자신을 변론했다. 여기에서 최호원은 자신의 학술이 거칠고 견문이 고루하지만, 성품은 민첩하여 여러 종류의 책을 보기를 좋아했다고 술회했다. 그런데 그가 술학(術學)에 정통하게 된 배경에는 세조를 시종하면서 받은 격려에 있었다.

세조는 이순지로 하여금 최호원에게 천문학·역산학을 가르치게 했고, 술수의 일을 모두 그에게 맡겼다. 성종도 즉위 초에 그에게 천문이습(天文肄習)을 맡겼고, 음양·술수 등의 일을 고문하게 했다. 그는 국왕이 술수의 임무를 자신에게 맡겼는데, 이를 건의하지 않으면 불충이고 직신(直臣)이 아니라고 했다. 도선의 글에서 길흉을 질정하려는 것은 나라를 위하고 백성을 구제하려는 정성이지 일신을 위한 꾀가 아니며, 불교를 믿고 따르는 뜻이 아니라고 했다. 그는 1468년(세조 14) 문과중시에서도 4등으로 합격했지만, 답안이 음양의 이론으로 작성되었다는 비난을 받았다. 문과 출신이면서도 방술(方術)을 숭상하여 사류에 끼지도, 사대부로 대우받지도 못해 보통 선비들도 바르지 못함을 알고 있다는 평을 받았다. 그는 세조 때 《팔패도법》 등 천문·지리·풍수와 관련한 서적들을 편찬하거나, 그 이론을 다른 사람들과 논란했다. 이기·성리설 등에 대한 논란에도 적극 참여했다. 그는 현실문제에 대한 적극적인 대책을 천문·지리·풍수 등을 통해 찾으려고 했다.

1476~1477년에 태일초제의 설행 장소 논란에 대한 최호원

의 입장을 먼저 이야기하기로 한다. 참성초제에 대한 그의 생각을 가늠할 수 있기 때문이다. 태일은 병란·재앙 등을 관장하며 북쪽 하늘에서 45년마다 여덟 방향을 떠돈다고 알려져 있었다. 그런데 우승지인 임사홍은 1478년에 태일성이 옮겨갈 방향인 정남과 정서 사이의 곤방(坤方)이 어디인가를 두고 이론이 있음을 두고 시시비비를 가리자고 제안했다. 그의 말에 따르면, 1388년(우왕 14)에는 정동과 정남 사이의 방향인 손방(巽方)인 통천에서, 1434년(세종 16)에는 정남의 이방(離方)인 의성에서 제사했는데, 다음 1478년의 곤방은 어디인가에 대한 논란이었다. 소격서에서는 마니산을 곤방으로 비정했다. 하지만 풍수학교수인 최호원은 이에 반대하고 있으니 그에게 전권을 주어 시비를 가리자는 것이 임사홍의 의견이었다.

이때 소격서와 관상감은 마니산이 딱 맞는 곤방은 아니지만, 명산이기 때문에 태일을 초제해도 무방하다는 의견을 냈다. 그러나 최호원은 반대했다. 그는 고려의 도읍이었던 개성에서 보면 강화는 정북과 정동 사이인 간방(艮方)인데, 조선의 도읍인 한양에서 보면 태방(兌方)이니 경기부터 충청도·전라도까지를 범위로 곤방을 다시 찾아야 한다고 했다. 왕조의 도읍이 바뀌었으니 태을성을 제사할 방위와 장소도 재비정되어야 한다는 것이 그의 입장이었다. 유신들에게는 도선의 비보술에 경도되어 있다고 비난받았던 그였지만, 이론에 근거하지 않은 무차별적인 비보에 반대했던 것이다. 참성초제에 대한 최호원의 건의 내용과 방향을 이해하는데 약간의 단서이다.

최호원의 참성초제 설행과 개선 건의

참성초제는 삼청전의 삼계초제와 함께 조선시대에 소격전에서 지내는 대표적인 제사였다. 삼계초제는 도교의례에 따라 내단(상단)과 외단(중단·하단)에서 설행되었다. 참성초제는 351위의 별을 모시는 삼계초제를 축소해서 95위의 신을 모시며 설행되었다. 참성초제도 내단과 외단으로 이루어져 있다. 야외라는 장소의 특수성과 공간적 협소함으로 중단이 없었다. 따라서 외단에서의 중단과 하단 제사를 하단의 왼쪽(서쪽)·오른쪽(동쪽)에서 설행하는 편법으로 공간적인 어려움을 해소했다. 고려시대부터의 유습이었을 것이다. 그런데 조선 전기에는 유교의례를 반영하여 변화하지 않을 수 없었다. 그 같은 내용은 1484년 최호원의 개선 건의에서 살펴볼 수 있다.

최호원은 1485년 가을 초제를 위해 참성단에 다녀왔다. 그리고 바로 1486년 정월에 황해도 일대에서 수년 동안 창궐하던 전염병 상황을 살피고 이를 진정시키는 여제의 헌관을 맡았다. 이때에도 도선의 비보설을 중심으로 퇴치할 방안을 제시했다. 당연히 불경한 말이 많고 대책이 괴이하기만 하다는 유신들의 반대에 수용되지 못했다. 이런 분위기는 그가 참성초제의 개선

안을 제시한 1485년 11월 말에도 마찬가지였을 것이다.

이때 정4품의 호군이었던 최호원은 참성초제에 대해 8가지의 개선방안을 건의했다. 제1조 헌관을 1명에서 2명으로 늘리는 일, 제2조 교생(향교학생)을 집사로 정하는 일, 제3조 제기를 바꾸는 일, 제4조 여러 종류의 떡을 종류별 제기에 담아 진설하는 일, 제5조 재실을 옮기는 일, 제6조 명도(命刀)의 일, 제7조 명지(命紙)의 일, 제8조 보궤를 쓰는 일 등이다. 그의 건의는 소격서와 예조에서 의논하게 했는데, 소격서제조 허종, 예조판서 이파, 예조참의 박숭질이 참여했다.

먼저 제1조 헌관을 늘리는 일이다. 참성초제의 직임을 맡은 사람들은 행향사·헌관·전사관 각 1명, 배단 2명 등 5명이 모두 중앙에서 파견되었다. 강화도호부는 여기에서의 역할이 전혀 없었다. 행향사는 내단(상단)과 외단의 서쪽(중단)에서 차·탕·술을 드리고, 헌관은 외단의 동쪽(하단)에서 차·탕·술을 드렸다. 그런데 참성은 내단(상단)이 높고 가팔라서 오르내리기가 어려웠다. 내단과 외단을 오르내리다가 실수를 하면 목숨을 담보할 수 없는 지경에 다다를 수 있었다. 더군다나 캄캄한 밤에 제사에 정성을 다하면서 계단을 오르내리다 보면 힘도 빠져 실족의 위험은 더욱 가중될 수 있었다. 최호원은 행향사의 소임을 내단으로만 국한하고, 1명이던 헌관을 2명으로 늘려 행향사와 헌관이 맡았던 중단과 하단의 제사를 이들에게 맡기는 방안을 제안했다. 유교제사의 삼헌관, 즉 초헌관·아헌관·종헌관의 예를 참조한 것이다.

이에 대해 소격서에서는 삼계초제와 비교하여 참성초제의 외단은 모시는 성신의 수가 많지 않아 중단과 하단 모두 헌관이 맡으면 삼계초제와 같은 격식이 될 것이라는 의견을 냈다. 행향사는 내단 제사에만 전념하고, 행향사가 맡고 있던 중단 제사를 하단 제사와 함께 헌관에게 맡겨 역할을 늘리는 방안이었다. 그리고 헌관을 중앙 관리가 아닌 참성단이 소재한 곳의 관리인 강화부사에게 맡기자고 했다. 소격서제조 허종의 제안에는 두 가지 목적이 있었다. 하나는 삼계초제와 참성초제의 격식을 통일하려는 것이었다. 소격서에서 주관하던 두 초제의 의례가 왜 차이를 가지게 되었는지 알 수 없지만, 소격서에서는 이번을 기회로 이를 정비하고자 했다. 두 번째는 중앙 관리가 맡았던 헌관의 소임을 강화부사에게 맡겨 행향사의 부담을 경감시키고자 했다. 이 과정에서 강화부사의 업무 가중이 문제로 제기되기도 했지만, 중앙직의 파견보다 그것이 현실적이라는 점이 작용했다. 예조에서도 동의했다. 이후 참성초제는 중앙에서 파견되는 행향사 1명과 강화부사가 헌관으로 참여하여 설행하는 것이 원칙이 되었다. 또 행향사는 내단(상단) 제사만, 헌관은 외단(중단·하단) 제사를 주관하도록 하여 행향사의 위험을 줄이고, 헌관의 역할을 늘렸다.

제2조는 강화향교의 교생을 집사로 정하자는 건의였다. 이들의 역할은 내단과 외단에 목판의 신위를 설치하고 제수를 진설

하는 한편, 초제가 진행될 때는 행향사와 헌관을 보조하는 역할을 했다. 배단이라고도 불렀다. 하지만 집사를 맡을 사람은 정해져 있지 못하고, 매번 초제 때마다 바뀌었던 것으로 짐작된다. 삼계초제에서도 마찬가지여서 소격서에 소속된 영리한 노비 두 사람을 골라 정결한 옷을 입혀서 제물을 진설했다고 한다.

소격서에서는 삼계초제와 같이 소속 노비 중에서 집사를 보내자는 의견을 냈으나, 예조에서는 서울의 각종 의례에서 재랑(齋郞)이나 축사(祝史)가 보조하는 것처럼 강화의 토착 양반이었던 품관 중에 정결한 사람을 뽑아 집사로 삼을 것은 제안했다. 이에 대해서는 예조의 의견이 수용되었다. 또 최호원은 참성단을 관리하던 단지기(壇直)의 옷도 누추하니 호조에게 명해 정결한 옷으로 바꿔 줄 것을 건의했다. 이에 대해서는 어떻게 처리되었는지 밝혀져 있지 않은데, 수용된 것으로 짐작된다.

제3조는 제기를 바꾸어야 한다는 건의이다. 참성초제에 사용되던 제기가 어떤 형태의 것인지 확인되지 않는다. 그렇지만 최호원에게 그것이 격식에 맞지 않는 누추한 것으로 여겨졌던 듯하다. 이에 대해서는 그의 건의가 있기 전에 바꾸었다는 것으로 미루어 소격서에서도 제기를 교체하려는 계획이 있었던 것으로 짐작된다.

제4조는 여러 종류의 떡을 하나의 제기에 담아 진설하는 것은 예의가 아니니 고치자는 건의이다. 재실에서 멀리 떨어진 참성단까지 제물을 옮기는데 어려움을 덜기 위해 간략하게 하려

▲ '소전색'이 쓰인 청자잔(국립중앙박물관): '소전색'은 고려시대에 도교의례를 관장하던 관청 중에 하나였다. 조선 태조 때까지 있었다. 그곳에서 사용했던 잔이다.

는 생각에서 제기조차 그 수를 줄였기 때문이라고 추측된다. 그렇지만 이것은 예의에 벗어나는 것이 분명했다. 최호원도 정성이 부족해 보인다고 느꼈을 법하다. 이에 대해 예조와 소격서에서는 그렇게 한 것이 오래되어 제사의 규식으로 자리했고, 무례한 것도 아니어서 종전대로 하는 것이 좋겠다는 의견을 냈다. 최호원의 건의는 수용되지 못하고, 국왕은 어서(御書)로 예조와 소격서의 의견에 '가(可)'자를 써서 내렸다.

　제5조 재실을 옮기자는 건의이다. 이 문제는 태종 때도 건의가 있어 현지 조사까지 한 바 있었지만, 실행되지 못했다. 지금도 참성단을 올라보면 알 수 있듯이 산세가 급해 주변에 건물이 들어설 입지가 전혀 없다. 태종 때도 같은 이유로 재실을 옮기지

못한 것으로 짐작된다. 70여 년이 지나 최호원은 재실을 참성단과 가까운 곳으로 옮기기를 다시 건의했다. 소격서에서는 경기 관찰사 성준이 순행할 때 조사하여 결정할 것을, 예조에서는 풍수학제조의 현지 조사 후 결정할 것을 방안으로 내놓았다. 소격서의 의견이 받아들여졌으나, 결국 재실은 옮겨지지 않았다.

제6조와 7조는 명도(命刀)와 명지(命紙)를 재정비하자는 건의이다. 명도는 초제를 지내기 전에 신들에게 올리는 청사 옆에 놓는 것으로, 칼자루는 용머리 모양으로 만든다고 한다. 종이가 없었던 고대에는 목간에 글을 쓰거나 고칠 때 서도(書刀)라는 칼을 사용했는데, 그 유습을 이어 초제의 제관들이 글의 틀린 곳을 정정할 때 쓰는 신물(神物)로 절하고 소리를 내서 청사를 낭독할 때 갖추어야 하는 물건이다. 명지는 신성(四司五帝)들이 죄과를 삭제하고 착한 공덕을 기록하는데 필요한 신물이다. 재초 때에는 지필묵연(紙筆墨硯) 10세트를 준비하여 10방에 바치는데 종이는 12폭이었다고 한다. 이때 소격서와 예조에서 의논한 명도와 명지의 체제가 어떠했는지 알 수 없다. 그러나 명도의 경우 옛 제도를 다시 상고하여 시행하도록 했다는 사실로 미루어 제도에 어긋나게 운영되고 있던 것을 바로 잡았음을 알 수 있다. 명지에는 칸을 나눈 횡간(橫看)이 있었다는 것으로 미루어 죄과와 공덕을 기록하기 위한 표가 그려져 있던 것으로 추측된다. 이를 어기는 사람은 헌관에게 조사하여 보고하도록 했다.

제8조 보궤를 사용하자는 건의이다. 보궤는 유교의 국가 제

사에서 기장을 담는 제기로 도교의례에서는 사용하지 않는다. 최호원은 참성초제에 사용되는 제기가 초라했기 때문에 격식을 높이기 위해 보궤의 사용을 건의한 것으로 짐작된다. 그렇지만 소격서와 예조 모두 그 의견에 반대했다. 역시 도가에서 쓰는 바가 아니어서 예전대로 하는 것이 좋겠다는 것이었다. 이 건의도 수용되지 못했다.

정비항목	성종 15년 이전	최호원 건의 내용	성종 15년 이후
행향사·헌관	행향사, 헌관 각 1명을 중앙에서 파견(총2명)	행향사 1명, 헌관 2명으로 헌관 1명 증원 (총3명) 중앙에서 파견	행향사 - 중앙에서 파견 헌관 - 강화부사로 차정(총2명)
초제방식	내단(상단) - 행향사 외단 왼쪽(중단) - 행향사 외단 오른쪽(하단) - 헌관	내단(상단) - 행향사 중단(외단 왼쪽) - 헌관 1명 하단(외단 오른쪽) - 헌관 1명	내단(상단) - 행향사 외단(중단·하단) - 헌관
집사 선정	일정한 선정 규식 없음 소격서 소속 노비 2명	강화향교 교생 중에 2명 선정	강화 품관 중에 2명 선정
제기 도배	각색병을 제기에 도배	종류별로 제기 사용	각색병을 제기에 도배
재실	참성단 아래	이건 요청	참성단 아래
보궤	사용하지 않음	보궤 사용 건의	사용하지 않음
제기		개조 요청	수용됨
명도(命刀)		옛 제도를 따라 시행	수용됨
명지(命紙)		관리 철저	수용됨

최호원의 건의는 대부분 수용되지 못했다. 그런데 그의 건의 방향은 도교의례였던 참성초제에 유교의례를 접목시키려는데 있었다. 유교의례의 삼헌관 형식을 초제에 도입하려 한 것과 강화향교의 교생으로 집사를 정하려고 한 것, 보궤를 사용하자고 한 것 등은 그 예이다. 참성초제의 권위를 높이고, 유교사회에서 도교의례를 설행한다는 비판을 희석시키려는 목적이 있었을 것이다. 그의 건의는 수용되지 못했지만, 이를 계기로 재정비된 규식이 조선 전기 참성초제의 제식이 되었다. 1484년 재정비된 참성초제 제식의 대강은 다음과 같다.

① 참성초제의 구성원은 행향사, 헌관, 전사관 각 1명과 집사 2명이었다. 그 외에 단지기 1명이 있었다.

② 참성초제는 3일치재로 진행되었다.

③ 행향사는 중앙에서 파견되었고, 헌관은 원칙적으로 강화부사가 맡았다.

④ 내단(상단)에 상제 4위, 외단(중단, 하단)에 91위, 모두 95위를 위판(位版)으로 모셨다.

⑤ 행향사는 내단 제사만 오로지 하였고, 헌관은 외단의 중단(하단 왼쪽)과 하단(하단 오른쪽) 제사를 담당했는데, 중단(서편) 제사를 마치고 하단(동편) 제사를 진행했다.

⑥ 집사는 강화 품관 중에서 2명을 선정하여 배단하게 했고, 그들은 정결한 옷을 입고 전물의 진설 등을 하였다.

⑦ 전물은 제기 하나에 진설된 여러 종류의 떡과 차·
탕·술 등이었는데, 내단·중단·하단에서 각각 드려
졌다.

2. 참성초제의 중단과 복구

참성초제에 대한 찬반 논란

명나라를 사대하던 제후국으로 조선은 제천을 할 수 없었다. 건국 초기 변계량이 비판을 받으면서도 제천의 당위성을 설명한 배경에는 천여 년이 넘는 전통에 있었다. 참성초제는 도교의례로서 성리학적인 유교질서를 이념으로 했던 조선사회에서 이단일 수밖에 없었다. 그렇지만 오래 전부터 지내온 것이기 때문에 함부로 중단할 수 없었다. 성리학적인 질서가 자리를 잡아가면서 참성단 제사는 점차 폐지 논의가 일기 시작했다. 1432년(세종 14) 예조판서였던 신상은 강화를 다녀온 후 마리산 초단(醮壇)이 비루하여 제사지내는 곳으로 마땅치 못하고, 소격전에서도 제사하고 있으니 참성초제를 폐지해야 한다고 건의했다. 그 바탕에는 하늘을 제사하는 것이 옳지 못하다는 불편함이 있었다. 그의 건의는 조선이 중국과 다른 천하라는 자주적인 인식이 강했던 사회분위기에서 수용되지 않았다.

참성초제의 혁파 논의는 중종 때 소격서 폐지 논의와 함께 본격적으로 거론되었다. 1511년(중종 6) 6월 어느 날의 아침 강론(朝講)에서 대사간 김세필과 지평 이성언이 혁파를 청했으나, 수용되지 않았다. 특진관 류숭조는 왕명에 이의를 제기하며 "국왕의 학문은 간사함과 바름을 가려야 마땅한 것이다. 소격서는 허망한 일이며, 조선에서 상제를 제사하는 것은 예에 맞지 않다"고 극론했다. 그리고 참성초제의 폐지를 주장했다. 이 건의가 있기 직전인 4~5월의 기우초제에 행향사로 참성단에 다녀온 그는 "마니산에서 비를 빌 때 차린 제단을 보니 '옥황상제'라 했고, 또 운마악을 벌였는데 그 허황됨과 무리함이 심했다"고 했다. 운마악은 내용을 알 수 없지만, 비를 빌기 위해 구름 속에서 말이 달리듯 땅을 딛고 구르는 듯한 음악을 말하는 것 같다.

1516년 2월 하순 열린 아침 강론에서 영사(領事) 김응기는 하늘을 제사하는 마니산제사는 분수를 심하게 넘은 예절이니 혁파해야 한다는 의견을 제시했다. 그는 참례의 근거로 불교의례로 치러지는 세조대왕 및 정희왕후의 기신재 제문에 "부처를 받드는 제자 조선국왕…"이라고 일컫는 사례를 지적했다. 참성초제의 청사가 조선국왕의 친압으로 이루어지고 있음을 지적한 것이다. 하지만 그의 건의도 수용되지 않았다. 다시 8개월 후인 10월 21일의 아침 강론에서 장령 공서린과 신용개가 다시 나섰다. 그들은 소격서와 참성초제의 설행이 부득이하지 않다고 하며 혁파를 건의했다. 신용개는 소격서가 하늘을 섬기는 일과 관계없이 단지 성신(星辰)과 노자에게만 제사하는데, 노자를 제사하는 것은 더욱 우스운 일임을 지적했다. 나아가 비록 조종조에서 한 일이지만, 마니산초제 또한 도리에 어긋남이 막심하니 국왕의 큰 결단이 필요하다고 주장했다.

그러나 태종 때부터 설행되어 온 참성초제를 갑자기 혁파하는 것은 부담으로 작용했다. 중종은 "국가제사는 조종 때 이미 참작하여 더러는 그대로 두고, 더러는 없앴으니 지금 경솔하게 의논할 수 없다"고 반대의사를 분명하게 했다. 그렇지만 소격서와 참성초제의 혁파에 대한 명분은 하나씩 축적되고 있었다. 12월 14일의 낮 강론(晝講)에서 강관(講官)들이 나섰고, 김응기가 이를 지지했다. 그는 3차례나 참성초제행향사를 맡아 마니산초제를 설행한 바 있었다. 그가 본 참성초제는 옥황상제를 주신(主神)으로 모시면서 노자가 이를 배향하고 28수를 위판에 써서 모시고, 또 염라대왕을 제사하고 있었다. 참성초제는 성신(星神)을 제사하는 것이었는데, 이런 현장 상황은 성신의 흠향을 막는 장애 요소로 작용한다고 인식했다.

이후에도 소격서 혁파를 두고 유신과 국왕 사이에 수차례 갈등이 있었다. 그리고 1518년 9월 마침내 소격서가 혁파되었다. 참성초제도 폐지되었다. 그러나 조광조가 실각하자 국왕은 소격서 복구의 뜻을 내비쳤다. 유신들은 반대했다. 국왕이 복구하려는 이유는 기우·기청에 대한 의례 지속과 자전(慈殿)의 쾌유를 빌기 위한 것이었다. 결국 효를 명분으로 들고 나온 국왕을 꺾을 수 없었고, 소격서가 복구되면서 참성초제도 재개되었다. 마니산이 중요한 기우장소 중에 하나였기 때문이다.

1527년(중종 22) 참성초제의 복구

1527년 봄 가뭄이 심했다. 국왕은 1474년(성종 5)의 사례를 참조해서 기우를 논의하라는 비망기를 내렸다. 그때에도 심한 가뭄으로 마니산을 비롯하여 전국 곳곳에서 기우제가 일시에 거행된 적이 있었다. 예조의 논의 결과 옛 관례에 따라 기우제를 지내는 종묘·사직부터 마니산까지 12곳은 일단 제외되었다. 이곳들은 가장 중요한 기우장소로 최후의 보루로 남겨두었다. 개성 송악산 등 차상위 13곳에서 먼저 기우가 이루어졌다.

이때의 기우참성초제는 조선 전기에 설행되었던 것과 달랐을 것이다. 1518년부터 중단되면서 목판으로 만들어진 신위(神位)와 제기, 여러 준비물이 폐기되었을 것이다. 이들이 다시 마련되어야 했다. 또 제단과 재궁 또한 관리되지 못했을 것이다. 9년만에 초제를 재개하면서 모든 것을 다시 마련해야 했고, 참성단 등도 수리해야 했다. 이에 대한 유신들의 비판도 따랐을 것이다. 유교의례가 보다 가미되지 않을 수 없었다. 17세기 말에 이형상(1653~1733)이 지은《강도지》라는 책에 그 변화내용이 실려 있다.

① 초제를 거행하려고 제단 위에 장막(천막)을 설치했다.
② 상단에는 나무 위패가 없이 단지 지방으로 4위의 상제 위호(位號)를 썼고, 하단에는 성관(星官) 90여 위를 설치했는데 제사를 마치면 불살랐다.

▲ 이형상의 《강도지》(조선 후기, 인천시립박물관) : 목판의 위패 대신 지방(紙榜)을 사용하고, 초제를 마치면 소지(燒紙)하는 등 중종 때 폐지되었다가 복구된 참성초제의 변화 모습을 싣고 있다.

③ 소격서 관원들이 제사 40일 전에 내려와 술을 빚어
　제주로 사용했다.
④ 소찬으로 제사했다.

　참성초제가 도교의례였다는 사실을 염두에 둘 때, 이 중에서 제주와 소찬에 관한 ③과 ④는 조선 전기에도 마찬가지였을 것으로 짐작된다. 변화는 ①과 ②이다. ①의 제단 위에 장막을 쳤다는 것은 ②와 관련이 있다. ②의 내용 중에서도 내단(상단)에 상제 4위와 외단(하단)에 성관 90여 위를 모셨다는 것은 조선 전기에도 마찬가지였을 것이다. 위패는 목판에서 지방으로 바뀌었다. 신위를 지방으로 모시려면 신위가 바람에 날리지 않도록 장치가 필요했고, 그것이 ①에서처럼 내단에 천막을 치는 것이

었다.

또 조선 전기에는 나무 위패로 신위가 마련되었기 때문에 초제를 마치면 이를 거두어 다음 초제를 위해 재실에 보관했을 것이다. 그런데 초제가 폐지되면서 신위 또한 폐기되었다. 초제를 복구하면서 신위는 다시 만들어졌어야 했지만, 유신들의 반대로 어려움이 있었다. 지방(紙榜)은 대체 방안이었다. 또 복구된 초제가 부정기적인 기우초제였기 때문에 목판으로 신위를 모실 시간적인 여유가 없어 임시로 지방으로 모셨던 것이 이후 지속되었을 측면도 고려할 수 있다. 지방으로 모신 신위들은 초제 후 재사용하기보다 유교제례에 따라 소지하는 것으로 정리되었다. 조선 전기에는 청사만 소지했으나, 이때부터는 청사와 함께 지방의 신위들이 소지되는 의례가 덧붙여졌을 것이다.

16세기 후반의 참성초제

1527년 봄 가뭄으로 다시 지내진 기우초제를 기회로 참성초제는 9년만에 복구되어 16세기 말까지 지속되었다. 1527년 이후 16세기 말까지 확인되는 참성초제는 16회이다. 이 중에 정기초제는 봄초제 2회, 가을초제 3회로 5회이며, 기우초제가 8회로 확인된다. 또 성격을 알 수 없는 사례가 3회이다.

시기	제관	
1527년(중종 22) 5월 (기우초제)	미상	
미상 (기우초제)	헌관	심의(沈義, 1475~?)
1554년(명종 9) 7월 (기우초제)	미상	
1559년(명종 14) 7월 (기우초제)	미상	
1569년(선조 2) (?)	미상	
1574년(선조 7) 5월 25~27일 (기우초제)	행향사	원천군 이휘(李徽, 1533~1594)
	헌관	권항(權恒)
	전사관	이장윤(李長胤, 1533~?)
1574년(선조 7) 9월 23~25일	행향사	이흠례(李欽禮, 1523~1585)
	헌관	남궁지(南宮芷, 1530~?)
	전사관	?
1575년(선조 8) 9월 22~24일	행향사	조구(趙逑)
	헌관	전순필(全舜弼, 1514~1581)
	전사관	이장윤
1576년(선조 9) 2월 24~26일	행향사	이필(李佖, 1522~?)
	헌관	전순필
	전사관	이장윤
1576년(선조 9) 4월 19~21일(?) (기우초제)	행향사	청원도정 이간(李侃, 1556~?)
	헌관	권항(權恒)
	전사관	양모(楊某)
1576년(선조 9) 6월 11~13일(?) (기우초제)	행향사	오천군 이굉(李鍧)
	헌관	원세광(元世光)
	전사관	?

시기	제관	
1576(선조 9) 9월 19~21일	행향사	양희(梁喜, 1515~1580)
	헌관	한막손(韓莫孫)
	전사관	윤경지(尹景祉)
1577(선조 10) 3월 20~22일	행향사	이대신(李大伸)
	헌관	김호섭(金虎燮?)
	전사관	이장윤
미상	미상	
미상	미상	
1595년(선조 28) 4월 (기우초제)	전사관	차천로(車天輅)

기우초제는 4~6월 사이에 지내졌는데, 1576년(선조 9)의 경
우에는 4월에 지내고도 효험이 없자 6월에 두 번째 초제가 지
내졌다. 이때 행향사의 임무는 종실에서 맡은 것으로 확인된다.
부정기적인 것이다 보니 관료로 행향사를 급히 차정하기 어려
웠다는 점과 국왕을 대신하는 행사였던 만큼 종실에 맡기면 효
험이 높을 것이라는 기대감이 작용한 것으로 짐작된다. 이때는
소격서 관원이 40일 전에 재실에 내려와 제주를 빚던 관례도
지켜지지 못했다. 1595년(선조 28) 4월 말 또는 5월 초에 있었던
기우초제를 위해 차천로가 기우전사관의 임무를 띠고 4월 19
일 강화에 내려온 사실에서 추측된다. 심의가 헌관으로 참여했
던 기우초제에서 초제를 마치니 빗빌이 내렸다는 것으로 비루
어 간혹 효험이 있다고 생각되기도 했다.

이 시기의 청사는 4건이 확인된다. 정기초제는 이이와 구봉

령의 〈마니산참성초삼헌청사〉이고, 기우초제는 박승임의 〈마리산기우참성초삼헌청사〉 2편이다. 이들은 유학에 바탕을 두고 과거에 급제한 관인들로, 대부분 참성초제에 곱지 않은 시선을 가지고 있었다. 하지만 그들은 청사를 지을 수밖에 없었다. 이이는 청사를 지으라는 왕명을 2차례나 거절하면서도 결국 이를 수용할 수밖에 없었다. 그 목적이 나라의 태평, 민생 등을 명분으로 하고 있었기 때문이었다.

강화부사 전순필이 참가한 참성초제

1574~1577년(선조 7~10)에 강화부사를 지낸 전순필은 강화에서의 생활을 정리한 《선조강화선생일기》를 남겼다. 그의 나이 60~63세 때였다. 여기에는 1574년 5월부터 1577년 봄까지 3년 6개월 동안 8건의 참성초제와 관련한 기록이 있다. 그는 1575년 9월 22~24일과 1576년 2월 24~26일에 진행된 가을과 봄 초제에서 헌관으로도 참여했다. 이 기간에 기우초제는 3차례 설행되었는데, 1574년 5월, 1576년 4월과 6월이다. 《선조강화선생일기》에서는 '마니산기우제'로 적고 있다. 1575년 9월 헌관으로 참여했던 가을초제를 중심으로 이야기하기로 한다.

- 21일 오후: 향사인 첨지 조구가 강화부에 들어 왔으

▲ 강화유수부(1866년, Le tour du monde): 참성초제를 위해 강화를 찾은 행향사와 헌관 등은 재실로 가기 전에 강화부에 들러 강화부사와 만남을 가진 후 마니산으로 출발했다.

나, 나는 병을 핑계하고 나가지 않았다.

– 22일: 향사와 아침밥을 먹었다. … 향사가 마니산을 향하여 출발했는데, 나 또한 헌관으로 급히 뒤를 따라갔다. 밤이 깊어 재실에 들어가 분향숙배한 후 향사를 만났다. 곧 하처(下處)로 갔지만 전사관 이장윤은 제물을 살피느라 겨를이 없어 서로 만날 수 없었다.

– 23일: 새벽에 전사관을 만나 함께 상방(上房)으로 가서 향사를 만나 함께 아침밥을 먹었다. 식사 후에 각자 흩어졌다가 오시(11~13시)에 또 만나 점심밥을 먹었다. 저녁때에도 역시 오시와 같이 하였다.

– 24일: 새벽에 전사관과 함께 향사를 만나 아침밥을 먹었다. 또 점심밥도 함께 먹었고, 점심밥을 먹은 후에는 각자 견여를 타고 산에 올랐다. 산길이 매우 험준했는데, 재실부터 참성까지는 10리 남짓이었다. 높

은 하늘을 향해 가는 걸음걸음은 주저주저 비틀거렸
지만, 마음만은 늠연하였다. 제단에 도착하여 제사를
지내니 밤은 이미 2경(21~23시) 가량이었다. 또 견여
를 타고 불을 밝혀 내려와 재실에 이르니 피곤하기가
비할 데 없었고 밤은 이미 반이나 지났다.
 - 25일: 향사와 전사관이 먼저 출발하였기에 이를 책망
   하면서 나루로 갔다(《선조강화선생일기》).

　이때 행향사는 첨지 조구, 헌관은 강화부사 전순필, 전사관
은 소격서참봉 이장윤이었다. 조구가 강화부에 들어선 것은 초
제 3일 전인 9월 21일 오후였다. 3일치재를 하기 이틀 전이었
다. 행향사로 선임되면 중앙에서는 선문(先文)으로 행향사가 언
제 도착할 것이라는 것을 강화부에 알려주고, 강화부사는 포구
로 나가 그를 영접하는 것이 보통이었다. 이때도 마찬가지였겠
는데, 전순필은 병을 핑계하고 행향사를 맞지 않았다. 아마 전
순필이 9월 11일부터 20일까지 문과시험의 시험관으로 차정되
어 남양으로 출장을 다녀온 것과 관련이 있는듯하다. 여기에는
폐행을 일삼아 파직과 복직을 반복하던 조구에 대한 평도 일정
하게 작용한 듯싶다.
　행향사는 21일 저녁을 강화부에서 묵고, 22일 아침에 강화부
사를 만나 식사를 함께했다. 그리고 마니산을 향해 출발하자 강
화부사 역시 급히 그 뒤를 따랐다. 그들은 함께 출발하지 않고
따로 재실로 길을 나섰다. 밤이 깊어 재실에 도착한 전순필은 분

향숙배한 후 재실 상방에 있던 행향
사의 숙소에서 조구를 만나 도착했
음을 알렸다. 또 재실 아래에 있던 전
사관의 처소로 갔다. 이장윤을 만나
기 위해서였다. 하지만 그는 제물을
살피느라 숙소에 없어 만나지 못하
고 헌관 처소로 돌아와 잠에 들었다.

정재 1일차인 23일 새벽 전순필
은 이장윤을 만나 상방으로 가서 행
향사와 함께 아침밥을 먹고, 각자 흩
어져 재계하다가 오시(11~13시)에 다
시 만나 점심을 먹었다. 역시 오후에

▲ 전순필의 《선조강화선생일기》(조선 중기, 강화역
사박물관): 참성초제의 헌관을 담당했던 전순필
이 강화부사로 있었을 때 쓴 일기이다.

각자 재계하다가 저녁에 만나 저녁밥을 함께 먹었다. 정재 2일
차인 24일 아침과 점심에도 그들은 재계하며 아침과 점심을 함
께 먹었다. 2일 동안의 정재에 행향사와 헌관은 일출(6시경), 일
중(12시경), 일몰(18시경) 등 하루 3번 재를 올리고 《황정경》을 송
독했다.

점심 식사 후 이들은 각자 견여를 타고 참성단을 올라 제수
를 진설하는 등 초제를 준비하다가 늦은 밤(21~23시)이 되어서
초제를 지냈다. 마친 시간은 3경(23~1시) 가량이었다. 이후 이들
은 다시 각자 견여를 타고 재실로 내려와 4경쯤에(1~3시) 행향
사 처소에 모여 초제에 대한 평가를 한 후 새벽녘에 잠시 눈을

붙였다. 그리고 25일 아침 각자의 목적지를 향해 재실을 출발하는 것으로 초제의 일정을 모두 마무리했다.

1484년 최호원의 참성초제 개선 건의에 따라 헌관은 중앙 관료가 아닌 강화부사가 맡는 것으로 바뀌었다. 그러나《선조강화선생일기》를 참고할 때, 그 조치는 원칙대로 실행되지 않았다. 여러 가지 상황에 따라 헌관의 선임 또한 변했다. 강화부사도 그 직임을 맡은 것은 물론이다. 하지만 강화부사는 대부분 강화를 찾는 행향사와 헌관·전사관의 접대를 맡았다. 경우에 따라서는 다른 곳의 제사나 기우제의 직임에 차정되어 자리를 비우는 경우도 있었다.

임진왜란 직후 폐지된 참성초는 17세기 전반에 복구하려는 움직임이 있었다.
국왕 인조의 의지이기도 했다. 하지만 참성초는 복구되지 못했다.
이를 담당할 소격서가 다시 먼저 설치되어야 한다는 것이 이유였다.
참성초는 이후 다시 설행되지 못했고, 유교의례인 오례의(五禮儀)에 따른
마니산산천제가 이를 대신했다. 장소도 바뀌었지만, 성격도 국가제사에서
강화유수부 제사로 변했다. 성리학의 나라였던 조선에서는 당연한 것이었다.

8장
—

참성초에서
마니산산천제로

1. 소격서의 존폐 논쟁과 참성초제

율곡 이이의 청사 제진(製進) 반대와 참성초의 폐지

조광조로 대표되는 유신과 중종의 격렬했던 논쟁 결과 1518년(중종 13) 9월 소격서가 폐지되었지만, 9년 후 다시 설치되었다. 왕실을 중심으로 한 각종 초제의 시의성 때문이었다. 이후에도 소격서의 무용론을 주장하는 유신과 필요성을 주장하는 왕실을 중심으로 갈등이 지속되었다. 1566년(명종 21) 6월 국왕은 소격서의 제기를 제대로 관리하지 않은 관원의 죄를 추궁하라는 명을 내렸다. 이에 대해 사초(史草)를 담당했던 사신은 "소격서에서 설치한 위패는 나무를 새겨 까맣게 칠을 해서 천신·성수(星宿)의 이름을 썼는데 그 수가 천여 개에 이르러 불경스럽기 끝이 없다. 유신에게 초제를 베풀게 하고, 재상이 왕명을 받들고 가서 제사를 지내니 애석하다"고 평한 바 있다. 유신으로서 다른 종교(異敎)의 의례를 설행해서는 안 되는 것이었다.

그 논쟁의 중심에 참성초제가 있었다. 참성초제가 삼청전 초제와 함께 유신들에게 부정적으로 이해되었던 것은 하늘에 제사하는 것이었기 때문이다. 그것은 천자만 할 수 있는 것이었다. 조선 초기의 원구제 역시 마찬가지였다. 세조 이후 원구단은 이름이 남단(南壇)으로 바뀌었다. 이것은 주현(州縣)에서 바람 신인 풍사와 비신인 우사를 제사하는 제도를 모방한 것이었다. 하늘에 대한 제사를 포기할 수 없다는 생각을 담고 있다.

1569년(선조 2) 국왕은 홍문관교리였던 이이(1536~1584)에게 마니산초사(摩尼山醮詞, 청사)를 지으라는 명을 내렸다. 이이는 왕명의 부당함을 이유로 따르지 않았다. 참성초제는 유교의 가르침에 어긋나는 좌도(左道)였기 때문이다. 그는 국왕에게 두 차례에 걸쳐 부당함에 대해 건의했다. 첫 번째에서는 "유교의 예의에 벗어나는 참성초제는 마땅히 개혁해야 할 대상인데, 경연 또는 서연에서 경서를 강론하는 강관으로서 마니산참성초 삼헌 청사를 지어 올리는 것은 군주를 제대로 섬기는 것이 아니기 때문"이라고 했다. 그래도 왕명이 다시 내려오자 "계속 유신에게 청사를 지으라고 명령하는 것은 올바르지 않은 글을 지으라는 것이니, 그렇다면 먼저 유신의 신분을 버리고 명을 받들겠다"고 대응했다. 그렇지만 이때 참성초청사는 지어졌다. 참성초청사를 둘러싼 선조와 이이의 논쟁은 이후 유신이 국왕을 어떻게 정도(正道)로 이끌어야 하는지의 모범이 되었다. 1731년(영조 7) 10월 국왕과 시강관이 진강(進講)하는 자리에서 시독관이었던 이종성이 이이의 사례를 예로 들고 있음에서 알 수 있다.

참성초제는 1595년(선조 28) 4월에 차천로가 기우초제의 전사관으로 강화로 간 사실을 끝으로 기록에서 사라졌다. 이후 언제 참성초제가 폐지되었는지 알 수 없다. 1603년(선조 36) 3월에 사직서에서 도망간 노복을 대신해 소격서에 배속되었던 노복 2명을 그곳에 배속시킨 일이 있다. 소격서가 유명무실해진 사실을 의미한다. 아마도 참성초제는 1595년 4월 이후 1603년 3월 이전 사이에 폐지된 것으로 짐작된다.

조선 전기 이후 참성초제가 전통적으로 도가에 위임되어 진행된 행사였음에도 불구하고 중단되지 않은 것은 그 상징성 때문이었다. 정조는 "우리 동방에 나라를 세운 것은 단군부터 시작되었는데 역사에서는 하늘에서 내려와 돌을 쌓아 제천의례를 행했다고 했다. 그 후에도 모두 그대로 따르고 있는 것은 대국(大國)에서 봉한 것이 아니고, 크게 참람하지도 않았기 때문"이라고 했다. 거기에는 조선이 중국과 다른 동방의 세계라는 인식이 깔려 있었다. 중종 이후 참성초제가 중단과 재설행을 거듭하면서도 임진왜란 직후까지 지속될 수 있었던 배경에는 그 출발이 단군에게 있었다는 이해가 작용했기 때문이었다. 이를 폐지하는 것은 단군 이래의 전통을 끊는 것으로 생각되었다.

참성초제의 복치(復置)를 위한 움직임

광해군과 인조 때 활동했던 박정현이라는 사람이 쓴 《응천일록》이라는 책이 있다. 여기에서는 중종 이후 국왕과 신료들이 지속적으로 논쟁했던 소격서 존폐의 문제가 임진왜란 이후 유신들이 선조에게 건의해서 폐지한 것으로 기록했다. 그런데 반정으로 왕위에 오른 인조는 소격서의 복치와 천제(天祭)를 다시 설행할 의지를 분명하게 했다. 사헌부와 사간원으로 대표되는 유신들의 반대도 만만치 않았다. 인조는 민심을 수습하겠다는 것을 명분으로 구언상소를 받았다. 이 과정에서 초제의 복구를 제시한 음성현감 정대붕의 상소가 접수되었다. 1630년(인조 8) 8월이다.

그는 왜란 이후에도 천변(天變)으로 가뭄이 끊이지 않고 변방에서도 재난이 계속 발생하여 백성을 보존할 수 없게 되었다는 현실인식을 가지고 있었다. 그리고 그 원인을 하늘을 경건하게 섬기지 못한데서 찾고, 이를 해소하려면 소격서를 다시 설치해서 하늘을 섬겨야 한다고 했다. 그렇지만 왜란으로 나라 재정이 탕갈된 지금에 소격서를 복설하여 전임 관원을 두는 것이 어려우니 다른 관원으로 겸임하게 해서라도 초례를 설행할 것을 주장했다. 하늘을 제사할 나름의 현실적인 대안을 제시한 것이다.

예조의 입장은 당연히 부정적이었다. "일월성신은 천자가 교제(郊祭)를 지내는 예로 고려에서 송나라와 원나라를 섬겨 도교와 불교의 초제에 대한 이야기를 익히 들었던 탓에 조선에서도 마니산 제성단(祭星壇)을 폐지하지 못했었다. 중종 때 조광조 등의 노력을 거쳐 임진왜란 이후 겨우 혁파했는데, 지금 다시 복설을 논하는 것은 매우 외람된 것"이라고 했다. 사간원·사헌부를 중심으로 정대붕을 관리명단에서 제외하고 파면하라는 상소가 이어졌다. 그렇지만 국왕의 구언에 대한 것이라는 이유로 수용되지 않았다.

1644년(인조 22)에도 승지 최유연이 소격서를 다시 설치할 것을 요청했다. "조선에서 소격서를 두어 황천상제에게 제사를 지낸 것은 이미 건국 초기부터 거행했던 성대한 의식이기 때문에 섣불리 폐할 수 없으며, 지금 나랏일이 옛날과 같지 않고 어려움이 많은 이유는 천제(天祭)를 중단한 것"때문이라고 했다. 또 "소격서 폐지 이유가《춘추》에서 말한 노나라의 복교(卜郊) 때문이라면, 단군과 기자 이후 천백 년 동안에《춘추》를 읽은 사람이 많을 것인데 제사 중지에 대한 말은 한마디도 확인되지 않는다"고 하며 소격서 혁파가 잘못된 일임을 지적했다. 이때도 사헌부에서는 정대붕 때와 마찬가지로 사판(仕板)에서 삭제하기를 요청했지만, 국왕은 "승지가 별로 잘못한 것이 없으니 심문하지 말라"고 했다. 사간원에서 삭탈관직과 문외출송을 청하며 논쟁했고, 국왕은 마지못해 파직만을 명했다. 정대붕과 최유연의 초제와 소격서 복치 건의 뒤에는 이를 다시 설치하여 천제(天祭)를 재설행하려는 인조의 뜻이 담겨 있었다. 그렇지만 이에 대한 유신의 대응도 만만치 않았다.

1638년(인조 16) 참성초제를 재설행하라는 왕명

이런 가운데 1638년 참성초제를 복구하려는 움직임이 확인된다. 예조에서 국왕의 재가를 받은 공문을 강화부에 보내 참성단에서 앞서 지냈던 예에 따라 제사를 지내게 하려고 했다. 이때는 봄 가뭄이 심했다. 씨앗을 땅에 뿌리지 못하고 보리와 밀도 모두 시들어버렸다. 4월 2일 지낼 첫 번째 기우제에 대해 예조에서 몇 가지를 건의했다. 첫째 2품 이상의 중신으로 제관을 삼아 재소(齋所)에서 재계하게 하여 신령이 흠향하게 할 것, 둘째 기우제를 지낸 뒤 헌관은 가까운 곳에 머물다가 3일이 지나도 비가 오지 않으면 다시 기우제를 지내게 하는데 3차례에 걸쳐 실시할 것, 셋째, 눈먼 무당과 어린아이가 비는 것과 집집마다 병에 버드나무를 꽂아두는 병류(瓶柳)는 폐단이니 하지 못하게 할 것, 넷째 제관은 소찬하게 하고 저자에서 도살을 금지하게 할 것 등이었다.

여기에 대신들도 의견을 보냈다. 예조의 건의를 지지하면서 한결같이 오례의 풍운뇌우단(風雨雷雨壇)에서 지내는 기우제와 북교(北郊)와 바다 및 산천에 제사하는 의례에 맞게 지낼 것을 아뢰었다. 인조는 예조와 대신들의 건의를 수용했다. 다만 예조의 건의 중에 3번째 것은 예부터 전해오던 것이니 중지하지 말고 그것도 시행할 것을 명했다. 그런데 비는 오지 않았다. 5월 초 인조는 승지를 보내 삼각산·목멱산·한강에서 기우제를 거행했다. 5월 말에는 인조가 직접 사직에서 비를 빌었다. 그런데도 효험이 없었던 듯하다.

이형상이《강도지》에서 말한 1638년(인조 16) 예조의 공문은 이런 배경에서 보내진 것이다. 여기에는 조선 초기 이래 영험 있는 기우장소로 손꼽혔던 참성단에서 기우초제를 지내려는 인조의 뜻이 담겨 있었다. 오래 전부터 초제를 복구하려는 의지이기도 했다.

2. 오례의(五禮儀)에 따른
마니산제사의 정비

강화유수 김신국의 마니산제사 정비

참성초제를 복구하라는 왕명은 받은 사람은 강화유수 김신국(1572~1657)이었다. 소북의 영수였던 그는 임진왜란 때에는 의병장으로 참전했고, 병자호란 때에는 주화론을 주장했다. 때문에 당시 사회를 휩쌌던 숭명반청의 분위기와는 일정한 거리를 두고 있었다. 강화유수로 부임하기 이전인 1633년에 그는 호조판서로 김자점을 대신하여 강화유수부를 관리하는 책임을 겸한 바 있었다. 또 1638년 정월에는 판중추부사로 병자호란 때 막심한 피해를 입은 강화유수부를 다른 곳으로 옮기려는 움직임을 저지하기도 했다. 그리고 4일 후 강화유수로 임명되었다. 이때 조정에서는 호란의 피해를 수습하기 위해 강화를 맡길 적임자를 물색했다. 영의정 이홍주는 김신국을 추천했고, 비변사에서는 전임 유수인 신계영의 유임을 건의했다. 김신국도 비변사의 의견에 동의했다. 그런데 결론은 그로 결정되었다.

참성초제의 설행에 대한 예조의 관문이 강화유수부에 전달되었다. 김신국은 관문의 내용 하나하나를 살펴 예조에 따지듯

했고, 예조에서는 이를 다시 조정에 보고했다. 그 내용은 대략 3가지였다. 첫째, 참성초제는 소격서에서 주관하는 행사로 소격서를 다시 설치한 후에 삼계대초와 참성초제를 함께 추진하는 것이 마땅하다. 둘째, 소격서가 복설되지 않은 상황에서는 임시변통으로 다른 명산에서 산천제를 지내는 예에 따라 마니산위판(摩尼山位版)을 먼저 조성하여 추진해야 한다. 셋째, 사당을 짓거나 장막을 치는 것은 한결같이 오례의를 쫓아야 한다.

▲ 김신국 초상(조선 후기): 강화유수였던 김신국은 참성초를 복구하려는 인조의 뜻을 겉으로는 거스리려고 하지 않으면서도 유교의례로 지내는 마니산산천제로의 전환을 시도했다.

김신국은 참성초제를 설행하라는 왕명을 여러 측면에서 검토한 후, 왕명을 거스르지 않으면서도 유교의례로의 설행이라는 개선책을 제시했다. 초제 설행에 대해서는 소격서 복설이라는 문제를 들어 반대했다. 참성초제가 소격서에서 주관하는 행사이기 때문에 그 복설이 먼저 이루어진 후 추진하는 것이 마땅하다는 것이다. 이것은 "소격서가 복설되기 이전에 겸직의 형태로라도 초제를 설행하는 것이 필요하다"는 정대붕을 앞세운 왕명을 정면으로 반대한 것이었다. 그리고 대안으로 마니산위판을 다른 명산의 예에 따라 조성하고, 사당을 짓거나 장막을 설치하여 기우하는 것은 오례의의 산천제 의식에 따라 설행할 것을 건의했다.

참성단에서의 기우를 유교적인 의례에 따라 설행하여 국왕의 명분과 유신의 실리를 모두 취했다. 따라서 이후부터 마니산 산천제단에서 지내졌을 마니산기우제에서는 13세기 중엽이후 지속된 도교의례로서의 참성초제가 유교의례로서 오례의의 산천제로 대체된 모습을 살펴볼 수 있다. 이형상은《강도지》에서 이것은 도가의 일이 아니고 명산에서의 예(禮)라고 했는데, 이런 의미였다.

마니산산천제는 1437년(세종 19)에 마련된 산천단묘·신패 제도에 따라 정비되었다.《홍무예제》에 따른 위판 제작, 신주실(神主室)·신주(神廚)·고방(庫房) 설치, 산천제 설행에서 헌관은 제복을 입고 집사와 교생은 유관(儒冠)을 쓰게 하는 의례 개정, 산천제단 주변의 정비, 단묘간수인(壇廟看守人) 선정 등이 그 내용이었다.《세종실록》에서는 마리산위판이 '마리산산천지신'에서 '산천' 두 글자를 삭제하여 마리산지신(摩利山之神)으로 정비된 사실을 특기하고 있다. 이때 정비된 마리산제사규식은 마니산 초성단(醮星壇) 아래에 있던 산천제단에서 설행되었을 것이다. 즉 조선 전기부터 마니산에서는 도교의례의 참성초제와 유교의례의 마니산산천제가 병행되고 있었다. 초제는 소격서에서, 산천제는 강화부에서 담당했다. 1638년에 이르러서는 공식적으로 참성초제가 마니산산천제에 합쳐진 것으로 짐작된다.

그런데 마니산산신의 위판인 '마니산지신'은 간혹 분실되어 다시 만들어져 봉안되기도 했다. 1717년(숙종 43) 5월에 그 사례가 확인되는데, 이때 강화유수는 최석항이었다. 그는 참성단이 붕괴되어 보수했는데, 마니산산천제단도 함께 보수했던 것으로 짐작된다. 마니산산신의 위판이 분실되어 개조한 후 봉안했다는 것은 그런 사실을 의미한다.

참성단과 마니산산천제단의 수리

《인조실록》에서는 참성초제의 기능이 마니산산천제로 합쳐진 다음해인 1639년 10월과 12월 참성단이 수리되고, 산천제단에 사당을 건립하고 산신을 제사했다는 기록이 확인된다. 정조 때 편찬된 《강도부지》에서도 1639년 겨울에 마니악제천단을 수리하고, 사당을 지어 산신을 제사했다고 한다.

《인조실록》에서 10월에 마니산제단 또는 마니산제천단을 다시 수리했다고 하는데, 제단이기보다 고적으로 수리되었다고 짐작된다. 여기에는 참성초제에 대한 지속적인 관심을 가지고 있던 국왕의 의중을 대비하려는 뜻도 포함되어 있었을 것이다. 그렇지만 주된 목적은 임진왜란 지후 참성초제가 폐지된 이후 고적으로 남아 문인들이 찾는 명승고적의 관리를 위한 것이었다. 참성단은 풍우 등에 따른 자연적인 훼손이 많아 지속적인 관리가 필요했기 때문이다.《인조실록》에서 '다시' 수리했다는 것은 이런 의미였다. 12월에는 사당을 건립하고 마니산산신에게 제사했다. 제관은 강화유수였다. 이것은 앞서 1437년에 마련된 산천단묘·신패 제도에서 "나라에서 제사를 지내는 곳에는 풍년을 기다려 신주와 고방을 각각 2칸씩 짓는다"는 규정과 관련이 있어 보인다. 강화유수의 입장에서는 마니산산천제단의 재정비였다.

《연려실기술》에서는 "인조 19년에 처음으로 마니산을 제사했다"고 기록했다. 여기에서 '인조 19년'은 '인조 17년'의 오기이다. 그런데 문제는《인조실록》의 '다시(復)'와《연려실기술》의 '비로소(始)'을 어떻게 해석해야 할 것인가이다. 분명하게 말할 수 있는 것은《연려실기술》이 마니산산천제의 설행을 기록한 것이라는 점이다. 따라서 여기서의 '비로소'는 참성초제가 마니산산천제로 합쳐져 공식적으로 1639년 12월에 처음 설행되었다는 뜻으로 읽힌다. 이때의 의례는 오례의에서 산천을 제사하는 의식(祭山川儀)을 따랐다. 이후 참성단은 강화의 고적으로서만 기능하였다.

마니산산신제의 양상

강화유수 김신국이 1638년 6월부터 준비해서 1639

년 12월 처음 지낸 마니산산신제는 이후 참성초제의 기능도 흡수하여 대한제국시기까지 마니산산천제단에서 설행되었을 것이다. 마니산산신이 어떤 신이었는지에 대해 알려진 것이 없다. 참성단에서 처음 제천했다는 단군으로 추측되기도 하지만, 근거가 있는 것은 아니다. 마니산산신제의 사례를 확인하는 것도 쉽지 않다.

시기	참여자	
1653년(효종 4)경	제관	석지형(石之珩, 1610~?)
1697년(숙종 23) 또는 1698년	헌관	이이명(李頤命, 1658~1722)
1721년(경종 1)경	헌관	홍계적(洪啓迪, 1680~1722)
1782년(정조 6)	헌관	김익(金熤, 1723~1790)
1839년(헌종 5)	헌관	박영원(朴永元, 1791~1854)

　　17세기 중후반부터 19세기 전반까지 마니산산신제가 설행된 사례는 5차례 확인된다. 이 제사는 강화유수가 헌관이 되어 매년 봄가을로 마니산산천제단에서 설행했다. 가뭄에는 마니산기우제도 지내졌다. 산천제단은 참성단 아래에 있다고《동국여지승람》에 기록되어 있으며,《강도지》에서는 효험이 있어 가뭄이 있을 때마다 기우했다고 한다. 위치는 화도면 문산리 산 64-1번지로, 재궁 북서쪽에 있다. 기우제단지에는 샘터가 남아 있는데, 재궁터에서 60m 가량 떨어져 있다. 제단은 동서와 남북이 각각 6m인 정사각형으로 흙을 쌓아 만들었는데, 현재

▲ 마니산산천제단: 제단의 흔적을 찾아볼 수 없을 만큼 수풀만 무성하다.

에는 대부분 무너진 상태라고 한다.

1635년(효종 4)경 강화교수였던 석지형은 마니산제관에 선임되었다. 마니산제사를 마친 그는 새벽녘에 단군이 쌓았다는 천단(天壇)에 올라 그 소회를 시로 읊었다. 참성단에서 내려다본 풍광은 비단을 수놓은 듯 장관이었다. 그의 시에서 참성단은 천단·영단(靈壇)·고대(高臺)로 표현되어 있다. 또 그 시점이 새벽이라는 점과 시의 분위기가 도가적이라는 점에서 제사 장소를 참성단으로 착각할 수도 있다. 하지만 제사는 마니산산천제단에서 이루어졌고, 그는 제사를 마친 후 참성단에 올랐다. 그가 강화교수로 제관에 선임된 것도 강화유수가 헌관이 되는 제사였기 때문에 가능했다. 따라서 《강도지》〈참성단〉조에서 수록하고 있는 이색·이강의 시와 석지형의 시를 같은 배경에서 이해할 수 없다. 이색·이강의 시가 참성초례를 주관하는 과정과 경험을 배경으로 한 것인 반면에, 석지형의 시는 참성초제가 아니라 마니산산천제단에서 '마리산지신'을 모시는 유교의 산천제를 거행한 후 참성단에 올라 풍광을 읊은 것이기 때문이다.

마니산기우제문은 모두 4건이 확인된다. 이이명·홍계적·김익·박영원이 강화유수로 재임하면서 소재관 제사로 기우제를 주관하기 위해 지은 것이다. 이이명의 제문에서는 국왕을 대신한 섭사(攝祀)였음과 대상이 산천신이었음이 밝혀져 있다. 김익과 박영원이 지은 기우제문은 강화의 다른 기우장소인 고려산·갑진(甲津)·남산·북악·사직과 함께 제사한 것이다. 김익의 제문에서는 3개월간의 가뭄에도 비 한 방울 내려주지 않는 하늘을 탓하며, 하늘과 기(氣)를 소통하고 있는 마니악의 신령함으로 비를 내려달라고 기도했다. 박영원의 제문에서는 단성(檀聖)의 유적이 있는 마니악이 강화에서 가장 신령한 곳으로 인식되고 있음을 전제하고, 신령한 제단에 두 손 모아 비는 것이 유일한 대처방안이라고 밝히고 있다.

1679년(숙종 5) 2월에는 강화돈대를 설치하는 일을 시작하면서 공사의 안전과 순조로움을 비는 마니산고제(摩尼山始役告祭)가 설행되었다. 돈대의 축조는 왕실보장처였던 강화도의 해안방어체제를 보다 체계적으로 갖추기 위해 시작되었다. 관리감독은 공사의 중요성 때문에 병조판서 김석주를 중심으로 중앙에서 했다. 시역고제도 중앙에서 직접 주관했는데, 제관은 승지

권해, 전사관 겸 대축도 중앙관리 중에서 선임했으며, 집사는 경기에서 파견했다. 이때의 제사장소도 마니산산천제단이었을 것이다.

조선 후기에 참성단은 명승고적으로 남았다.
여행객의 관심은 이곳에서 펼쳐지는 탁 트인 전망과 여흥에 있었다.
한편에서는 강화 일대가 고조선의 남쪽 경계였다고 이해되었는데,
참성단과 삼랑성은 그 유적으로 제시되었다.

9장

고적과 역사
사이에서

1. 명승고적으로 참성단 답사

참성단에 대한 관심의 변화

〈마니산에 올라〉라는 김시습의 시에서도 확인되듯이
참성단은 조선 전기부터 문인들이 시를 짓기에 좋은 재료였다.
이곳은 훌륭한 답사 장소였다. 참성초제가 폐지된 이후에도 문
인들의 관심은 지속되었다. 초제가 폐지된 시기의 전후에 살았
던 권필·이정구 등에게서 참성단은 여전히 도교적인 장소로 이
해되고 있었다.

그러나 시간이 지나면서 그에 대한 기억은 옅어지기 마련이
었다. 1664년(현종 5) 봄에 강화유수로 참성단에 오른 조복양은
그곳을 해산대(海山臺)로 부르며 풍광을 읊거나, 옛 제단으로의
모습을 회고했다. 박경손이나 정재로 또한 그곳의 풍광으로 관
심을 옮겨갔다. 1713년(숙종 39)에 강화유수를 지낸 김진규는 참
성단에 올라 도관(道冠)을 쓴 듯 방외의 느낌을 가졌고, 옥동 이
서(1662~1723)도 세상 모든 것을 담고 있는 모습만 들어올 뿐이
었다. 1818년(순조 18) 장녕전별검을 지낸 최승우는 참성단이 천
년을 넘는 신공(神功)을 가진 곳이었지만, 지금은 단군의 자취만
빈터에 남아있을 뿐이라고 했다.

▲ 이이명 초상(조선 후기): 이이명은 강화유수로 마니산산신에게 비를 비는 기우제문을 지어 마니산산천제를 지내기도 했다.

그런 가운데 간혹 참성단 제사가 18세기 전반까지 지속되고 있었다고 착각되는 자료가 보이기도 한다. 역시 강화유수였던 이이명은 1710년(숙종 36) 강화를 중심으로 〈해안을 방어하는 방안〉을 건의하면서 마니산 정상에서 재숙(齋宿)한 사실을 떠올렸다. 그가 강화유수를 역임한 때는 1697~1698년경으로 이때 그는 마니산산신제를 주관한 바 있다. 최석항도 1717년 강화유수로 새벽녘에 참성단에 올라 제물을 받들었다고 읊었다. 그런데 이때는 무너진 참성단을 수축한 후 이를 알리는 고제를 지낸 것으로 초제와 달랐다.

참성단에 오른 조선 후기의 문인들은 그곳에서 단군 또는 그때의 수축을 이야기하고 있지만, 그들의 관심은 다른 데 있었다. 참성단과 단군의 이야기는 답사에서 의례적인 것으로 바뀌었다. 최승우는 "이미 훼손되어 폐허가 된 참성단에서의 단군 유적을 지금은 아무도 기억하지 못한다"고 했다. 같은 시기의 문인이었던 이병원에게서도 참성단은 명승고적으로서의 의미가 확대되고 있었다. 그들은 국가제사로서 참성초제의 모습에 아무런 관심이 없었다. 관심은 오직 참성단 정상에서 볼 수 있는 사방이 트인 광경에 있었고, 마치 신선계인듯한 그곳에서의 감회에 있었다.

간혹 참성단 유래에 대한 해석이 시도되기도 했다. "마니산의 단군유적은 그 말기에 도읍이었던 황해도 유주(儒州, 문화현)에서 가까운 마니산을 봉해서 제천했던 것에서 비롯되었을 것으로 생각된다"는 순조 때 류휘문의 견해가 그렇다. 하지만 그도 이를 확신하지 못했다. 단군의 세대가 멀어 징험하기 어렵다는 이유였다. 그는 참성단에서의 제천을 고구려 때 시작했을 가능성도 제시했다. 그렇지만 이 역시 구체적이지 못한 여행에서의 궁금증에 머물렀다.

문인들의 마니산기행

조선 후기의 많은 문인에게 강화는 금강산·지리산·개성·평양 등과 함께 대표적인 여행지였다. 특히 강화는 한양과 가까워 다른 곳보다 짧은 일정으로 다녀올 수 있어 바쁜 이들도 비교적 쉽게 여행을 계획할 수 있었다. 그들은 참성단·정족산성(삼랑성)·전등사 등의 명승고적을 답사하며 기행에 대한 유감을 시나 산문으로 남겼다. 분량이 많은 경우에는 〈강도

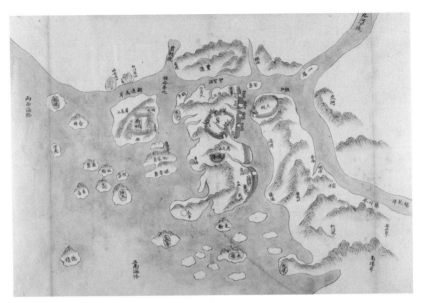

▲ 강화부도(《좌해여지》, 조선 후기, 교토대): 참성단이 표기되어 있지 않다.

록〉·〈강도기〉·〈심도기행〉 등의 별편으로 구성하였고, 그렇지 않을 경우에는 짧은 기행문을 남겼다. 17세기 중반 김약연의 〈유강도록〉, 이도현의 〈유강도기〉, 19세기 전반 류휘문의 〈서유록〉, 이재의의 〈유마니산정족사기〉, 김시화의 〈마니산기〉와 〈정족산기〉 등이 있다. 강화기행에서 그들의 최고 관심은 마니산 등정과 참성단에 있었다.

그들은 강화여행에 앞서 이형상의 《강도지》나 김노진의 《강화부지》 등 읍지를 살피거나, 앞서 강화를 여행했던 사람들이 남긴 여행기를 통해 정보를 습득했다. 1757년(영조 33) 가을 강화를 여행한 김약연은 5촌 동생인 김덕옹의 〈마니산기〉를 읽고 여행을 준비했고, 1829년(순조 29) 5월 하순 일주일의 일정을 계획한 신좌모는 여행에 앞서 읍지를 살펴보았다. 그들은 홀로 또는 여행할 사람들과 함께 이런 자료를 미리 읽어보며 여행할 곳을 상상하거나 일정을 계획하고 숙박과 쉴 곳을 정하는 한편, 먹거리 메뉴도 정했을 것이다. 현재의 우리가 여행에 앞서 인터넷이나 여행정보지, 앞 사람들의 여행기 등을 통해 정보를 얻고 계획하는 것과 같다.

여행의 일정은 사람마다 다르겠지만 참성단을 중심으로 이야기해보면, 전등사와 삼랑성을 거쳐 마니산 어귀에 도착해서 천재암에서 잠시 쉬고 마니산을 등반하는 것이었다. 참성초제의 설행이라는 공무로 여행을 온 사람들이 재실과 참성단에서의 초제 후 전등사 또는 삼랑성을 거쳐 일정을 마무리했던 것과 비교하면 반대의 경우였다. 참성단을 여행의 마지막 일정으로 삼은 것은 마니산 등정이 피크였다는 사실을 뜻한다.

1757년 가을에 강화를 유람했던 김약연과 이하(李厦) 일행은 천재암에서 점심을 해 먹은 후 마니산에 올랐다. 그가 본 단군이 쌓았다는 참성단은 수십 명이 앉을 수 있는 규모였는데, 그날은 황사 등이 심해 멀리까지 조망할 수 없었다고 한다. 하산하면서 수풀에 떨어져 있는 산밤을 주었는데, 산속에서만 맛볼 수 있는 것이었다고 했다. 저녁에는 선두포에서 썰물 광경을 황홀하게 바라보았고, 전등사에 묵으며 절밥을 얻어먹었다. 이때 이하는 배앓이를 하면서도 밥상을 마주하여 공수를 하자 일행은 도인의 신선술을 얻었다고 놀리며 즐거워했다고 한다.

　김약연과 같은 시기에 강화여행을 했지만, 다른 팀이었던 이도현은 마니산에 오르기 전에 수문(水門) 둑길에서 물고기를 잡는 아이에게 53마리나 되는 농어와 잉어 등을 사서 천재암에서 삶고 구워 먹었다. 그리고 대지팡이에 의지해서 산을 오르며 바위틈에 떨어진 도토리를 줍고 쉬며 놀다가 참성단에 올랐다. 그는 참성단에서 단군의 제천, 최석항(원문에는 최석정으로 되어 있음)의 수축 등을 회고했다. 또 참성단 아래에 펼쳐진 단풍은 장관이었다고 한다. 그가 마니산에 올랐을 때는 김약연이 올랐을 때와 달리 맑고 깨끗해서 동서남북으로 멀리까지 조망할 수 있었다.

　후릉참봉을 지낸 류휘문은 1817년 8월 일주일의 일정으로 강화를 여행했다. 그는 한양에서 배를 타고 양천·김포·통진·문수산성을 경유해서 강화에 당도했다. 강화에서는 갑곶 → 진해문 → 이성량사당 → 마니산 → 오음촌 → 강화 남문 → 충렬사 → 진강 등을 지났다. 그의 여행은 집안사람들과 함께였는데, 오음촌에 사는 12살밖이 어린아이도 포함되어 있었다. 그들도 마니산에 오르기 전에 쌀과 물고기를 준비했는데, 천재암에서의 취사를 위한 것이었다. 당시 천재암은 마니산 등산객에게 점심을 위한 취사장소로 이용되고 있었다. 그들이 천재암에 도착하자 이미 10여 명의 등산객이 자리를 잡고 있었다.

　참성단에 올라서는 손돌목 밖에 펼쳐진 여러 산을 볼 수 있었다. 여기에서 그는 고려시대부터 초제의 사실, 최석항의 마애비 등을 기억했다. 그런데 류휘문도 참성단 수축과 마애비에 대한 것을 이도현과 마찬가지로 최석정으로 기록했다. 이것은 그들의 단순한 착오라기보다 그들에 앞서 강화에 대한 기행문을 남긴 어느 선배 여행객이 최석항을 최석정으로 잘못 기록한 것을 답습한 결과이다. 이로 미루어 이도현과 류휘문 역시 강화여행을 하기 전에 앞선 여행자의 기행문 등을 통해 정보를 얻었음을 알 수 있다. 그가 본 참성단은 상단의 계단이 10여 층 무너진 상태였는데, 그곳에 올라 사방을 조망했으나 안개가 끼어 북쪽의 구월산, 동쪽의 경기는 볼 수 없었다고 한다. 그 일행은 하산하면서 다시 천재암에 들러 잠식 휴식 후에 오음촌으로 돌아왔다.

순조 때 이재의의 강화기행 또한 여러 문인의 여행과 다르지 않았다. 그가 오른 마니산은 높이가 수십 길이고, 길이는 6~7리 정도로, 돌이 많고 메말랐다. 정상으로 가는 길에는 잡목들이 빽빽하고 짙푸른 길이 구불구불 휘감아 혹 깊은 계곡으로 들어가기도 하고, 가파른 절벽으로 떨어지기도 하여 위아래를 헤아릴 수 없었다. 그가 본 참성단은 이러했다. "돌을 겹겹이 쌓은 모습은 돈대와 같았고 네 측면은 수십 장(丈)이었으며, 윗머리는 평평하게 펼쳐져 있어 수십 명을 수용할 수 있었다. 비바람에도 무너지지 않고 때때로 돌조각이 비스듬하게 기울어져 있는데 대개 단군이 제천했던 곳이다. 멀리 바라보면 바다와 섬들이 교차하여 별들이 에워싸고 있는듯했고, 내려다보면 바로 앞에 너른 평야가 있었으니 하나는 장평, 또 하나는 가릉, 다른 하나는 선두였다. 수십 리가 넓게 탁 트였고 평평하기는 바둑판과 같았다". 그는 조선 초기에 제천했던 제단은 오르기 어려웠기 때문에 후에 그 아래 서쪽의 평탄하고 넓은 곳으로 옮겼다고 했다. 참성초제가 마니산산천제로 변화된 사실을 뜻하는 것 같은데, 그가 그 사실을 알고 이런 말을 한 것으로 생각되지 않는다.

순조 어느 해 가을 김시화의 마니산여행은 한편으로는 비 때문에 3일이나 지체되어 오를 수 있을까하는 마음에 조마조마했고, 다른 한편으로는 손자와 함께하는 것이어서 설렘이 있었다. 전등사에서 스님들의 어깨를 빌린 견여를 타고 손자와 앞서거니 뒤서거니 하며 그들은 반나절만에 정상에 올랐다. 그 역시 참성단을 단군의 제천과 관련해서 이해하고 있었지만, 관심은 상단에서 일행과 술에 거나하게 취해 통소를 불고 노는데 있었다.

마니산기행의 베이스캠프, 천재암

조선 후기에 재실은 천재암으로 불렸다. 명칭 자체에서 드러나듯이 암자로 변했다. 임진왜란 때 의병장이었던 조방은 인조 때 마니산을 찾았다. 그 일행은 천재암에서 점심을 먹기 위해 음식을 조리했다. 이로 미루어 참성초제가 폐지된 직후부터 재실이 천재암으로 변한 것이 확인된다. 재실이 조선 전기부터 전등사에서 관리되고 있었을 것인데, 이와 관련이 있는 것

같다.

숙종 때 홍문관부제학을 지낸 조지겸은 어려서 천재궁의 권선문을 지었는데, 거기서 그 이름을 천재사(天齋寺)라고 했다. 영조 때 영의정을 지낸 김재로는 마니산에서 고려사의 존재를 언급했다. 천재암으로 짐작된다. 경종 때 경기관찰사를 지낸 조태억도 천재암에서 승려에게 점심 대접을 받았다고 한다. 천재암에 상주하는 승려가 있었다는 이야기이다. 재

▲ 조태억 초상(조선 후기): 경기관찰사로 강화를 순시했던 조태억은 마니산 등반을 하면서 천재암에서 승려가 준비한 점심을 먹었다.

실의 기능과 성격이 변한 사실을 보여준다.

이 시기에 재실을 읊은 시에는 조지겸의 〈강도 마니산 천재궁을 추억하며〉, 조태억의 〈천재암〉, 숙종 때 당쟁에 휩싸였던 김춘택의 〈천재암에서 밤에 앉아 이희지를 추억하며〉, 영조 때 지평을 지낸 김위의 〈천재암〉 등이 있다. 이들에게 천재암은 더 이상 초제를 준비하며 정재하던 재실이 아니었다. 마니산 등산길에 벗과 함께 잠시 쉬었던 휴식처였다.

고종 때 이조판서를 지낸 신좌모는 과거 준비가 한창이던 1829년 5월 벗인 조형복의 초청으로 강화여행을 했다. 이때 그는 30세였다. 마니산을 중심으로 하는 여정은 식파정→정족산

성사고→전등사→선두포→마니산 단군제천단→천재암이었다. 정족산성에 올라 전등사에서 묵은 이튿날 아침, 그의 일행은 마니산에 올라 참성단을 답사했다. 하산길에는 천재암에서 휴식한 후 하산했다. 그리고 목은 이색의 시를 차운하여 마니산·참성단에서의 감회를 읊었다. 그렇지만 그에게도 천재암은 마니산 등정의 휴식처에 지나지 않았다. 김춘택은 거기에서 숙박을 했는데, 간혹 등산객의 숙박 장소로 이용되기도 했음을 알 수 있다.

참성초제가 설행되고 있을 때인 조선 전기에 재실에서 물고기를 삶고 구워 먹는 일은 상상하기 어려운 것이었다. 초제가 소찬으로 이루어지는 것이었고, 제관에게 금기가 있었기 때문이다. 또 재실에서 참성단을 오르내리며 밤과 도토리를 줍는 재미 역시 가능하지 못했다. 하지만 17세기 전반부터 이런 것들이 가능해졌다. 등산객들에게 마니산 아래에서 조달한 물고기를 천재암에서 조리해 먹는 일은 여행의 일미로 입소문이 났다. 여행객들은 쌀과 음식 재료를 등에 지고 마니산을 오르기에 바빴다.

2. 강화는 고조선의 남쪽 경계일까

고조선의 영역에 대한 새로운 움직임

명승고적으로 문인들의 참성단 답사와 달리 한편에서는 단군과 관련된 유적인 참성단과 삼랑성을 역사적인 사실로 구체화하는 작업이 이루어지고 있었다. 실학자들의 조선 상고사에 대한 새로운 인식이다. 그들이 고조선의 강역으로 요동 지역을 주목하면서 그 문화와 영역에 관심을 가지게 된 것은 당연한 일이었다. 그 영역의 북방이 요동으로, 남방이 강화를 포함한 한강 유역으로 인식되었다. 참성단과 삼랑성의 고적은 단군 치세와 관련한 자료로 해석되었다. 안정복(1712~1791)은 《동사강목》에서 "단군의 강역은 상고할 수 없지만 기자가 단씨(檀氏)를 대신하여 왕 노릇을 했고 봉토(封土)의 반이 요동이었으니, 단군시대에도 그와 같았을 것이다. 《고려사》 지리지에 마니산 참성단은 단군이 하늘에 제사를 지내던 단(壇)이라 전하고, 전등산은 일명 삼랑성으로 단군이 세 아들을 시켜 쌓은 것이라고 전한다. 그렇다면 그 남쪽은 한강으로 경계를 해야 할 것"이라고 했다.

1792년(정조 16) 국왕은 조선의 제천에 대한 유래를 남단에서 찾았다. 남단은 단군이 참성단에서 설행한 제천례를 이은 원구단에서 비롯된 것이었고, 원구단에서의 제천은 세조가 밝힌 바와 같이 단군에서 비롯하는 보본(報本)을 이은 것이었다. 조선 후기에도 참성단이 제천의 명분으로 인식되고 있었다. 이런 움직임은 참성단의 역사성을 보강하는데 영향을 주었고, 그 결과 중에 하나가 실학자들이 고조선의 남변으로 강화(혈구)를 주목하게 한 것이었다.

신경준(1712~1781)은 고조선의 동서남북 경계를 잘 알 수 없지만, 그 남방은 진국(辰國)과 접해 있을 것이라고 했다. 그리고 참성단과 삼랑성을 표지 유적으로 삼았다. 이종휘(1731~1797)도 참성단에서의 단군 제천과 세 아들의 삼랑성 축성을 역사적 사실로 수용했다.《연려실기술》에서는 참성단과 삼랑성 전승이 〈단군조선〉조에 실렸다. 홍양호(1724~1802)는 강화의 옛 지명인 혈구의 연혁을 단군과 기자 때로 끌어 올리려고 했다. 정약용(1762~1836)도 한강의 다른 이름이 열수(洌水)였다는 점에서 그 입구에 있는 강화를 열구(洌口)로 비정했다. 열수는 정약용의 또 다른 호이기도 했다.

참성단과 삼랑성을 근거로 강화를 고조선의 남쪽 경계로 파악한 안정복의 견해는 후에 이원익의 저술인《기년동사약》과 조선 말기에 저술된《역대총요》라는 책에 수용되었다. 특히 《기년동사약》에서는 민간에서 전해온다는 단서를 달았지만, 중국 요임금 25년, 즉 단군이 즉위한 해에 참성단과 삼랑성에

관한 내용을 서술하고 있다. 단군과
관련한 강화의 제반 전승이 역사인
식의 확대와 함께 단군조선의 역사
체계 안에서 정립된 것이다.

그렇지만 이런 움직임에 동의
하지 않는 이들도 있었다. 김정희
(1786~1856)의 경우가 그렇다. 그는
실록을 서울로 옮기라는 왕명으로
강화사고에 다녀온 일이 있다. 순조
때로 짐작되는데, 이때 참성단에 올
라 제천의 유래에 대해 생각했다.
그리고 "고려 때 교천(郊天)의 근원은
알 길이 없고 단군의 옛일도 말하기
어렵다"고 했다. 참성단에 대한 단
군 제천의 전승을 믿지 못하겠다는

▲ 김정희 초상(조선 후기, 보물): 고증학을 학문의 기본
적인 태도로 삼았던 추사 김정희는 참성단의 역사
적인 접근에 비판적이었다.

태도이다. 실사구시를 학문의 기본적인 태도로 삼았던 입장에
서 당연한 것이기도 했다.

임진왜란 직후 참성초제가 폐지된 후 참성단은 명승고적으
로 변했고, 그곳은 조선 후기 문인들의 여행지 중에 하나로 손
꼽혔다. 그들은 이곳에 올라 사방이 트인 장관을 바라보는 것을
강화여행의 피크로 삼았고, 마니산을 오르는 중에 천재암에서
물고기를 끓이고 굽는 점심을 일미로 삼았다. 그들에게 단군과

관련한 역사성은 옅어질 수밖에 없었다. 조선 후기에 참성단과 삼랑성의 단군전승은 중층적인 이해를 보이며 전개되었다.

일제강점기 대종교의 참성단 답사

대한제국시기에 참성단과 삼랑성은 고조선의 역사 체계에서 인식되고, 역사교과서에도 그렇게 서술되었다. 거기에는 조선 후기부터 한 갈래의 흐름을 유지했던 선가 계열의 단군 인식도 일조를 했다. 이에 대해서는 이미 앞서 이야기를 했다. 나철(1863~1916) 등 애국계몽가들은 단군을 모신 단군교를 중광하여 대종교운동을 전개했다. 그들에게 단군의 유적과 전승은 절대적인 가치를 지녔다. 묘향산·평양·구월산은 물론 백두산이 새롭게 주목을 받았다. 그들에게 백두산은 단군이 내려온 태백산으로 비정되어 보본단이 설치되었다.

제천단인 참성단도 마찬가지였다. 나철은 "참성단에 올라 하늘에 절하니 단군의 신령이 밝게 빛난다"고 했다. 참성단은 단군의 제천단으로 백두산의 보본단과 함께 대종교의 신앙장소였다. 1911년 7월 그는 단군 유적을 찾기 위해 서울을 출발해서 제일 먼저 참성단에 올랐다. 이때도 일제의 국권찬탈을 비통해하며 하늘에 회복을 빌었을 것이다. 그 기도문으로 추측되는 자료가 전해지는데, 나철의 스승이자 대한제국의 고위 관료를 지

▲ 단군 영정

▲ 참성단 답사(1942년, 개성 호수돈여고): 광복을 전후한 시기에 참성단은 어느 때보다 많은 사람들의 답사 장소였다.

낸 김윤식(1835~1922)의 〈마니산에서 제천하며 드리는 기도문〉이다. 여기에서 대종교는 천교(天敎), 단군은 신조(神祖)였다. 그는 또 악장에서 참성단을 삼랑이 쌓은 것이라고 했다. 참성단은 단군이 쌓고 삼랑성은 단군이 세 아들에게 쌓게 했다는 전승보다, 참성단도 단군이 세 아들에게 쌓게 하고 단군이 제천한 것으로 정리하는 것이 자연스러웠을 것이다.

참성단은 대종교에서 지속적인 관심을 가지고 관리했을 것으로 추측되는데, 확인할 수 있는 자료는 거의 없다. 경성 대종교에서는 1925년 4월에 참성단을 수리하려고 사전조사를 위해 조사단을 파견한 바 있다. 1926년 4월에는 대종교에서 새로운 사업계획을 발표했는데, 거기에 강화 제천단 수축이 포함되어 있었다. 1925년의 조사 결과를 반영한 것이라고 짐작된다. 7월에는 강화의 명물로 단군할아버지(檀君祖)의 제천단인 참성단이 동아일보에 소개되고 사진을 실었는데, 4월 발표한 사업의 결과로 짐작된다.

1932년 7월에는 동아일보에서 사회부장인 현진건을 중심으로 단군성적순례를 시작했다. 이때 마니산은 단군이 제천하는 단(壇)을 쌓아 민생교화를 한 성지(聖地)로 소개되었다. 결과는 1932년 집필된 『단군성적순례』에 실렸는데, 참성초제를 위해 마련되었던 참성제전이 10여 무(畝, 3300m², 천평)였다고 한다. 이 토지는 소격서에서 관리되다가 참성초제가 폐지된 후에는 마니산산천제를 위해 강화유수부에서 관리되었을 것인데, 산천제사가 폐지되면서 군청으로 관리가 전환되었다고 한다. 1934년 새해 첫해에는 동아일보에 제천단 사진이 실렸는데, 원래는 부루 등 단군의 세 아들이 '한님'을 제사하던 곳이 나중에 단군을 제사하는 곳으로 변했다는 설명을 하고 있다. 이 시기에는 단군의 제천을 강조하기 위해 참성단보다 마니산제천단이 많이 사용되었다.

광복 후 마니산제천단에서의 개천절 행사

현재 개천절 공식행사는 매년 정부 주최로 이루어지고, 이와 별개로 참성단에서는 강화군의 주최로 개천대제(開天大祭)를 지내고 있다. 하지만 광복 직후에는 정부의 공식적인 개천절 행사가 참성단에서 이루어졌다. 일제강점기 대종교를 중심으로 전개된 독립운동의 공적과 단군유적으로서 참성단의 중요성을 염두에 둔 조치였다. 행사는 기념식이었고, 제례 형식의 의례는 아니었다.

광복 후 첫 번째 개천절 기념식은 1946년 10월 30일에 열렸다. 당시 건민회 위원장이던 이극로를 비롯해서 서울과 부천·인천 등에서 종교계·정치계·학생 등이 참여한 가운데 열렸다. 이때부터 성화가 봉행되었는데, 서울 대종교총본사의 천진전(天眞殿)에서 옮겨온 것이다. 천진전은 단군영정을 모신 사당을 가리키는 말이다. 성화는 김포를 거쳐 별도로 참성단에 마련된 봉화대에 올렸다. 참성단 제사의 성화는 여기에서 비롯되었다.

1948년 11월 5일에 있었던 개천절 기념식도 참성단에서 열렸는데, 국회의장 신익희와 안재홍 등 국회의원 20여 명을 포함해서 200여 명이 참석했다. 1949년 10월 3일 개천절 기념식도 참성단에서 있었다. 정부를 대표해서 문교부장관·총무처장 등이 참석한 가운데 열렸다. 이때의 성화는 전등사 대웅보전 앞뜰에서 점화되어 강화농업중학생들이 참성단으로 봉안했다.

1949년 4월에는 단군성적호유준비위원회(檀君聖蹟護維準備委員會)가 결성되었다. 남한의 유일한 단군유적인 참성단을 보호하기 위해서였다. 수축을 계획한 것으로 짐작된다. 오세창·이범석·김규식·조소앙·유림 등 각계각층에서 90여 명이 발기인으로 참여했고, 이중 30여 명이 1박 2일의 일정으로 참성단 답사를 했다. 이후 참성단은 보수되었는데, 자세한 내용은 전하지 않는다. 이때만 해도 많게는 천여 명씩 참석했다는 개천절 기념식에 장소가 좁아 공간을 늘리는 방안을 중심으로 보수가 이루어진 듯하다. 결과는 그해 10월 3일에 개최된 개천절 기념식에 앞서 9월 하순에 마무리되었다.

참성단의 개천대제

참성단에서 열리던 정부의 개천절 행사가 중단된 것은 6.25전쟁이 일어나면서부터이다. 1951년 개천절 행사는 국회의사당에서 열렸다. 전쟁이 끝난 후에도 개천절 기념식은 중앙청 광장, 시민회관 등에서 열렸다. 물론 1953년 10월 3일 개천절 기념식이 참성단에서 열렸지만, 정부의 공식행사는 아니었다.

참성단에서 제례 형식의 행사가 다시 개최된 것은 1955년 개천절 행사부터이다. 이때부터 강화군수가 제관이 되어 매년 설행하며 현재에 이르고 있다. 또 제36회 전국체육대회에 봉송할 성화를 선녀무를 통해 이곳에서 채화하여 새로운 전통을 만들었다. 제사는 제사준비구역에서 유교의례로 이루어지고, 상단에서는 성화 채화와 선녀무가 펼쳐졌다. 이것을 지금은 개천대제(開天大祭)라고 부른다. 10월 3일의 개천절과 대종교에서 단군을 모시고 지내는 큰 제사인 대제를 합친 말이다. 그렇지만 현재의 개천대제가 대종교의 참여 속에 이루어지고 있지는 않다.

개천대제는 그 의례를 정비하려는 노력이 있었다. 1999년에 참성단 제사의 1차 복원이 시도되었다. 이때 복원 모델은 문묘의 석전제였다. 이후 참성단 제사는 유교의례에 따라 현재까지 진행되고 있다. 그러나 참성단 제사가 도교의례였다는 점에서 한계를 가지고 있었다. 이런 한계를 인지하고 2018년 도교의례를 적용한 참성단 제사의 복원이 시도되었다. 복원의 목표는 17세기 초의 모습으로 설정했지만, 역시 한계가 많았다. 이런저런 사정으로 아직까지 개정된 의례를 본격적으로 시행하지 못하고 있다. 향후 원형에 가까운 참성단 제사의 모습에 다가가려는 노력이 있어야 할 것이다.

고려의 국가제사에서 참성초

마리(니)산참성에서 지낸 초제는 공식적으로 마리산참성초 또
는 참성초라고 했다. 참성초는 1264년(원종 5) 6월 국왕의 친초 이
후 임진왜란 직후까지 두 왕조의 국가제사에서 운영되었다. 고
려시대에는 국왕 친초와 함께 행향사를 파견하여 지낸 초제가
있었다. 뒤에 것을 유사섭사(有司攝事)라고 한다. 두 가지 모두 왕
실의 도관이었던 복원궁에서 주관했을 것이다. 이 중에 국왕의
참성초는 삼랑성·신니동 가궐과 혈구사에서 대불정오성도량·대
일왕도량과 함께 지낸 약 보름에 걸친 행사 중 하나였다. 형식은
삼계대초(三界大醮)였다. 마니산제사는 여러 변화를 거치면서 현
재에 이르렀는데, 그중에 첫 번째 단계이다.

이후 참성초는 중앙에서 행향사와 헌관을 파견하여 매년 봄

가을로 지내졌다. 두 번째 단계이다. 1264년 이후 조선 초기까지 이다. 그렇지만 내용은 잘 알려져 있지 않다. 단편적인 자료에서 만 확인이 가능하다. 이때의 초제도 원종 때와 같이 삼계초로 이루어졌을 것이지만, 궁궐에서 지냈던 것보다 축소되어 운영되었을 것이다.

조선 전기의 참성초가 고려 후기의 전례를 따른 것이라고 할 때, 신위는 95위가 모셔졌고 형태는 신상(神像, 木像)이었을 것이다. 제관의 구성도 알 수 없다. 행향사를 지낸 몇 사람만 확인된다. 주요 구성원은 행향사와 헌관·전사관이었다. 행향사는 국왕을 대신하여 초제 전체를 총괄하고 행향(行香)하며 청사를 올렸다. 상단과 중단의 제사를 지냈다. 헌관은 행향사를 보조하며 하단 제사를 지냈다. 전사관은 초제 준비의 실무를 맡았다. 행향사는 밀직사에 속한 정3품관인 대언이 맡는 것이 관례였다. 국왕을 대행하는 것이니만큼 측근이 맡는 것이 효험이 있을 것이란 생각이 반영된 것이다.

일정은 이틀의 재계와 하루의 초제로 구성된 3일치재였다. 행향사와 헌관은 정재 하루 전 또는 당일에 재궁에 도착해서 이틀을 재계했다. 정재 이틀째 오후에 참성단에 올라 늦은 밤부터 새벽녘까지 초제를 지낸 후 재궁으로 내려왔다. 그리고 3일째 아침에 재궁을 출발해 귀경하는 것으로 마무리했다. 고려 후기의 초례 제식(祭式)은 조선 초기까지 지속되었다.

1384년(우왕 10) 참성초제에 사용된 권근의 〈참성초청사〉가 전해진다. 이때의 초제는 전국 해안을 횡행하며 개경 부근까지 약탈을 일삼던 왜구를 가시려는 진병초 성격이었다. 여기에서는 참성단 제천의 유래를 단군이 제사하던 곳(檀君攸祀)이라는 데서 찾았다. 《세종실록》과 《고려사》 지리지에서 "(조선)단군 제천단"의 근거인 세전(世傳)이 여기에서는 사실로 기록되어 있다. 청사라는 성격 때문일 것이다. 그 전통이 태조부터 후왕(後王)까지 미쳐 몽고의 침입을 피해 강화로 천도해서도 이에 힘입어 나라를 보전했다고 하였다. 고려의 제천이 단군→고려 태조→국왕으로 이어져 온 역사적인 전통을 가진 것임을 드러냈다.

이 청사는 두 가지 측면에서 의미가 있다. 하나는 참성단이 단군 제천단이라는 전거가 최소한 고려 말부터 있었다는 사실이 확인된 셈이다. 다시 말해서 《세종실록》과 《고려사》 지리지에서 세전의 근거가 권근의 〈참성초청사〉 이전일 수 있다는 사실이다. 참성단에서 제천의 연원이 단군에서 비롯한 것이라는 이해는 강화에서만 전해지던 세전이 아니라 국가적인 측면에서 작동하고 있었다는 뜻이다.

다른 하나는 단군에서 비롯한 제천의 전통은 고려 태조로 이어져 오다가 강화로 피난해서도 지속되어 나라를 보전하는 구심점이 되었다는 것이다. 참성단에서의 제천이 본토인 전성의 제천단에서 옮겨진 것이라는 사실을 담고 있다. 또 단군이 제천의

주제자였다는 사실에서 고려의 역대 제천에서 주제자였던 국왕
또한 단군에 비교될 수 있다.

조선 전기 국가제사에서 참성초

고려의 국가제사 시스템은 조선으로 계승되었다. 조선은 유
교이념의 지향을 목표로 국가체제를 정비했는데, 그 내용은 각
종 의례에서 나타났다. 참성초 또한 그 과정에서 변화되었다. 참
성초는 도교의례였기 때문에 유교의례인 오례의의 산천제 등과
차이가 있었지만, 그 영향에서 벗어날 수 없었다. 참성초에 유교
의례가 부분적으로 적용되었을 것이다. 세 번째 단계로 1430년
(세종 12)부터 1518년(중종 13)까지이다. 도교의례를 관장했던 소격
서에서 주관했다. 그러나 소격서가 폐지되면서 참성초제도 중단
되었다. 참성초제는 국가제사에서 소사(小祀)의 예로 운영되었는
데, 대부분의 내용은 고려 후기의 그것과 대동소이했다.

변화는 크게 두 가지 측면에서 확인된다. 하나는 초제에 모셔
지는 신들이 신상(神像)에서 위판(位版, 木板)으로 바뀐 것이다. 역시
오례의에 따른 제식의 변경 결과였다. 다른 하나는 행향사 직임
을 맡은 관료의 품계에 조정이 있었다. 정2품 이상의 관료가 파
견되는 것이 원칙이었지만, 정3품으로 조정되었다. 이에 따라 헌
관은 종4품, 전사관은 종6~9품으로 구성되었다. 제사 격식의 문
제는 아니었고, 여러 곳에서 이루어지는 행향에 파견할 관료의
수가 적어서 취해진 조치였다. 내용에서도 변화가 있었다. 참성

초는 소격서에서 설행된 삼계초와 같이 상·중·하단 제사로 구성
되었고, 고려시대의 전례를 이어 행향사가 상단과 중단, 헌관이
하단 제사를 맡았었다. 그런데 1485년(성종 16) 봄 초제부터는 행
향사는 상단, 헌관이 중·하단 제사를 맡았다. 헌관도 중앙에서
파견하지 않고, 강화부사가 맡는 것이 원칙이 되었다.

소격서의 복설과 참성초 재개

1527년(중종 22) 소격서가 복설되면서 참성초도 재개되었다.
소격서의 복설에 유신의 반대가 만만치 않았지만, 자전(慈殿)에
게 효성을 다하려고 한다는 국왕의 명분은 꺾지 못했다. 참성초
복설에는 극심한 가뭄에 따른 영험 있는 기우장소로서 마니산이
우선적으로 고려된 측면도 있다. 참성초는 기우초제로 복설되었
고, 이후 봄가을의 정례적인 것으로 다시 자리를 잡아 1597년(선
조 30)까지 지속되었다. 네 번째 단계이다.

세 번째 단계와 비교해서 확인되는 차이는 신위 봉안에 있다.
세 번째 단계에서 95위 신위는 나무로 만든 위판이 사용되었는
데, 1518년 참성초제가 폐지되면서 신위는 모두 폐기된 것으로
여겨진다. 이후 10여 년 만에 복설된 초제에서의 신위는 지방(紙
榜)으로 대체되었다. 이에 따라 제식의 일부도 변경이 불가피했
다. 초제 후 청사를 소지(燒紙)할 때 지방 역시 소지되었고, 그에
맞는 제식(祭式)이 추가되었다.

참성초 폐지와 마니산산천제

임진왜란과 병자호란을 겪으면서 참성초는 중단되었다. 인조 때 이를 복구하기 위한 시도가 있었지만, 유신의 반대도 만만치 않았다. 국왕은 참성초의 복설을 명했다. 그러나 당시 강화유수는 이에 반대하고 마니산산천제사로 참성초를 대체하였다. 이제 참성단은 제단이 아니라 고적으로 남겨졌다. 다섯 번째 단계로 1638년(인조 16)부터 조선 말기까지이다.

참성초가 마니산산천제로 바뀐 것은 도교의례가 유교의례로 전환되었다는 것을 뜻한다. 중앙에서 제관이 파견되어 지냈던 초제가 강화유수가 주관하는 소재관 제사로 바뀌었다. 재궁도 폐기되어 암자로 변했고, 재궁 인근에 있던 산천제단이 정비되었다. 지방으로 모셨던 95위의 신위는 마니산산신을 뜻하는 '마니산지신(摩尼山之神)'의 목판으로 바뀌었다. 참성단 초제가 마니산산천제단에서의 산신제로 바뀐 것이다.

개천대제의 개최

참성초는 1597년 이후, 마니산산천제사는 조선 말기를 끝으로 중단되었다. 이후 20세기 초부터 일제강점을 거치면서 마니산제사는 지내지 못했다. 단군을 모시는 내종교의 주요 인사들이 참성단을 방문하며 관심을 가졌지만 제사를 설행하기 어려웠고, 설사 이루어졌더라도 그 성격이 달랐다.

참성단 제사가 재개된 것은 1955년부터이다. 이때부터 현재까지를 여섯 번째 단계로 설정한다. 매년 열리는 전국체육대회의 성화가 개천절에 참성단에서 채화되면서 시작되었다. 참성단 제사는 대종교의 선의식에 따라 진행되었고, 상단에서의 선녀무가 추가되었다. 최근에는 개천절에 지내는 큰 제사라는 뜻의 개천대제로 명명되었다.

참성단을 오르면서

우리는 마니산을 오르면서, 참성단을 답사하면서 단군을 떠올리곤 한다. 그리고 참성단을 단군과 관련한 유적으로 이야기하면서도 정작 속 이야기에 대해서는 관심이 덜하다. 참성단과 관련한 여러 사실은 고조선과 단군 인식의 높낮이에 연동되면서 변화해왔다. 조선 건국 이후 제천이 법도에 어긋난 것이라는 비판속에서 참성단 제사는 16세기 말까지 지속되었다. 조선단군이 조선의 역대시조 중에서도 가장 앞선 국조(國祖)의 위상을 가지고 있었기 때문이었다. 이곳은 조선단군의 제천단이라는 상징을 가진 장소였다.

대한제국시기를 전후해서 단군의 참성단 축조와 제사의 전승은 사실(事實)로 이해되었다. 그것은 역사교과서를 중심으로 사실(史實)로 기록되었다. 참성단이 삼랑성과 함께 단군의 통치 행위를 전하고 있다는 점에서 일부에서는 고조선의 역사적인 사실을 증명하는 유적으로 삼으려 한다. 참성단이 신화와 역사 사이에 존재하는 이유 중에 하나다.

한 가지 덧붙일 말이 있다. 단군의 제천단으로서 참성단은 단군신화의 범위에 포함되어 있지 못하다. 《삼국유사》와 《제왕운기》의 단군이야기를 신화라고 하면, 비판을 받을지 모르겠다. 그렇지만 신화는 역사적인 허구도, 허황된 이야기도 아니다. 단군의 참성단 전승은 탄생을 전하는 묘향산, 첫 도읍지로서의 평양, 이도지(移都地)와 산신이 된 구월산과 성격이 다르다. 그 이유는 무얼까? 곰곰이 생각해볼 문제다. 시대와 환경에 따라 신화는 변화한다. 참성단은 좋은 본보기가 될 수 있다. 이를 통해 단군신화의 변화상을 한 번쯤 생각해 볼 것을 권한다. 우리는 20세기 말 단군릉을 통해 그 신화가 변한 시대를 살고 있다.

참고문헌

강화군·강화문화원, 2019, 『참성단 개천대제의례 연구보고서』.

국립중앙박물관, 2013, 『한국의 도교 문화-행복으로 가는 길』.

김성환, 2012, 『江華의 檀君傳承資料』, 인천대학교 인천학연구원.

김성환, 2021, 『마니산 제사의 변천과 단군전승-塹城醮에서 摩尼山山川祭로』, 민속원.

김철웅, 2017, 『고려시대의 道敎』, 경인문화사.

김성환, 2012, 「강화도 단군전승의 성격」, 『역사민속학』 39, 한국역사민속학회.

김성환, 2014, 「고려시대 甄城과 摩利山塹城의 제천단」, 『한국사학사학보』 30, 한국사학사학회.

김철웅, 2008, 「조선전기의 塹城醮禮」, 『도교문화연구』 28, 한국도교문화학회.

김철웅, 2012, 「강화도 참성 의례의 추이와 醮禮 靑詞의 분석」, 『동아시아고대학』 27, 동아시아고대학회.

서영대, 1999, 「강화도의 참성단에 대하여」, 『한국사론』 42, 서울대 국사학과.

서영대, 2008, 「참성단의 역사와 의의」, 『단군학연구』 18, 단군학회.

양은용, 1994, 「도교사상」, 『한국사』 16-고려 전기의 종교와 사상-, 국사편찬위원회.

저자 소개

김성환

문학박사, 전 경기도박물관장.

저서: 『마니산 제사의 변천과 단군전승-참성초에서 마니산산천제로-』(민속원, 2021), 『경기, 천년의
문화사』(고려전기/고려후기~조선전기/조선후기~근현대)(공저, 경인문화사, 2018), 『조선시대 단군묘
인식』(경인문화사, 2009), 『일제강점기 단군릉수축운동』(경인문화사, 2009), 『고려시대의 단군전
승과 인식』(경인문화사, 2002) 등 다수.
논문: 『『삼국유사』「고조선」조의 古記論』(『선사와 고대』 69, 2022), 「단군, 신화에서 역사로」(『동북아역
사논총』 76, 2022), 「태백산산신 옥도검(玉刀鈐)과 삼척 오금잠제(烏金簪祭)」(『한국전통문화연구』
27, 2021), 「20세기 초 단군영정의 보급과 화본(畵本) 검토」(『동북아역사논총』 65, 2019) 등 다수.

강화 참성단 A to Z

초판 1쇄 인쇄 2022년 12월 1일
초판 1쇄 발행 2022년 12월 12일

지은이 김성환
기   획 인천문화재단 인천문화유산센터
펴낸이 최종숙
펴낸곳 글누림출판사

책임편집 이태곤 | 편집 권분옥 임애정 강윤경
디자인 안혜진 최선주 이경진 | 마케팅 박태훈 안현진

주소 서울시 서초구 동광로46길 6-6 문창빌딩 2층(우06589)
전화 02-3409-2055(대표), 2058(영업), 2060(편집)
팩스 02-3409-2059 | 전자우편 geulnurim2005@daum.net
홈페이지 www.geulnurim.co.kr
블로그 blog.naver.com/geulnurim
북트레블러 post.naver.com/geulnurim
등록번호 제303-2005-000038호(2005.10.5)

정가는 뒤표지에 있습니다.
ISBN 978-89-6327-708-0 04910
    978-89-6327-545-1(세트)